BIJUTERIAS DE ORIGAMI

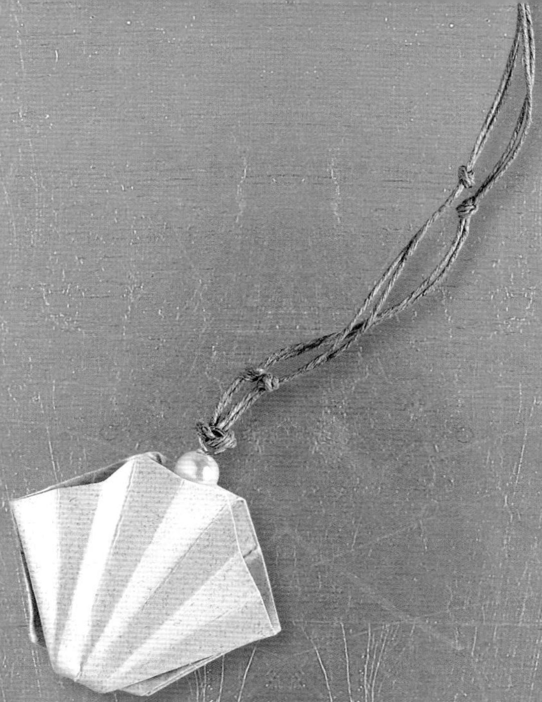

BIJUTERIAS DE ORIGAMI

MAIS DE 40 PROJETOS PARA DOBRAR E USAR

Ayako Brodek

Manole

Título original em inglês: *Origami Jewelry: more than 40 exquisite designs to fold and wear.*

Este livro contempla as regras do Novo Acordo Ortográfico da Língua Portuguesa.

Editor gestor: Walter Luiz Coutinho
Editora de traduções: Denise Yumi Chinem
Produção editorial: Priscila Mota e Karen Daikuzono

Revisão de tradução e revisão de prova: Depto. editorial da Editora Manole
Diagramação: Tkd Editoração Ltda.
Adaptação da capa para a edição brasileira: Depto. de arte da Editora Manole

Dados Internacionais de Catalogação na Publicação (CIP)
(Câmara Brasileira do Livro, SP, Brasil)

Brodek, Ayako
Bijuterias de origami : mais de 40 projetos para dobrar e usar / Ayako Brodek ; [tradução Dayse Batista]. -- Barueri, SP : Manole, 2013.

Título original: Origami jewelry : more than 40 exquisite designs to fold and wear.
ISBN 978-85-204-3685-1

1. Artesanato 2. Bijuteria 3. Origami I. Título.

13-04494 CDD-736.982

Índices para catálogo sistemático:
1. Bijuterias de origami : Atividades criativas : Artes 736.982

Edição brasileira – 2013

Direitos em língua portuguesa adquiridos pela:
Editora Manole Ltda.
Av. Ceci, 672 – Tamboré
06460-120 – Barueri – SP – Brasil
Tel.: (11) 4196-6000 – Fax: (11) 4196-6021
www.manole.com.br
info@manole.com.br

Impresso na China
Printed in China

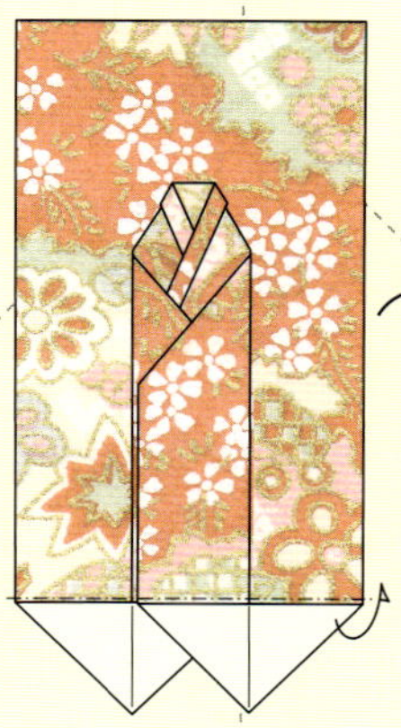

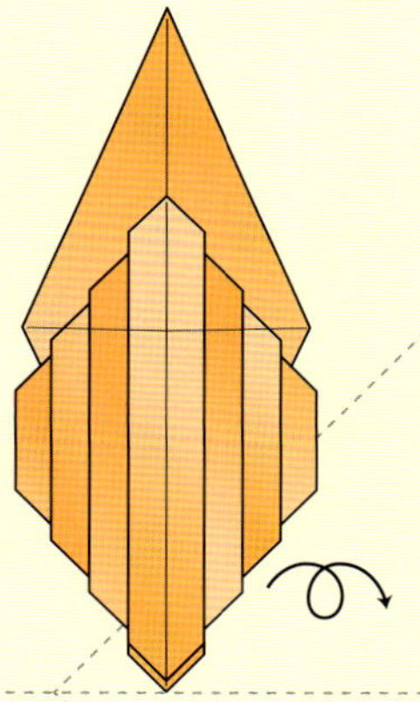

SUMÁRIO

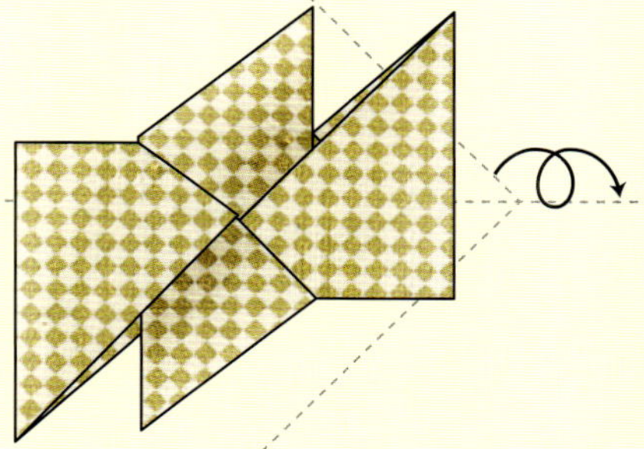

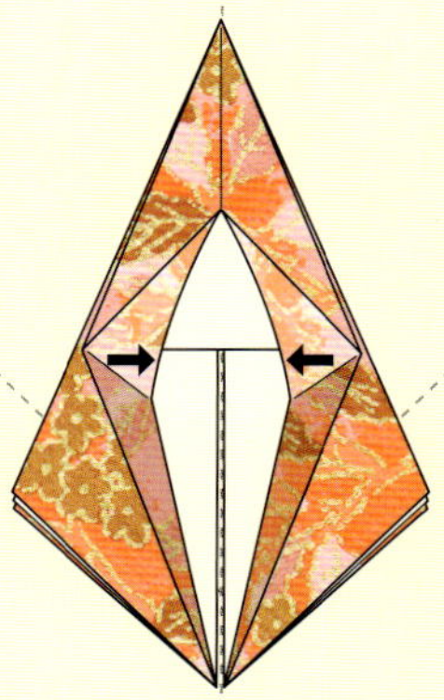

CONTINUA NA PRÓXIMA PÁGINA

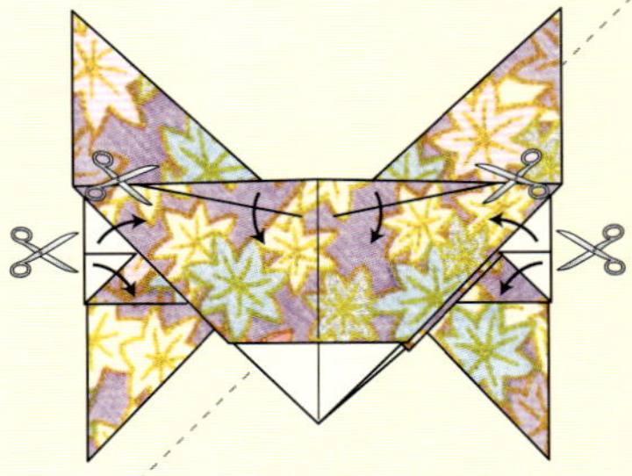

PROJETOS

Primavera

Verão

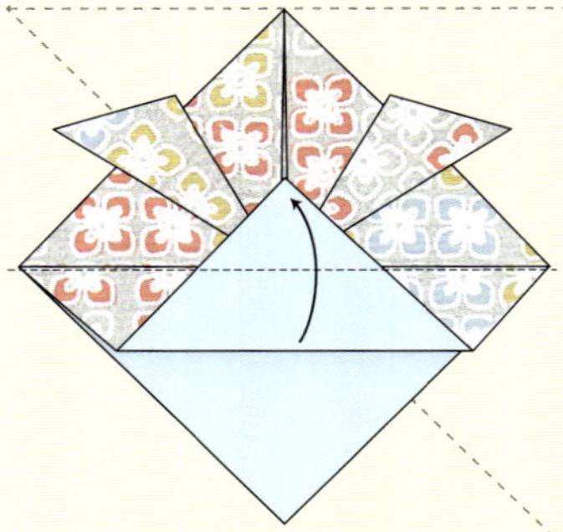

Outono

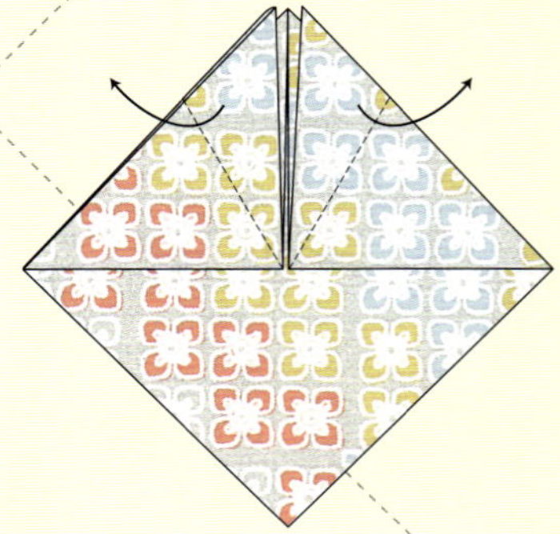

Inverno

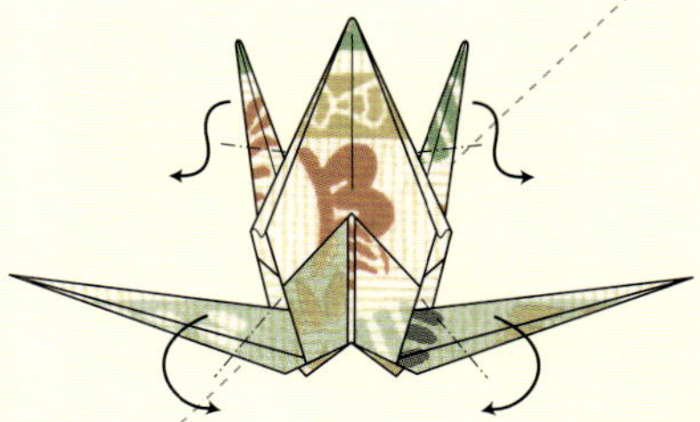

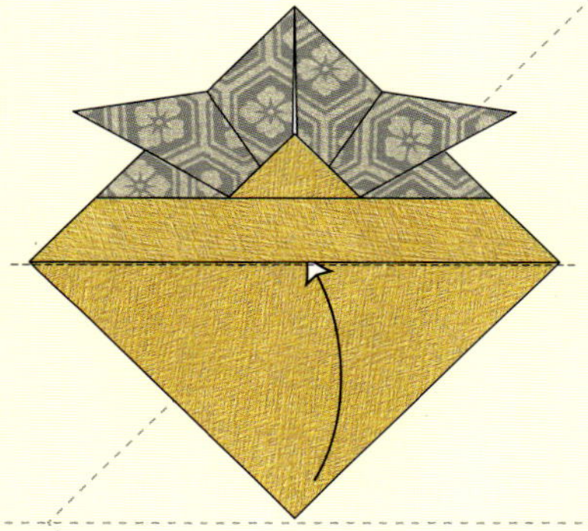

Temas japoneses

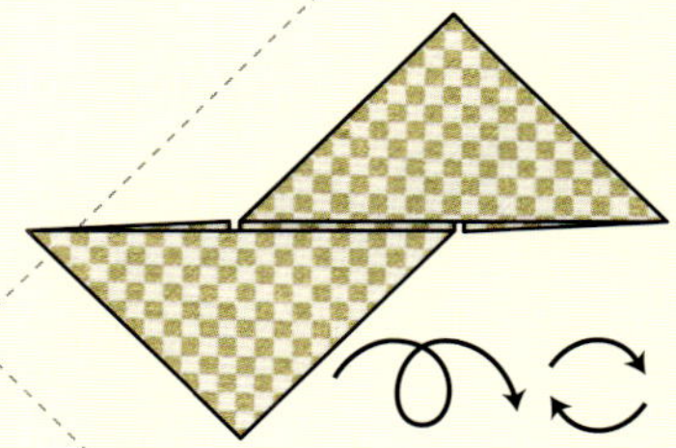

INTRODUÇÃO

Meu amor pelo origami começou quando eu era menina. Nos longos trajetos de balsa até a casa dos meus avós, minha mãe espantava meu tédio fazendo *tsurus* e barquinhos de origami com papéis de bala. Desde então eu nunca mais parei de fazer dobraduras.

Quando surgiu a oportunidade de ensinar origami na escola dos meus filhos, não perdi a chance de compartilhar essa arte maravilhosa com as crianças. Ao me preparar para a aula, dobrei *tsurus*, lembrando-me daqueles pequeninos que minha mãe fazia com papéis de bala. Achei que ficaria bonitinho prender anzóis para brincos neles e usá-los na aula. Esta foi a primeira bijuteria de origami que fiz.

Os muitos elogios que recebi das crianças e de seus pais por meus brincos levaram-me à exploração de origamis que pudessem ser usados como acessórios. Passei então a buscar modelos, materiais e técnicas de acabamento para fazer bijuterias que pudessem ser usadas por pessoas de qualquer idade.

Este livro é uma compilação de minhas peças favoritas, acompanhadas de orientação e conhecimento necessários para fazer acessórios de origami encantadores.

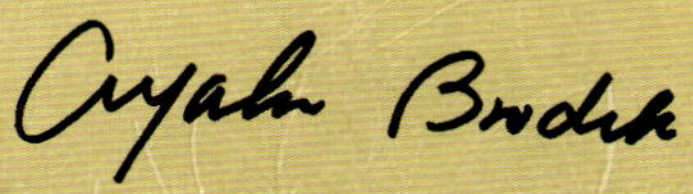

Sobre este livro

Primeiros passos
Tudo o que você precisa para começar a fazer bijuterias de origami está na primeira seção. Familiarize-se com as principais técnicas e equipamentos necessários para fazer os projetos apresentados ao longo do livro.

Os projetos
Os principais projetos são apresentados por estação do ano, com uma seção especial para temas japoneses no final do livro. Ilustrações detalhadas guiarão você passo a passo pelos processos de dobradura e montagem, e fotos coloridas mostrarão o incrível resultado final.

Indicação do nível de dificuldade, com um símbolo para fácil, dois para moderado e três para os mais complexos

Lista detalhada de todos os materiais e ferramentas necessários

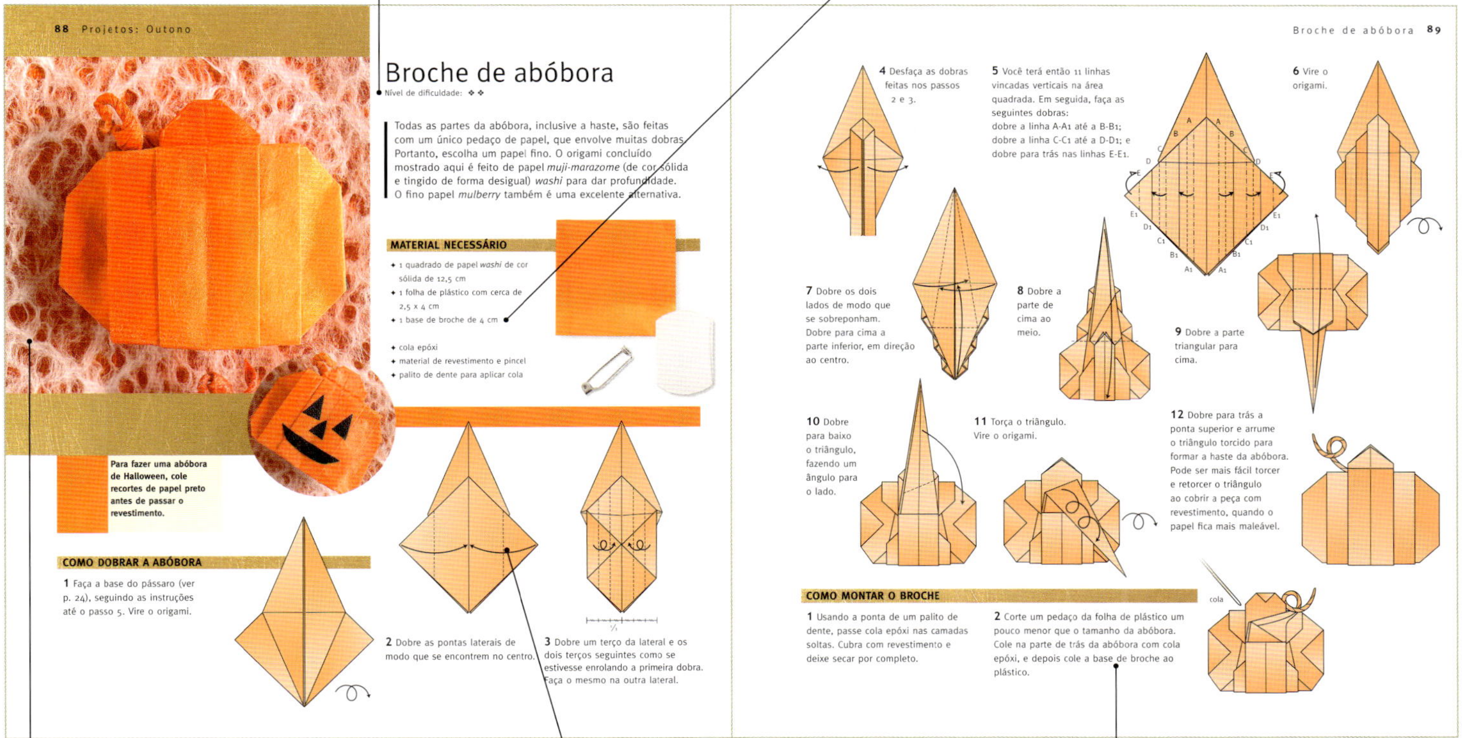

88 Projetos: Outono

Broche de abóbora

Nível de dificuldade: ❖ ❖

Todas as partes da abóbora, inclusive a haste, são feitas com um único pedaço de papel, que envolve muitas dobras. Portanto, escolha um papel fino. O origami concluído mostrado aqui é feito de papel *muji-marazome* (de cor sólida e tingido de forma desigual) *washi* para dar profundidade. O fino papel *mulberry* também é uma excelente alternativa.

MATERIAL NECESSÁRIO

- 1 quadrado de papel *washi* de cor sólida de 12,5 cm
- 1 folha de plástico com cerca de 2,5 x 4 cm
- 1 base de broche de 4 cm

- cola epóxi
- material de revestimento e pincel
- palito de dente para aplicar cola

Para fazer uma abóbora de Halloween, cole recortes de papel preto antes de passar o revestimento.

COMO DOBRAR A ABÓBORA

1 Faça a base do pássaro (ver p. 24), seguindo as instruções até o passo 5. Vire o origami.

2 Dobre as pontas laterais de modo que se encontrem no centro.

3 Dobre um terço da lateral e os dois terços seguintes como se estivesse enrolando a primeira dobra. Faça o mesmo na outra lateral.

Broche de abóbora 89

4 Desfaça as dobras feitas nos passos 2 e 3.

5 Você terá então 11 linhas vincadas verticais na área quadrada. Em seguida, faça as seguintes dobras: dobre a linha A-A1 até a B-B1; dobre a linha C-C1 até a D-D1; e dobre para trás nas linhas E-E1.

6 Vire o origami.

7 Dobre os dois lados de modo que se sobreponham. Dobre para cima a parte inferior, em direção ao centro.

8 Dobre a parte de cima ao meio.

9 Dobre a parte triangular para cima.

10 Dobre para baixo o triângulo, fazendo um ângulo para o lado.

11 Torça o triângulo. Vire o origami.

12 Dobre para trás a ponta superior e arrume o triângulo torcido para formar a haste da abóbora. Pode ser mais fácil torcer e retorcer o triângulo ao cobrir a peça com revestimento, quando o papel fica mais maleável.

COMO MONTAR O BROCHE

1 Usando a ponta de um palito de dente, passe cola epóxi nas camadas soltas. Cubra com revestimento e deixe secar por completo.

2 Corte um pedaço da folha de plástico um pouco menor que o tamanho da abóbora. Cole na parte de trás da abóbora com cola epóxi, e depois cole a base de broche ao plástico.

Fotos coloridas que mostram a bijuteria finalizada

Ilustrações do passo a passo facilitam a compreensão

Explicações detalhadas sobre as principais técnicas

EQUIPAMENTO

PÁGINAS 14–17

Desde o corte inicial, da dobradura e colagem até a transformação do papel em bijuteria, certifique-se de ter as ferramentas apropriadas para o trabalho.

BASES

PÁGINAS 20–24

Uma grande variedade de bijuterias pode surgir a partir de uma mesma base; portanto, preste atenção nesses clássicos indispensáveis.

ACABAMENTO

PÁGINAS 34–39

Depois de dobrar e colar seu origami, você precisará saber como transformá-lo em brincos, broches, colares, ou em qualquer coisa que você imaginar!

PAPEL

PÁGINAS 12–13

Os diferentes tipos, texturas, estampas e cores de papéis disponíveis são fundamentais para a aparência geral das suas criações; portanto, conheça as opções antes de escolher.

PEÇAS MODULARES

PÁGINAS 25–33

Formas de flores, balões ou pinhas – tudo pode ser usado com criatividade para transformar seu origami em acessórios belos e exclusivos.

POSSUIR AS FERRAMENTAS E O CONHECIMENTO ESSENCIAIS GARANTE OS MELHORES RESULTADOS PARA SUAS BIJUTERIAS DE ORIGAMI.

FERRAMENTAS E TÉCNICAS

PORTANTO, FAMILIARIZE-SE COM TUDO O QUE VOCÊ PRECISA SABER PARA COMEÇAR E TRABALHAR COM SUCESSO NOS PROJETOS APRESENTADOS A SEGUIR.

Broche e brincos de sapinho, página 120

Diferentes efeitos
Escolha lindos papéis simples ou com estampas para fazer estes charmosos brincos. Os exemplos mostrados aqui demonstram a ampla variedade de efeitos que podemos obter.

Escolha do papel

Escolher o papel certo é fundamental para criar bijuterias de origami que você adorará usar ou dar de presente. Tradicionais ou modernas, discretas ou chamativas, elegantes ou descoladas – você pode variar a aparência das peças com a simples seleção de diferentes papéis. Existem inúmeros tipos disponíveis, e embora haja neste livro sugestões de papel para cada projeto, não deixe que isso limite as possibilidades. Vá em frente e experimente.

Estas páginas explicam as características e propriedades dos papéis que podem ser utilizados para fazer bijuterias de origami. As propriedades de cada um são apresentadas por meio de um tradicional sapinho de origami. Alguns são mais fáceis de dobrar, outros um pouco mais complicados. A resistência varia com o papel, e alguns são mais adequados para o revestimento que outros. Há todos esses fatores a serem considerados no momento de escolher o papel para o seu projeto.

Escolha de cores
O sapo é um símbolo poderoso de boa fortuna no Japão. Aposte na tradição e dê ao seu sapinho um deslumbrante tom de verde.

Washi

Embora você possa experimentar com muitos tipos de papel diferentes, o papel japonês tradicional, chamado de "washi", é a melhor escolha para bijuterias de origami. Ele é bonito, resistente, macio, fácil de dobrar e adequado tanto para peças grandes como para pequenas. O processo de fabricação do *washi* deixa as fibras de papel longas e posicionadas de forma aleatória, dando-lhe uma resistência incrível e nenhuma granulação. A ausência de grânulos significa que você pode fazer dobras em qualquer direção, em qualquer tamanho, sem rasgar. O *washi* também é altamente absorvente, de modo que o material de revestimento é absorvido por todo o papel, o que resulta em uma excelente durabilidade para a peça finalizada.

Muitos tipos diferentes de *washi* são produzidos, para finalidades diversas. Duas boas opções para bijuterias de origami são o *yuzen washi* e o *mujizome washi*. Embora o *washi* seja maravilhoso, não é tão fácil encontrá-lo e pode ser mais caro do que outros tipos de papel.

Yuzen washi
O *yuzen washi* é ótimo para fazer bijuterias de origami. "Yuzen" refere-se às estampas têxteis típicas do Japão, usadas para quimonos. Essas estampas são feitas em *silkscreen* no papel *washi*, e existem infinitos desenhos e cores lindas para escolher.

Papel de origami

Especificamente desenvolvido para fazer origami, este papel é facilmente encontrado em pacotes com folhas quadradas de cores sólidas e vivas. Apesar de não ser tão resistente quanto o *washi*, o papel de origami pode funcionar bem para itens pequenos, como brincos, e é perfeito para a prática de dobradura.

Papel sulfite

Produzido em branco e em muitas cores incríveis, este papel barato pode ser facilmente encontrado em qualquer papelaria. Como todo o papel recebe corante, não aparecem linhas brancas nos vincos ao dobrá-lo. Ele pode não suportar dobras repetidas sem rasgar quando você estiver trabalhando em uma peça pequena, mas pode funcionar bem com peças grandes ou simples.

Papel de origami laminado e opalescente

Também feito especificamente para fazer origami, o papel de origami laminado e opalescente é fácil de dobrar e confere às bijuterias uma aparência única, brilhante e reluzente. Não é adequado para o revestimento, mas a superfície brilhante proporciona certa resistência.

Papel de *scrapbook*

Este papel está disponível em diversas estampas maravilhosas. Como não foi projetado para dobrar, muitos deles são espessos demais ou muito texturizados para peças pequenas ou complicadas. No entanto, se você se apaixonar por uma estampa, experimente usá-lo em peças grandes ou simples. Linhas vincadas brancas podem ser visíveis; assim, evite cores escuras.

Mujizome washi

Mujizome (“tingimento sem padrão”) *washi* é tingido com uma única cor sólida, e está disponível tanto em tonalidades delicadas como marcantes. Este papel tem uma textura semelhante a feltro. O processo de revestimento pode ser um pouco complicado, uma vez que o revestimento desigual deixa marcas.

Papel de origami com estampas tradicionais japonesas

Impresso com *yuzen kimono* e estampas tradicionais da arte popular japonesa, este papel é mais grosso, mais forte e mais macio que o papel de origami comum. Resistente o bastante para peças maiores, sua espessura pode tornar difícil a dobradura de peças menores, mas pode ser uma opção barata e facilmente encontrada.

Equipamento

Pode ser verdade que, além do papel, os dedos sejam o único equipamento essencial para o origami; porém, se a intenção é criar peças para usar e admirar por anos, você precisará de outros itens para obter um bom acabamento. Esta seção apresenta uma visão geral das ferramentas úteis e essenciais e dos materiais necessários para criar bijuterias de origami lindas e duráveis.

Corte

O segredo para dobraduras perfeitas é o corte preciso. Existem várias maneiras de se fazer isso: usando um estilete, placa de corte e régua; desenhando linhas na parte de trás do papel e cortando ao longo destas com tesoura; e usando uma guilhotina ou refiladora de papel. A escolha depende das ferramentas que você tem e do método que preferir. Ao cortar, tenha cuidado para não danificar suas ferramentas mais importantes – os dedos!

Estilete

Uma lâmina afiada é essencial para cortar uma borda sem rebarbas.

Placa de corte

Uma placa com quadriculados é útil para medir ângulos retos.

Régua

Escolha uma régua de corte em que um dos lados seja antiderrapante e que tenha uma barreira ao longo da borda para proteger os dedos. Ela pode ser usada como borda reta e para medir. Réguas de plástico ou de madeira não são recomendadas como guia para corte com estilete.

Transferidor

Faz um ângulo reto perfeito ao marcar o papel.

Lápis

Use para desenhar linhas de corte na parte de trás do papel.

Tesoura

Tesouras longas e com lâminas afiadas são ideais para cortar pedaços grandes de papel. Para peças pequenas, fendas ou acabamento, a tesoura para bordado com lâminas curtas e pontiagudas funciona bem.

Guilhotina

Foi projetada para cortar uma folha ou uma pilha grande de uma vez, proporcionando bordas limpas e retas. Ela tem uma longa lâmina com uma alavanca presa a uma base fixa. Geralmente há uma grade na base e uma régua na parte de cima.

Refiladora de papel

Corta papel com precisão, rapidez, facilidade e segurança. Possui uma lâmina rotativa montada em um carro deslizante preso a um trilho.

Dobradura

Você pode se sentir confortável usando apenas os dedos, mas existem algumas ferramentas que ajudam na obtenção de dobras firmes e bem feitas.

Dobradeira de osso

Use-a para enrolar o papel, fazer vincos mais fortes e alisar superfícies recém-coladas.

Palito de dente

Útil para muitas técnicas delicadas, como alcançar pequenos cantos, abrir bolsos e dar forma às pregas.

Revestimento

O melhor material de revestimento é um poliuretano à base de água com acabamento acetinado, que pode ser encontrado em lojas de artesanato que fornecem suprimentos de decupagem. O poliuretano umedece todo o papel e endurece camadas inteiras, fornecendo resistência ao mesmo tempo que mantém a aparência e a flexibilidade do papel. Embora possa ser limpo com água e sabão, o poliuretano, depois de seco, faz com que a peça fique resistente à água. Você também vai precisar de diversos outros itens.

Pincel pequeno

Para aplicar materiais de revestimento.

Recipiente pequeno de vidro ou de plástico

Para colocar a quantidade de material de revestimento necessária para a peça.

Cola epóxi

Escolha a cola epóxi pronta para uso, não tóxica e que, ao secar, fica como borracha transparente. "Pronta para uso" significa que o produto pode ser usado diretamente do tubo, sem a necessidade de misturar duas substâncias para ativar a cola. Essa cola pode ser encontrada em lojas de artesanato. Supercola não é recomendada porque fica com uma aparência quebradiça quando seca e se despedaça como vidro.

Cola em bastão

Qualquer cola em bastão que fique transparente quando seca é adequada. As colas não tóxicas e extrarresistentes, elaboradas especialmente para artesanato, são as melhores.

Palito de dente

Útil para a aplicação de cola em pequenas áreas ou em áreas de difícil acesso.

Fibras de poliéster

Para preencher áreas vazias e tornar as peças mais firmes.

Papel-vegetal ou outra superfície não aderente

Útil para dispor as peças para secar.

Pregadores de roupas

São úteis para segurar as camadas recém-coladas até secar.

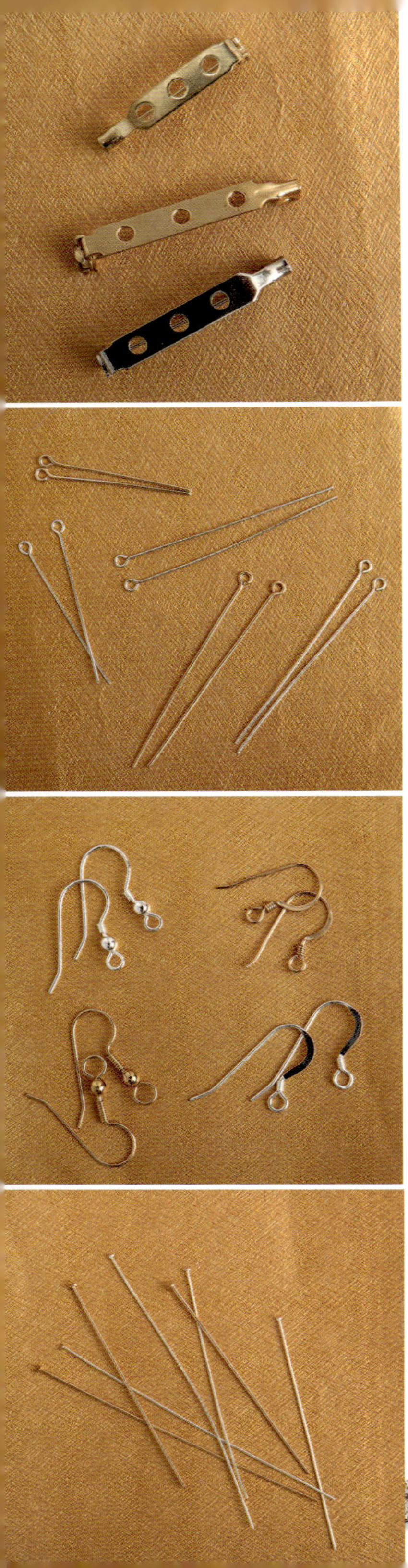

Acabamento: materiais de bijuteria

Estes aviamentos transformam seus origamis em bijuterias. Cada projeto possui uma lista dos itens necessários para completar a peça. Você poderá encontrá-los em lojas de artesanato e de bijuterias, geralmente em ouro 14 quilates, metal comum, prata de lei ou folheado a ouro.

Base de broche
Uma base com saídas, ou com uma argola, permite que um broche seja usado como pingente.

Outras bases
Existem várias outras bases para diferentes tipos de acessórios, incluindo bóton, abotoaduras, alfinete de segurança com saídas, grampo de cabelo, presilha e alfinete para gravata.

Fecho, argola simples, argola para chaveiro, terminal, cabide com várias saídas, *tip*, esmalte de unhas transparente
Para fazer o acabamento nas extremidades de colares e pulseiras.

Materiais para brincos
Anzóis, pinos e tarraxas são usados para montar os brincos.

Alfinetes com cabeça e alfinetes contrapinos
Para prender ou juntar as peças de origami.

Aviamentos
(de cima para baixo) bases de broche, alfinete contrapino, anzóis para brincos e alfinetes com cabeça.

Folha ou disco de plástico
Usada para cobrir a parte de trás da peça que será presa à base de broche. Qualquer folha de plástico resistente pode ser usada, como de recipientes ou embalagens descartáveis. A espessura ideal é mais ou menos a de um cartão de crédito, que é grossa o suficiente para não dobrar facilmente, mas fina o bastante para ser cortada com uma tesoura. Não se esqueça de aparar todos os cantos afiados.

Fio de náilon, arame de alumínio e corrente
Usados para colocar contas ou pingentes.

Fio de couro, cordonê, cânhamo e barbante de cânhamo
Usados para pendurar pingentes de origami ou como ornamentos.

cânhamo

disco de plástico

náilon para bijuteria

linho

fios de couro

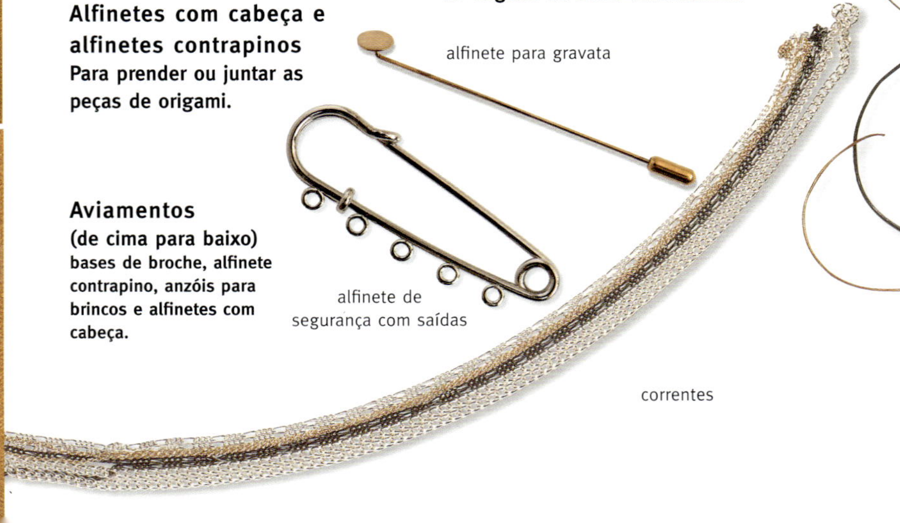

alfinete para gravata

alfinete de segurança com saídas

correntes

alicate meia-cana

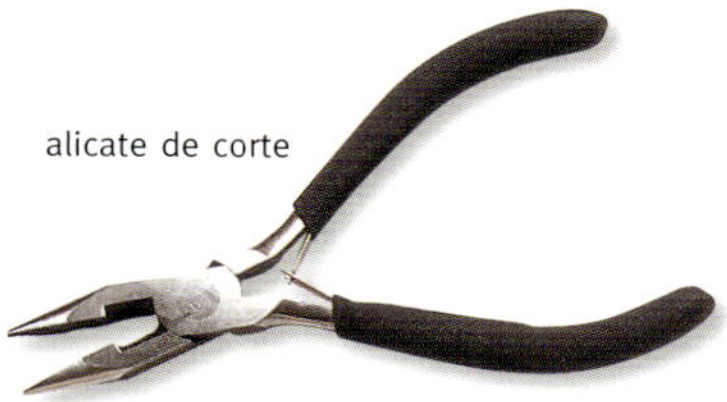

alicate de corte

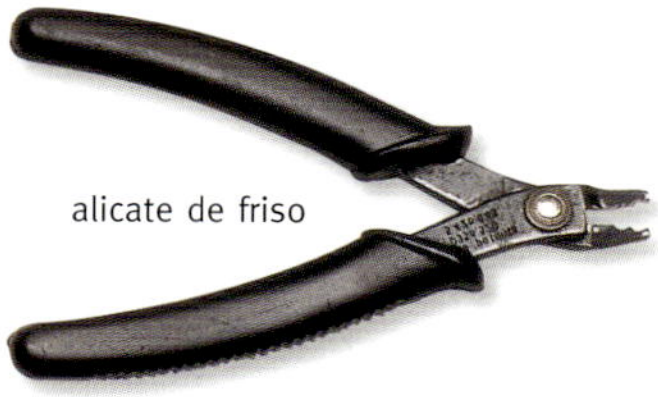

alicate de friso

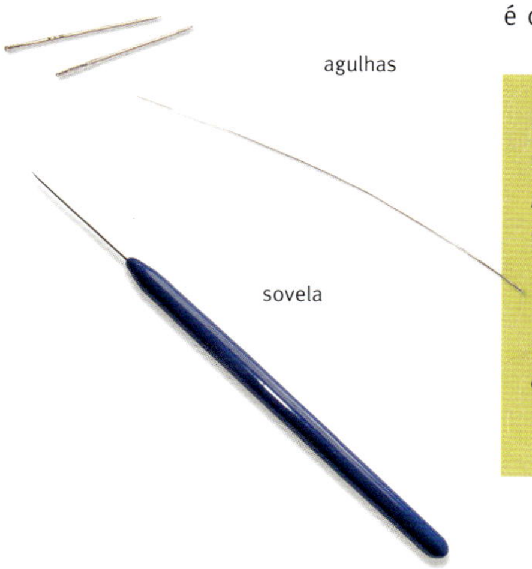

agulhas

sovela

Ferramentas de acabamento

Alicate meia-cana
Para apertar e entortar arame ou pinos.

Alicate de corte
Para cortar arame ou pinos.

Alicate de friso
Para prender terminais e *tips* no arame ou em pinos.

Agulha para colocar miçangas ou agulha de costura
Para colocar contas ou costurar uma conta em uma peça.

Sovela
Para perfurar. Uma agulha de costura pode substituí-la na perfuração de camadas finas.

Ornamentos

Seja criativo e use os ornamentos que desejar (p. ex., fitas, cordonês, pompons e fios de arame) ou use outros materiais, como canetas permanentes.

De vidro, madeira, pérolas, estanho, cristal, jade ou miçangas – a variedade de contas disponíveis é quase infinita!

NOTA: Lembre-se de ler e seguir as orientações e precauções dos fabricantes de colas, materiais de revestimento, ferramentas e qualquer outro produto antes de começar, e ao trabalhar nos projetos preste muita atenção às instruções de cada produto.

Símbolos

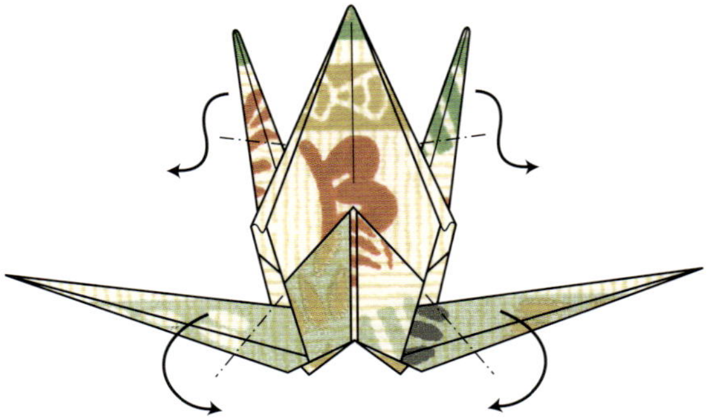

As instruções neste livro estão ilustradas por meio de diagramas claros, que utilizam diversos símbolos – como setas e linhas – para mostrar a direção e o tipo de dobra, onde aplicar a cola e qualquer outra informação essencial que você possa precisar para fazer o acessório de origami perfeito. Use a tabela a seguir como referência para os símbolos:

Dobrar	Dobrar para trás	Dobrar e desdobrar para fazer um vinco	Virar ao contrário
Girar	Abrir	Empurrar ou apertar	Dobra em vale
Dobra em montanha	Vinco/linha da dobra	Distância igual	
Verso do papel (lado branco)	Frente do papel (lado colorido/estampado)	Aplicar cola com palito de dente	

Tsuru tradicional, página 108

Dobras básicas

Dominar a arte de dobrar é fundamental para criar lindas bijuterias de origami. Esta seção explica os símbolos e as técnicas de origami básicos. Se você é iniciante na arte do origami, os diagramas, com todas as diferentes setas e linhas, podem parecer confusos. Contudo, após aprender o significado dos símbolos, eles logo se tornam claros, assim como aprender a ler partituras. Antes de iniciar um projeto, pratique com papel de origami, usando uma folha maior do que a necessária para o projeto.

DOBRA EM VALE

As setas indicam a direção da dobradura.

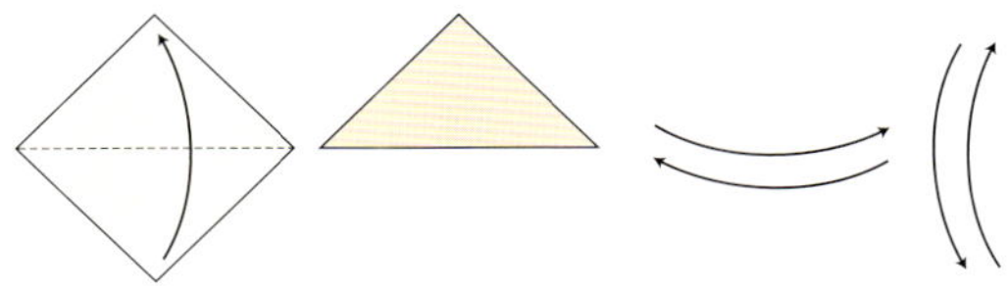

DOBRA EM MONTANHA

Para fazer uma dobra em montanha, é mais fácil virar o papel, fazer uma dobra em vale e, então, virar o papel novamente, do que levantá-lo e dobrá-lo enquanto ele está suspenso.

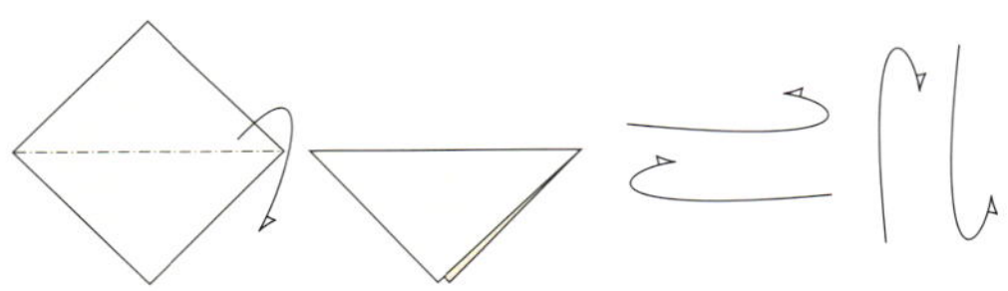

DOBRA ABRIR E ABAIXAR

Abra e separe as camadas enquanto abaixa a parte que ficou para cima.

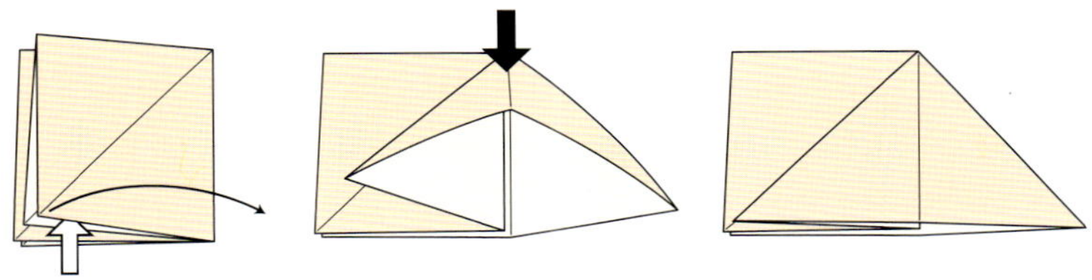

DOBRA INVERTIDA INTERNA

Faça um vinco onde a dobra invertida será feita e, em seguida, dobre a ponta para baixo entre as camadas.

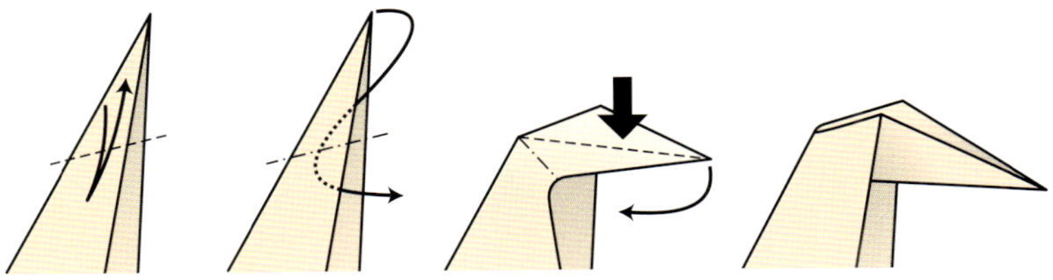

DOBRA INVERTIDA EXTERNA

Faça um vinco onde a dobra invertida será feita e, em seguida, abra o papel e vire a ponta para fora.

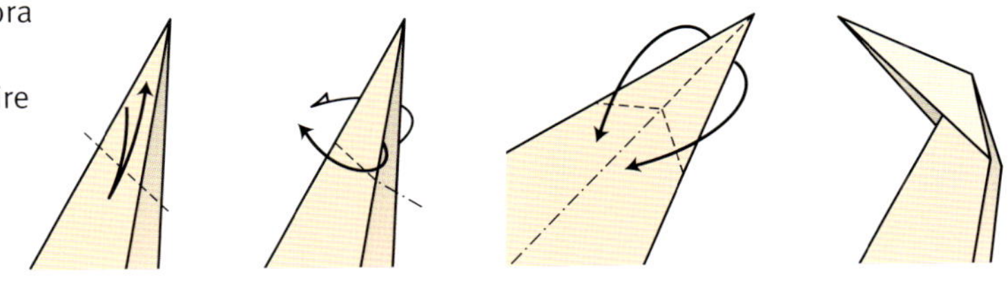

DICAS ÚTEIS

- **Trabalhe em uma superfície lisa, limpa e firme.**
- **Faça dobras tão retas e exatas quanto possível e junte as pontas com muita precisão.**
- **Faça os vincos com firmeza.**
- **Muitas vezes, é mais fácil dobrar na direção oposta ao seu corpo – gire o papel para facilitar a dobra.**
- **Confira o diagrama do próximo passo para entender como deve acabar a etapa em que estiver. Melhor ainda: leia todo o projeto antes de começar.**

*** Acima de tudo, divirta-se!**

Bases

Muitos origamis começam com a mesma sequência de dobradura, chamada de base. As instruções de todas as bases utilizadas neste livro são explicadas nas páginas a seguir.

Brincos de coração, página 106

BASE PRELIMINAR: MÉTODO A

1 Dobre ao meio no sentido do comprimento, e depois desdobre. Faça o mesmo procedimento no sentido da largura.

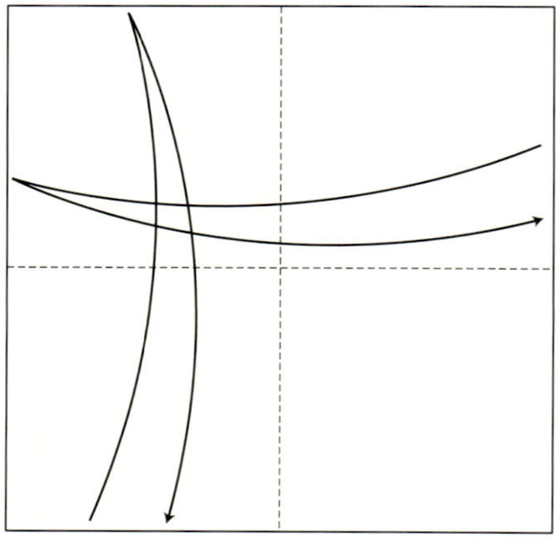

2 Dobre ao meio na diagonal.

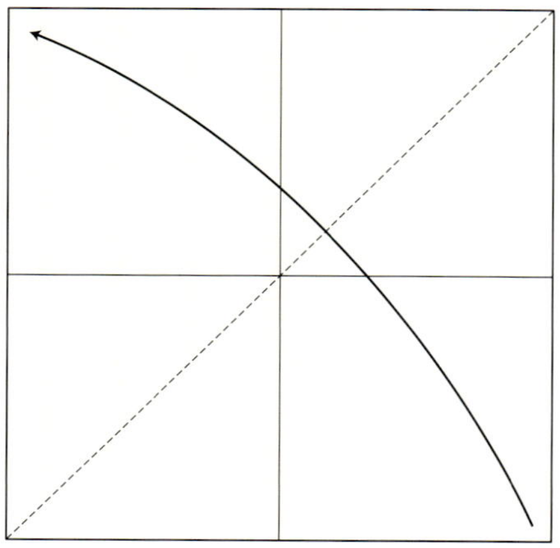

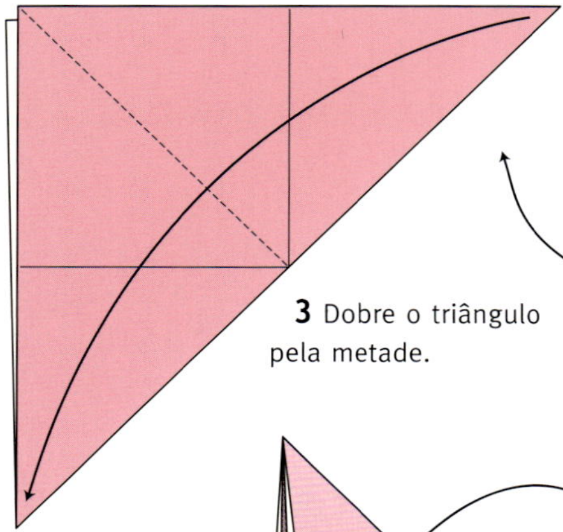

3 Dobre o triângulo pela metade.

4 Abra o triângulo de cima e abaixe o papel para formar um quadrado.

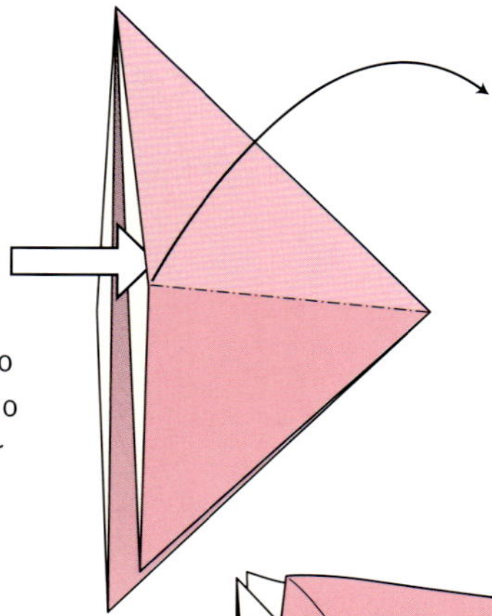

5 Vire a peça.

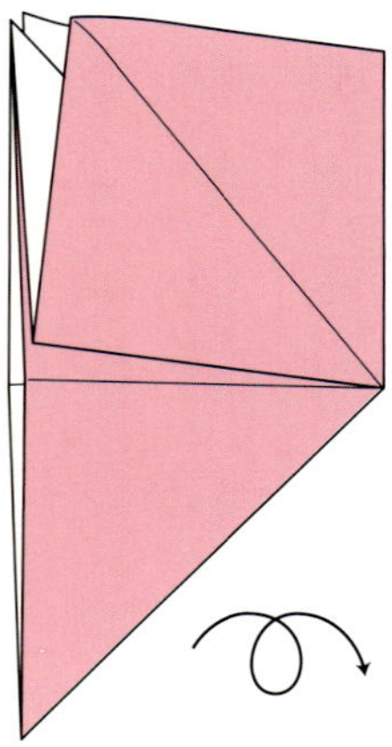

6 Repita o passo 4 neste lado para completar a base preliminar.

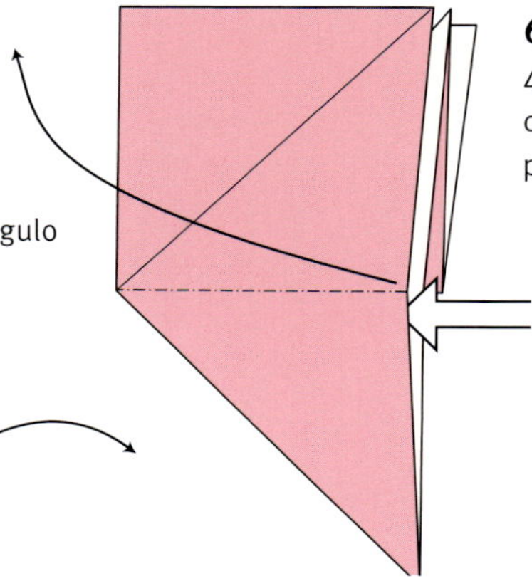

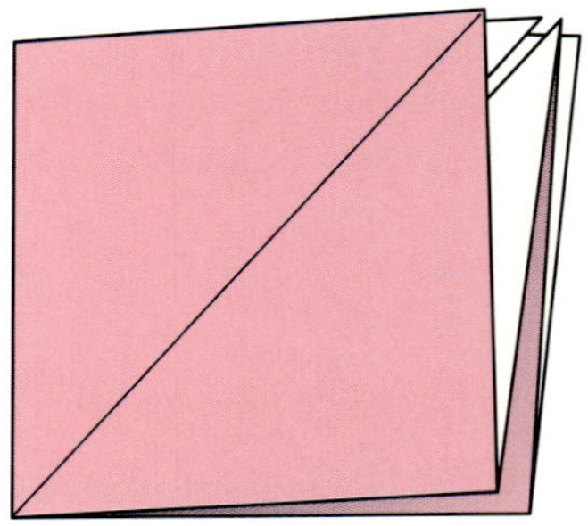

7 A base preliminar está pronta.

BASE PRELIMINAR: MÉTODO B

1 Dobre ao meio no sentido da largura, e depois desdobre.

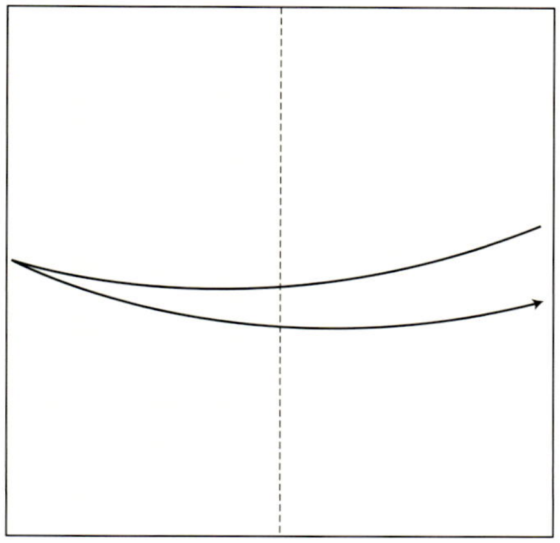

2 Dobre ao meio no sentido do comprimento, de baixo para cima.

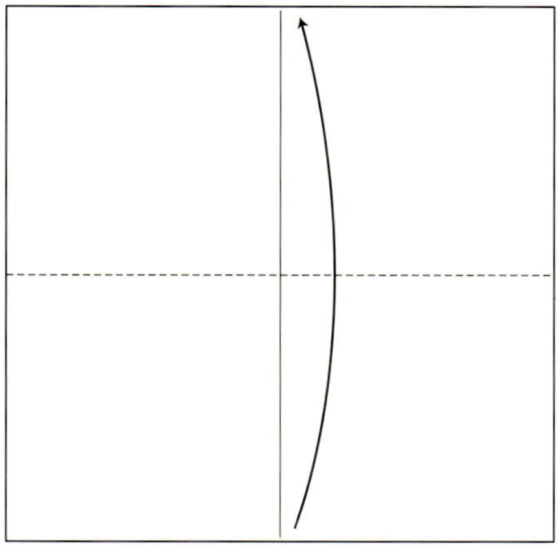

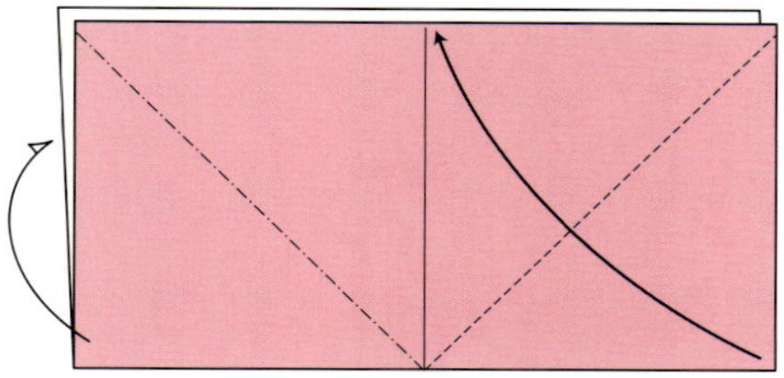

3 Dobre a ponta inferior direita para cima até a linha central, e dobre para trás e para cima a ponta inferior esquerda, levando-a até a linha central.

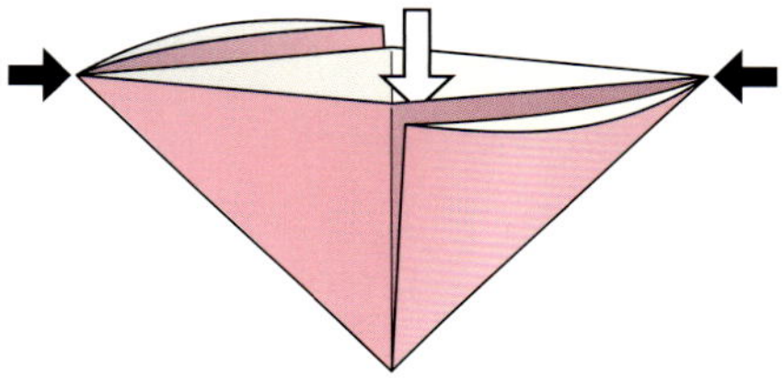

4 Abra as camadas do meio e junte as duas pontas laterais.

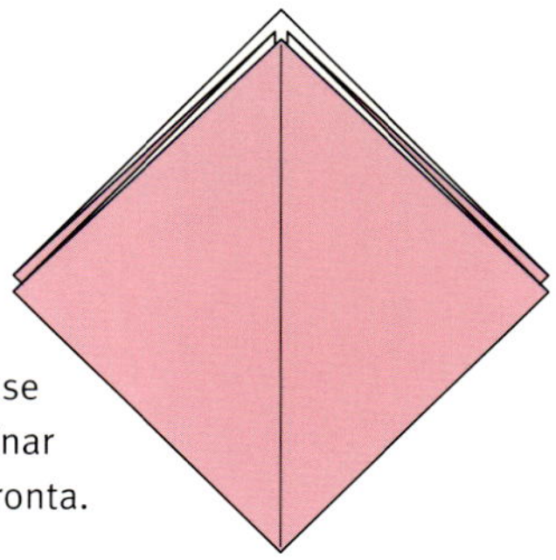

5 A base preliminar está pronta.

Flores, página 28

BASE DO ENVELOPE

1 Dobre na metade no sentido do comprimento, depois desdobre. Dobre na metade no sentido da largura, depois desdobre.

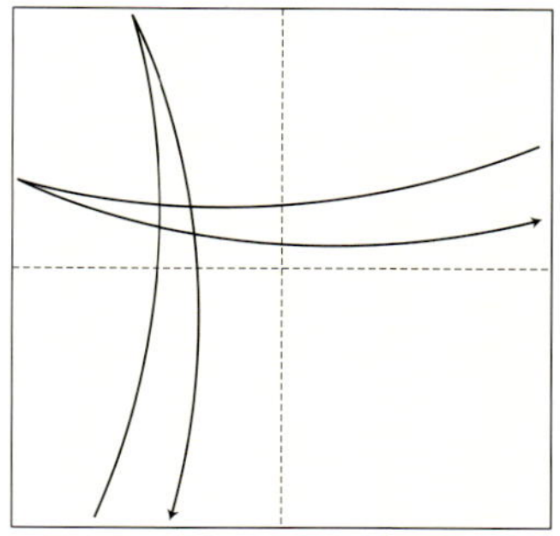

2 Dobre as quatro pontas para o centro.

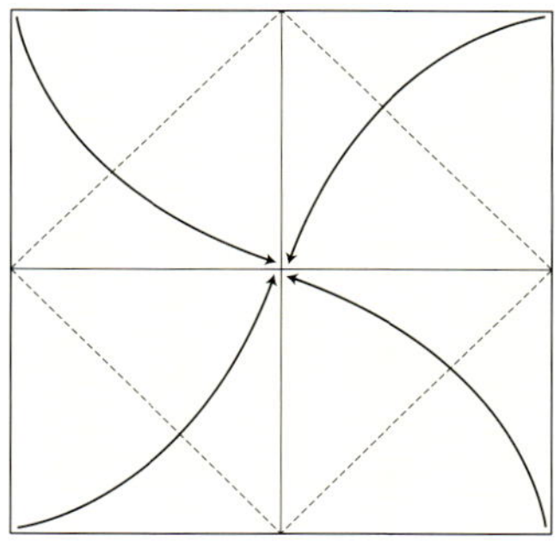

3 A base do envelope está pronta.

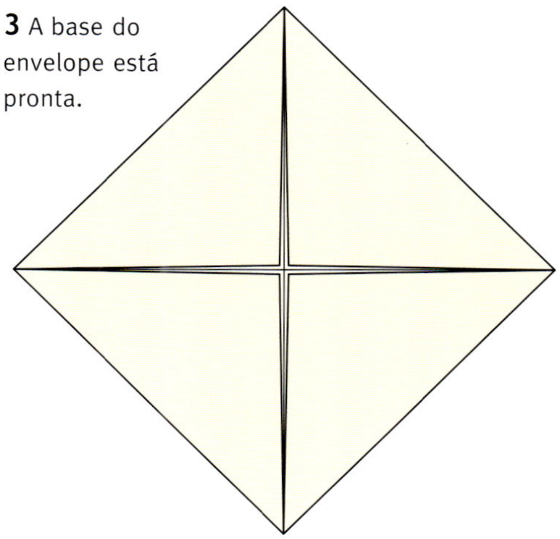

BASE DO BALÃO

1 Dobre ao meio na diagonal, e depois desdobre. Faça o mesmo procedimento na diagonal da outra direção.

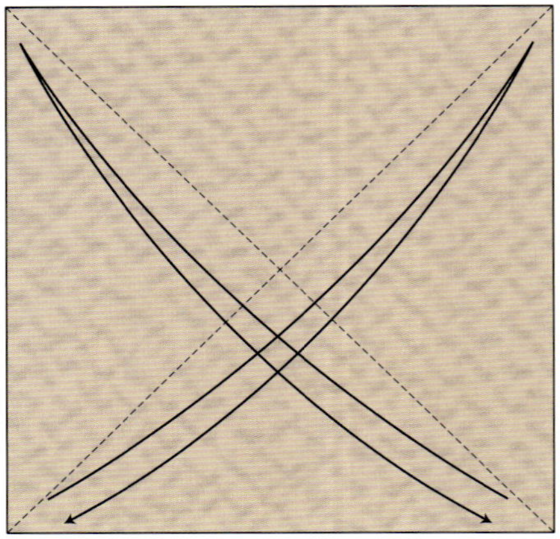

2 Dobre ao meio no sentido do comprimento.

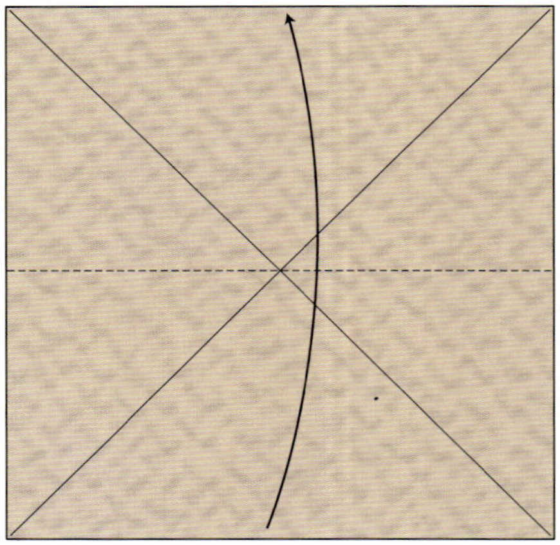

3 Dobre ao meio no sentido da largura.

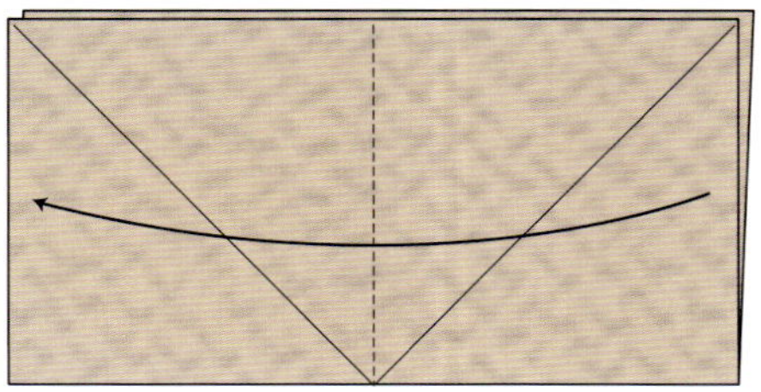

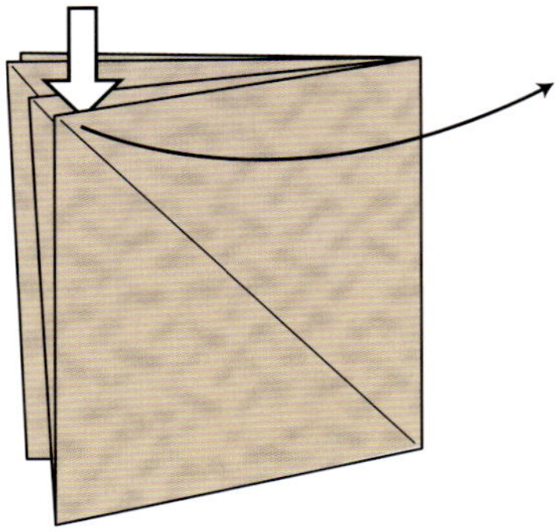

4 Abra o quadrado, trazendo a ponta da camada de cima para o lado.

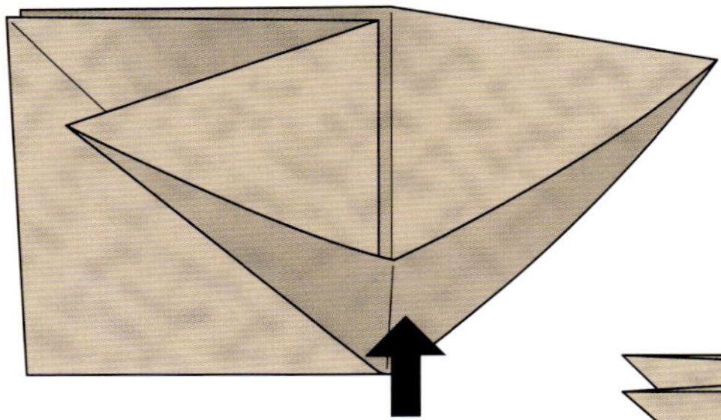

5 Abaixe o quadrado aberto para formar um triângulo.

Broche de coelhinho, página 52

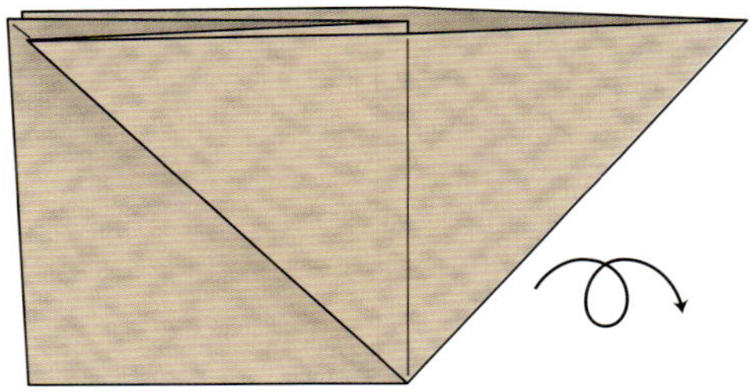

6 Vire a peça e repita os passos 4 e 5 no outro lado.

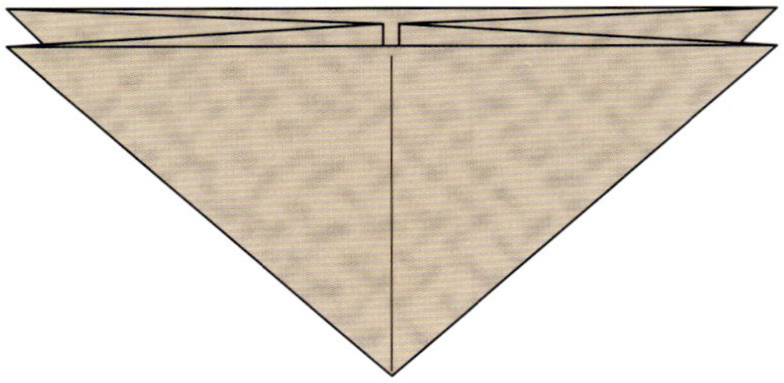

7 A base do balão está pronta.

BASE DO BARCO

1 Dobre ao meio no sentido do comprimento, e depois desdobre. Faça o mesmo procedimento no sentido da largura. Vire o papel.

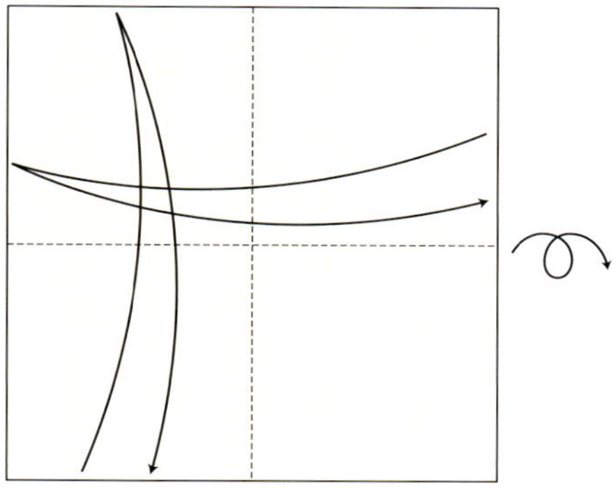

2 Dobre as quatro pontas para o centro, e depois desdobre. Vire o papel.

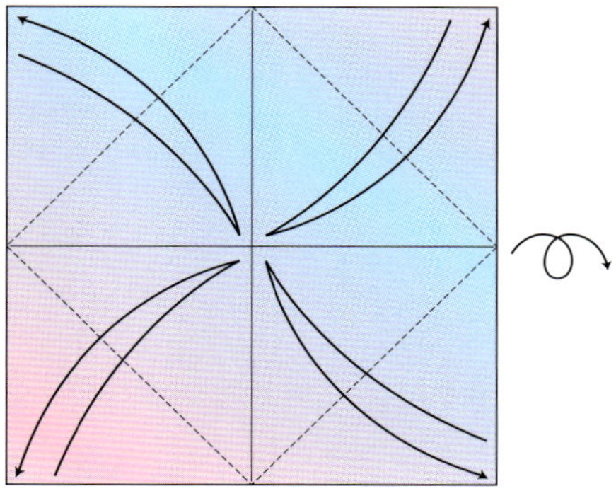

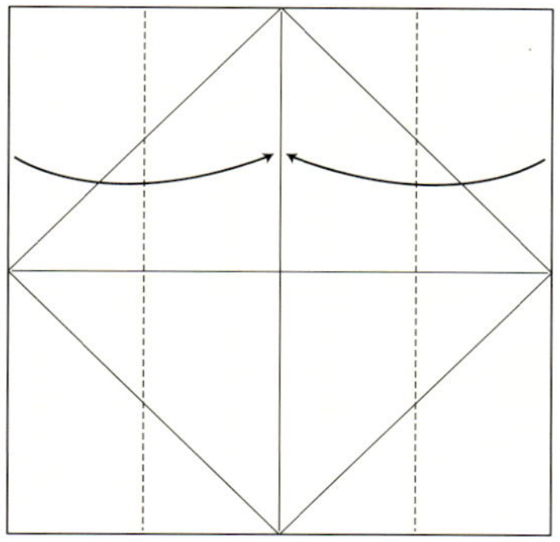

3 Dobre ambos os lados de modo que se encontrem na linha central.

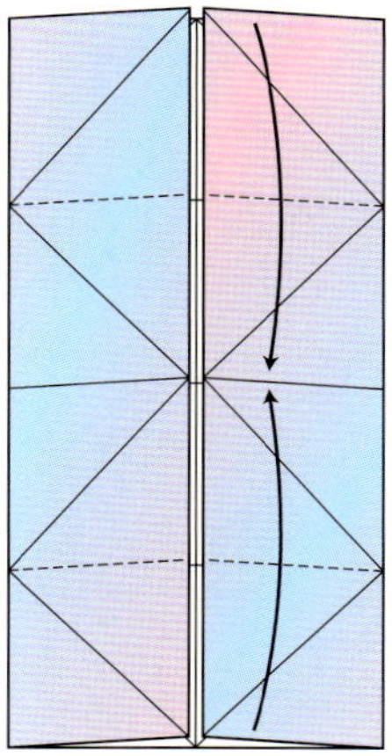

4 Dobre as partes superior e inferior de modo que se encontrem na linha central.

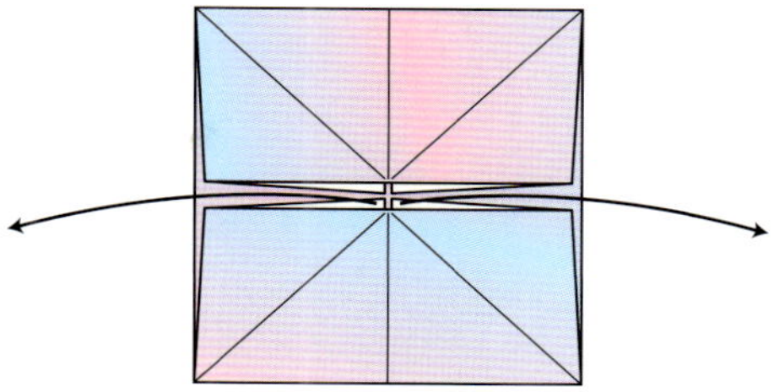

5 Puxe para fora as pontas soltas internas da parte inferior.

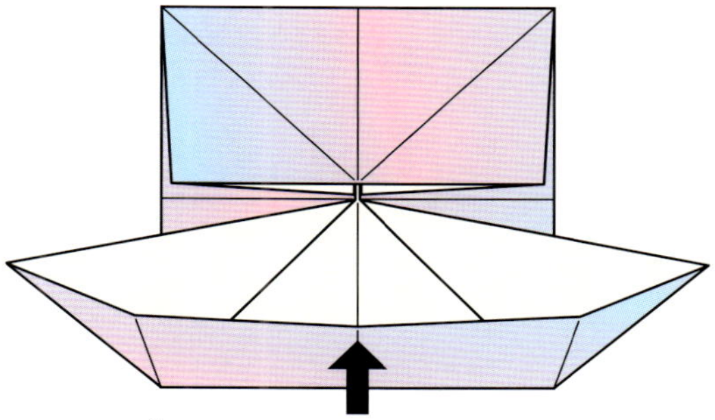

6 Abaixe a parte que ficou levantada, alinhando a margem do papel (indicada pela seta) até a linha central. Repita o passo 5 na parte superior.

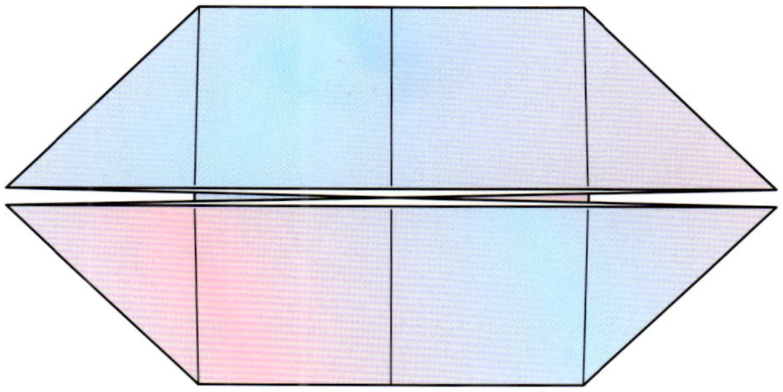

7 A base do barco está pronta.

Estes origamis semelhantes a flocos de neve começam com a base do barco. Ver página 98.

BASE DA FLOR

1 Comece com uma base preliminar (ver pp. 20-21).

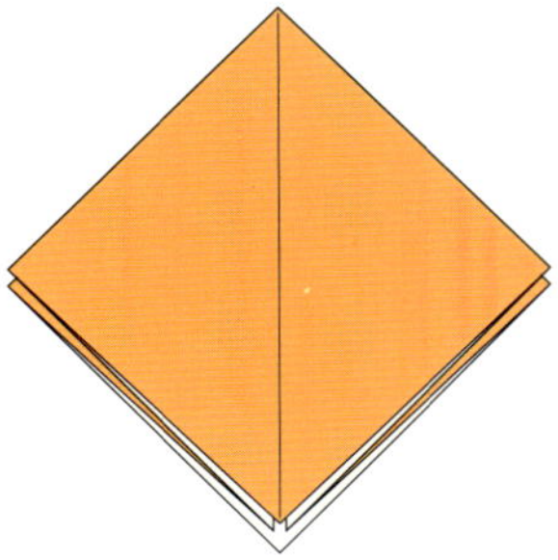

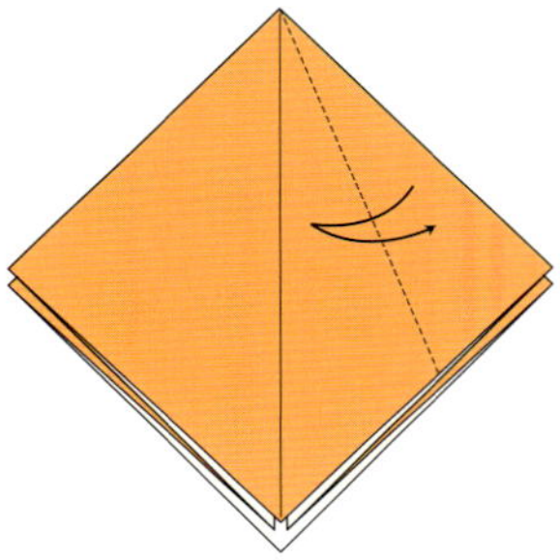

2 Colocando a base aberta para baixo, dobre a aba direita da camada de cima, alinhando-a com a linha central, e depois desdobre.

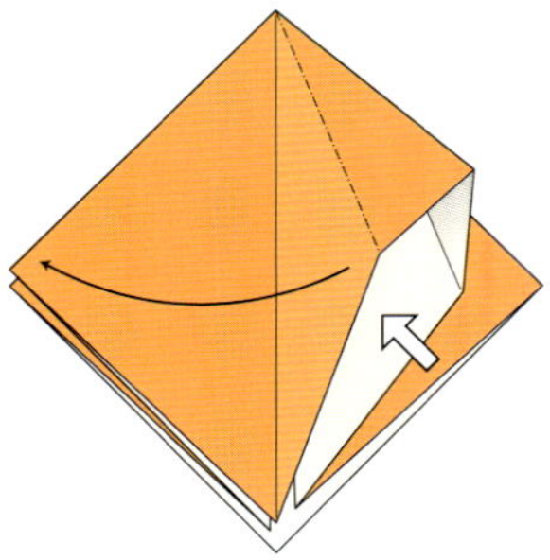

3 Abra e puxe o lado esquerdo da aba para a esquerda, criando uma forma de diamante.

4 Abaixe o diamante e pressione com firmeza.

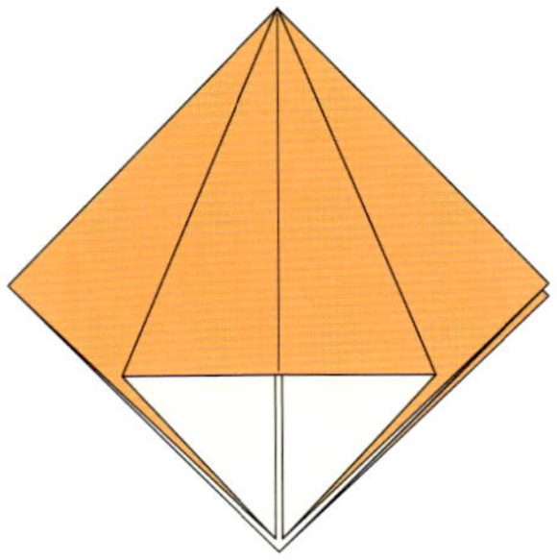

5 Repita os passos 2, 3 e 4 nas três abas restantes para terminar a base da flor.

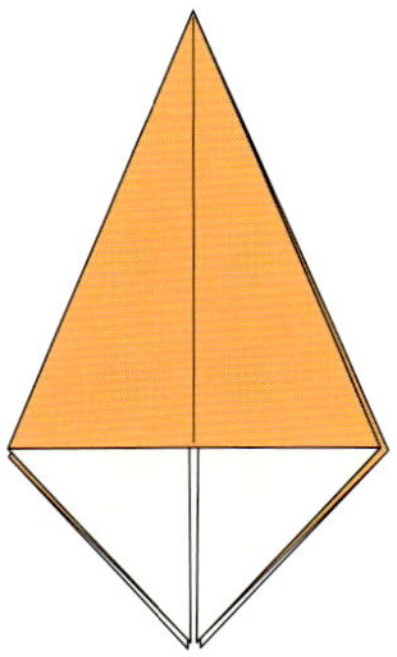

BASE DO PÁSSARO

1 Comece com uma base preliminar (ver pp. 20-21).

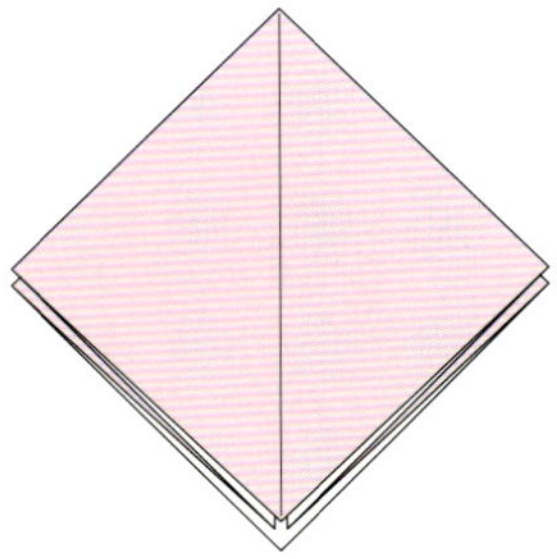

2 Com a base aberta para baixo, dobre as abas direita e esquerda inferiores das camadas de cima de modo que se encontrem na linha central.

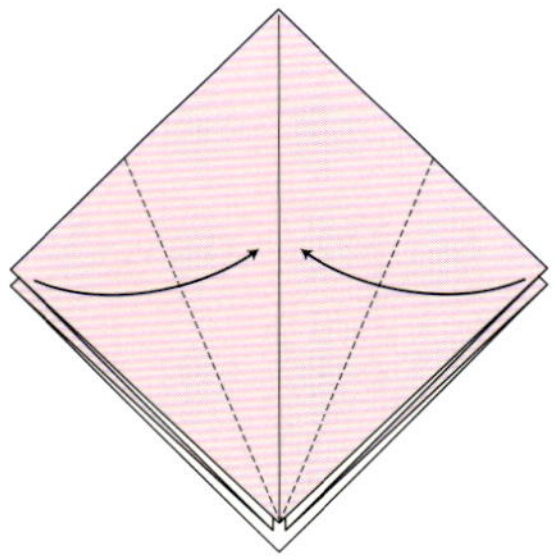

3 Dobre para baixo o triângulo que se formou em cima, e depois desdobre o triângulo e as dobras feitas no passo 2.

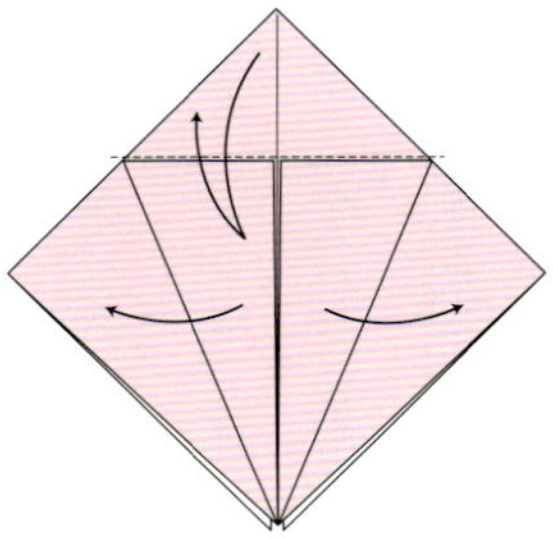

4 Levante a ponta inferior da camada superior e leve-a para cima, mantendo o triângulo superior fechado.

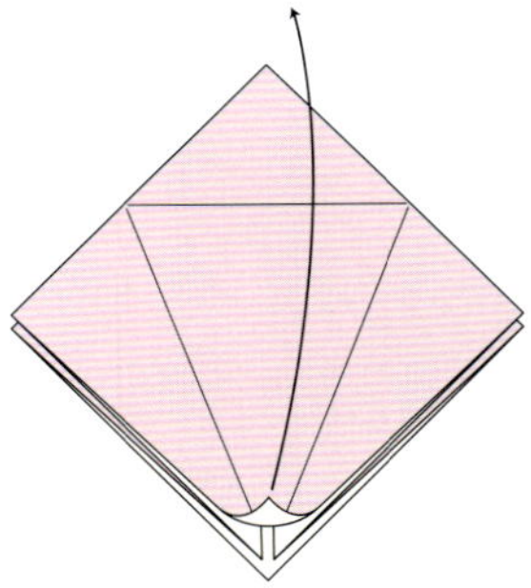

5 Empurre as laterais direita e esquerda na direção uma da outra, de modo que as extremidades se encontrem no centro. Abaixe a região que ficou levantada.

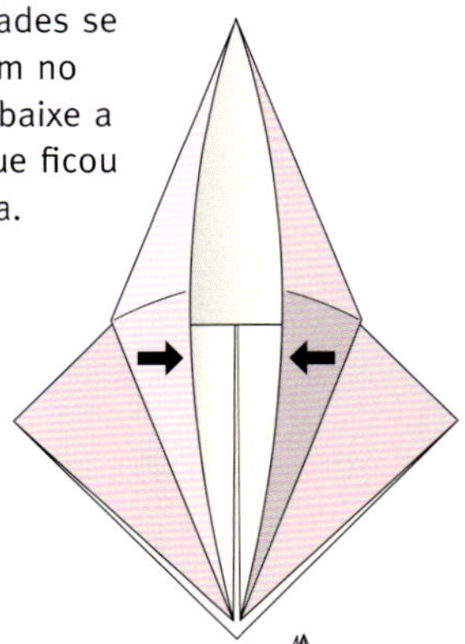

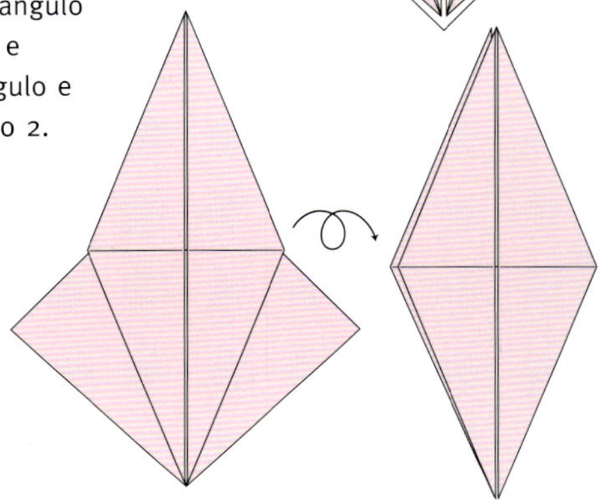

6 Vire a peça. Repita os passos 2 a 5 no outro lado.

Peças modulares

Esta seção fornece instruções passo a passo para criar peças modulares, que são partes de todas as bijuterias feitas com contas de origami ou com origami modular apresentadas neste livro.

Estas peças modulares são surpreendentemente simples de dobrar.

PEÇAS MODULARES A, B E C

A peça modular A tem cantos com diversas camadas de papel, o que a torna mais espessa e resistente. A peça B tem cantos mais finos, que facilitam a sua inserção em outras peças. Já a C tem um canto mais grosso e um canto mais fino. As peças B e C são mais fáceis de inserir em outras peças. A escolha das peças modulares para um projeto depende de onde elas serão usadas e da espessura do papel. Ao trabalhar com um papel muito fino, pode ser melhor fazer a peça A, mesmo quando as instruções são para a B ou a C.

PEÇA A

1 Dobre ao meio no sentido da largura.

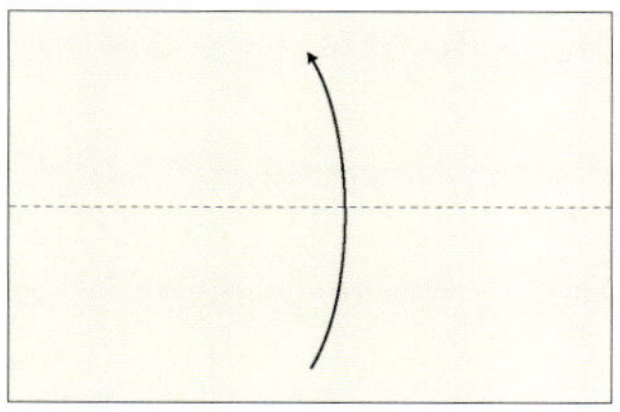

2 Dobre ao meio no sentido do comprimento, e depois desdobre.

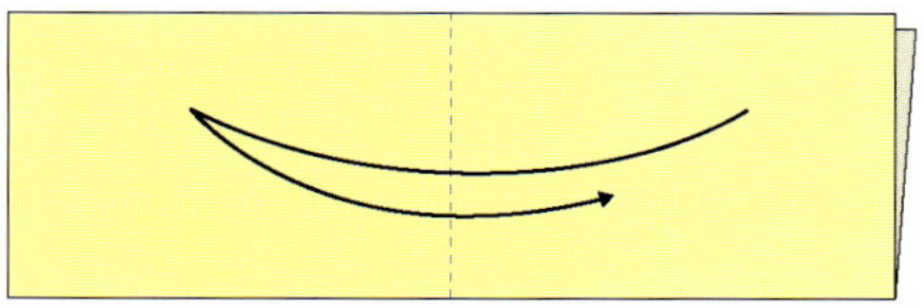

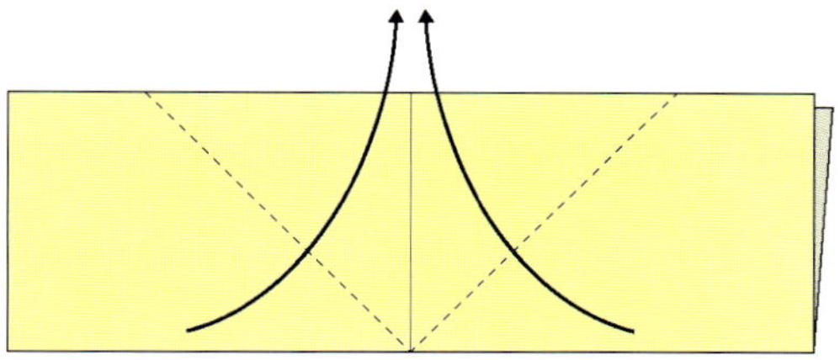

3 Dobre os dois cantos inferiores para dentro, de modo que as partes que estavam embaixo se encontrem na linha central.

4 Vire a peça.

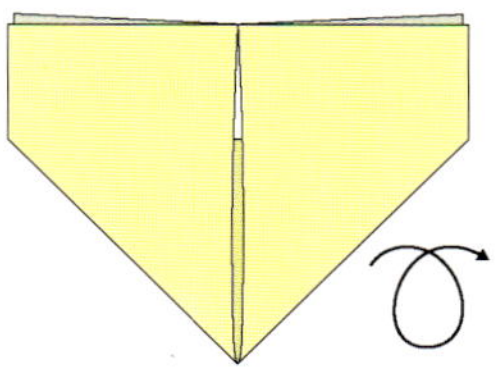

5 Dobre para baixo os cantos que ficaram para fora.

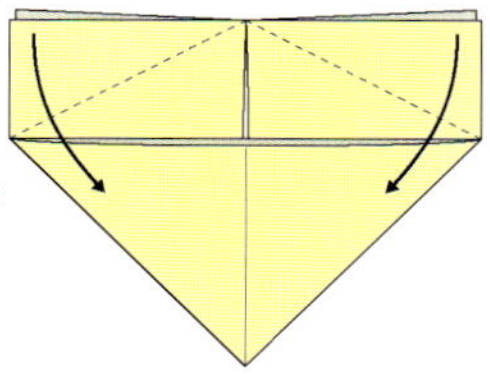

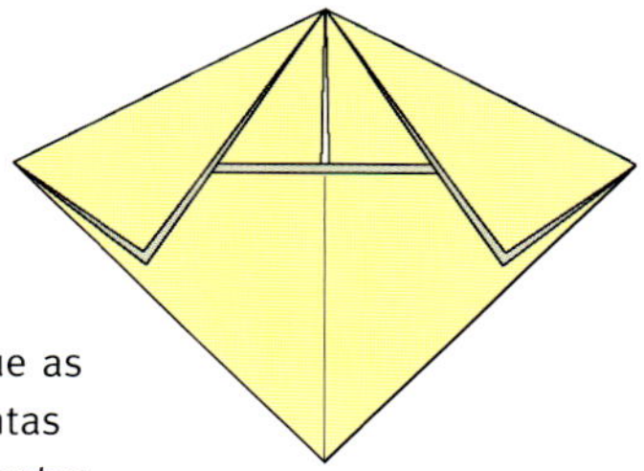

6 Coloque as duas pontas desses cantos dentro do bolso formado.

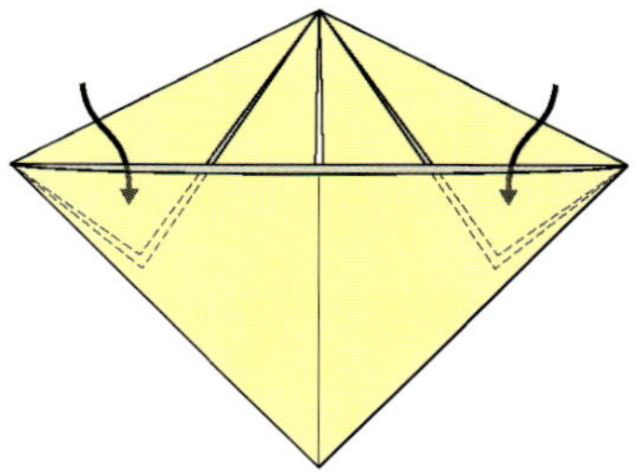

7 Dobre as abas triangulares para baixo.

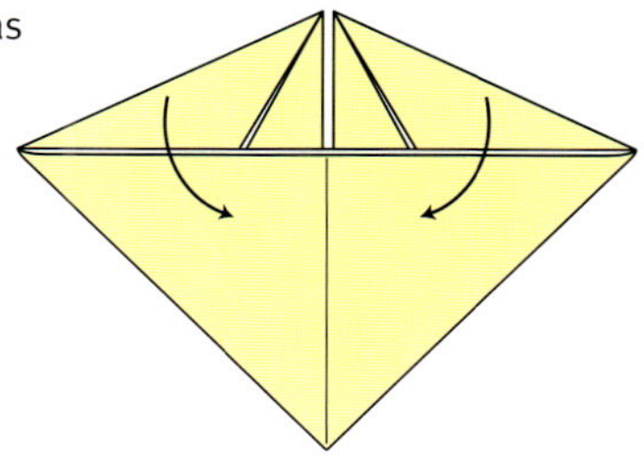

8 A peça modular A está pronta.

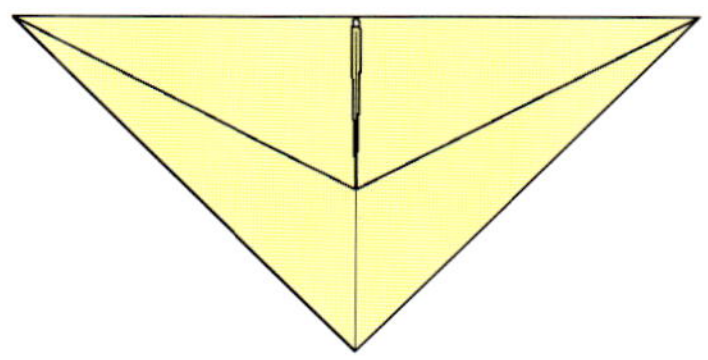

PEÇA B

1 Siga os passos 1 a 4 da peça modular A. Depois corte os dois cantos superiores.

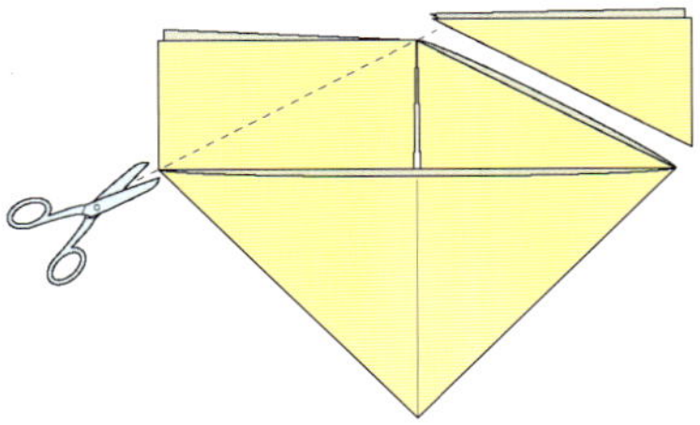

2 Dobre as abas triangulares para baixo.

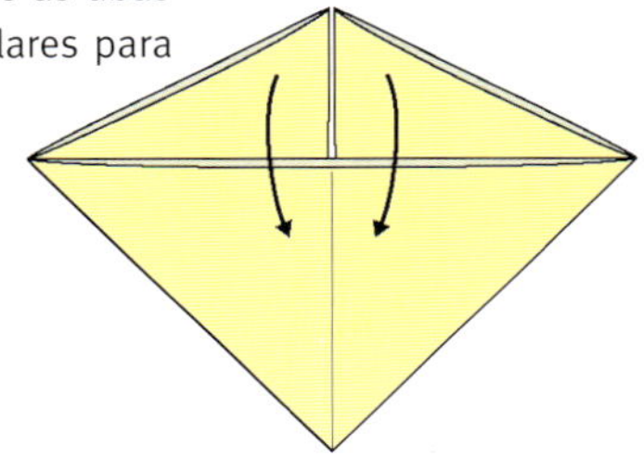

3 A peça modular B está pronta.

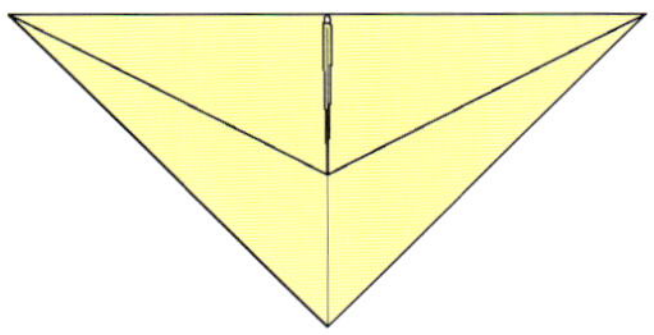

PEÇA C

1 Siga os passos 1 a 4 da peça modular A. Depois corte o canto superior esquerdo. Dobre o canto superior direito para baixo.

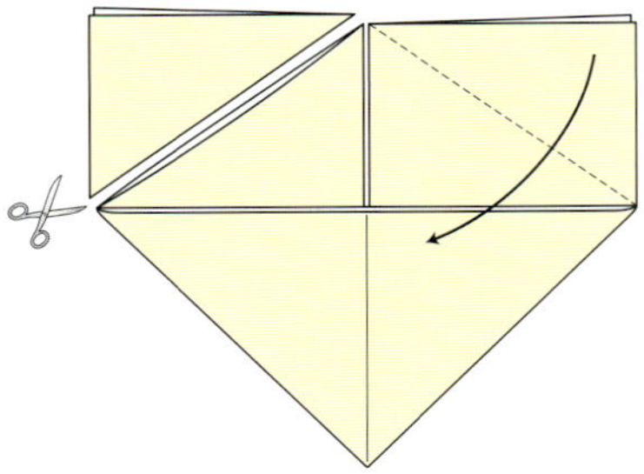

2 Coloque a ponta direita dentro do bolso formado.

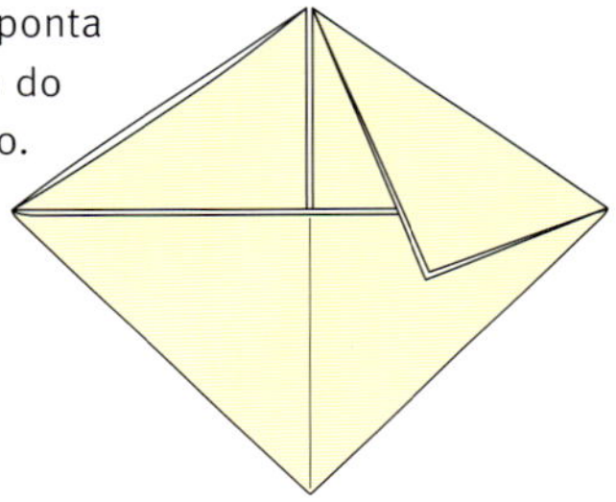

3 Dobre as abas triangulares para baixo.

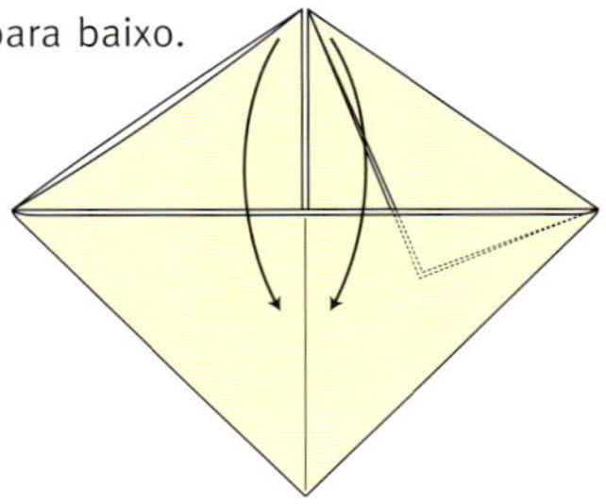

4 A peça modular C está pronta.

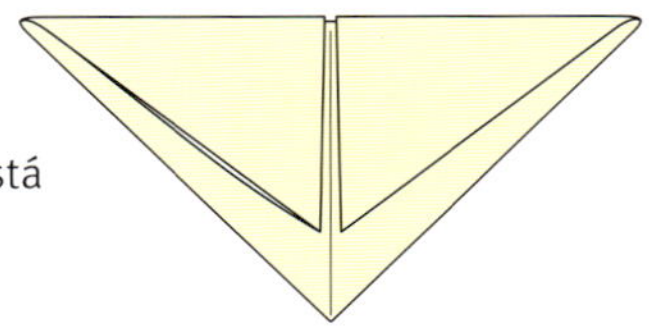

As dobras são tão simples que quase qualquer tipo de papel funciona bem para as peças modulares.

BRAÇOS E BOLSOS

Os termos "braço" e "bolso" são usados para as partes das peças modulares que se encaixam uma na outra. Elas são demonstradas abaixo como braços e bolsos esquerdo e direito.

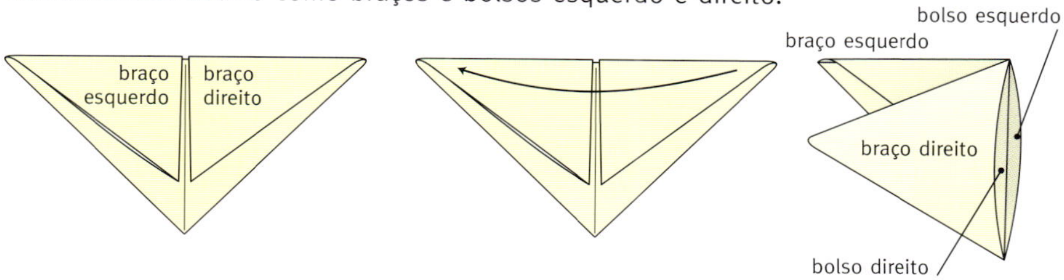

COMO MONTAR AS PEÇAS MODULARES

Antes de montar as peças modulares, pode ser útil colocá-las juntas da maneira como devem ficar. Isso alarga os bolsos, facilitando a aplicação de cola no interior e a inserção dos braços. Além disso, há menor tendência a erros sobre a peça correta e a ordem em que devem ser inseridas.

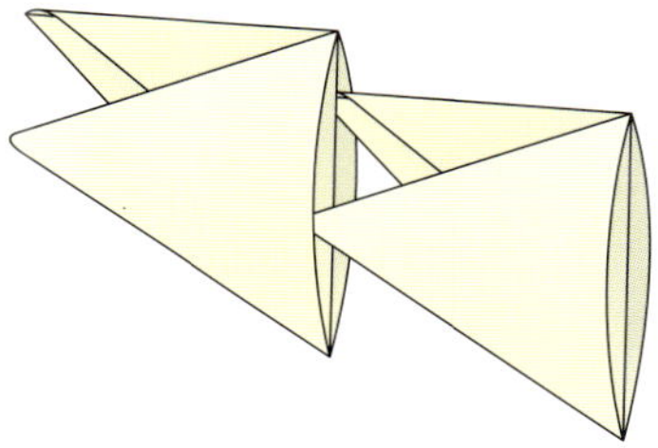

PEÇAS PARA ABRIR BOLSOS

Para aumentar os bolsos da última peça, use duas ou três peças modulares A feitas com qualquer papel. Elas serão "ferramentas" úteis para abrir os bolsos em peças de qualquer projeto com módulos.

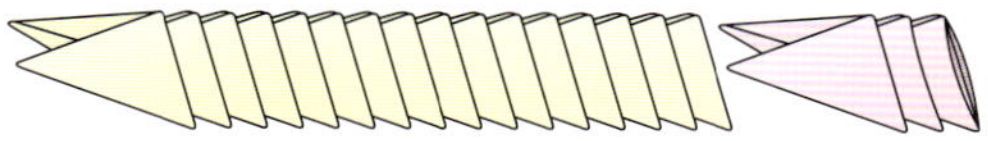

Este é um excelente exemplo de como peças simples, quando colocadas juntas, podem se transformar em uma criação elaborada. Este broche é feito de 64 peças modulares habilmente combinadas – ver página 66.

FLORES A E B

1 Comece com a base do envelope (ver p. 21) feita de papel *washi*. Desdobre.

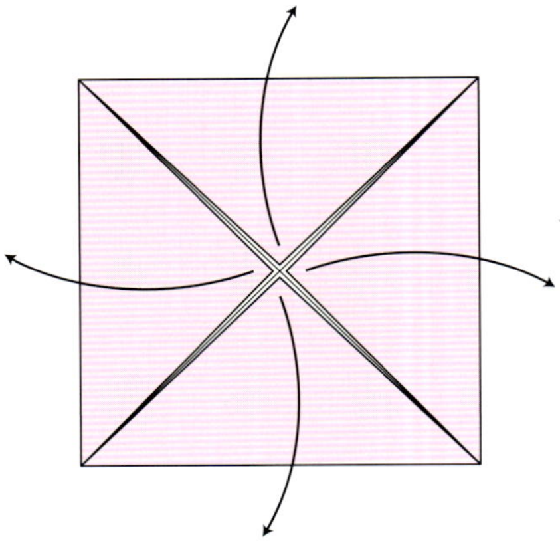

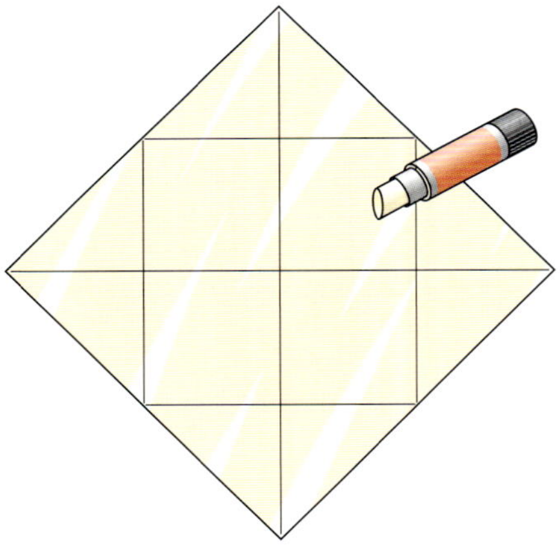

2 Aplique cola em bastão, em todo o interior e dobre novamente a base do envelope. Deixe a cola secar por completo antes de seguir para o próximo passo.

3 Dobre as quatro pontas para o centro.

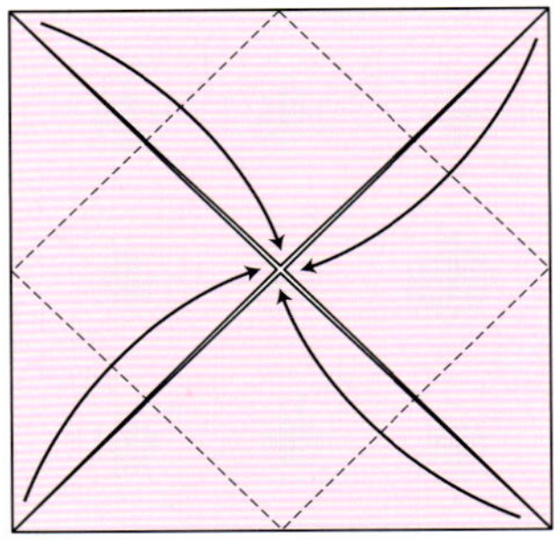

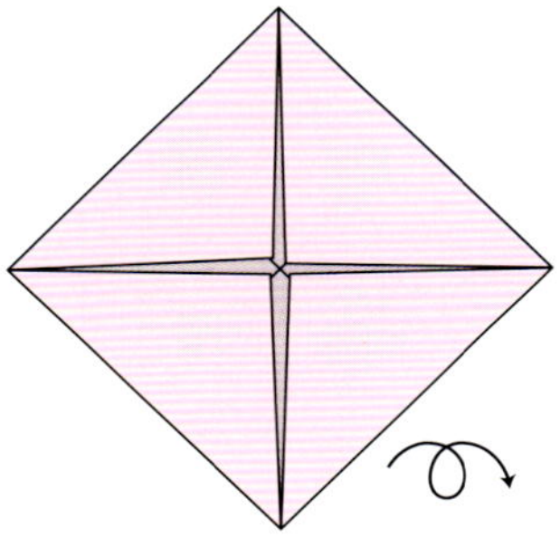

4 Vire a peça.

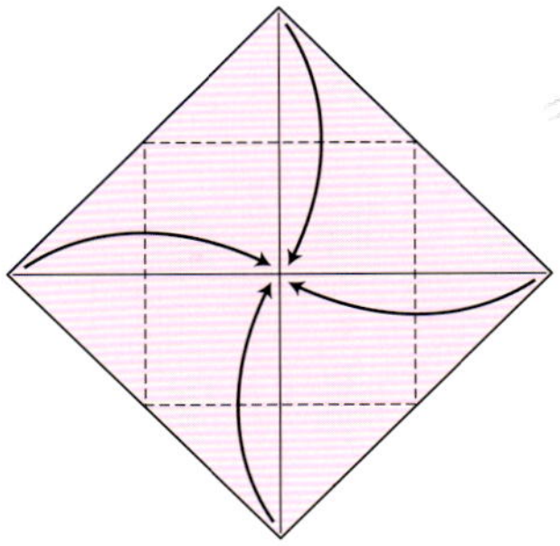

5 Dobre as quatro pontas para o centro.

Brincos de flor, página 58

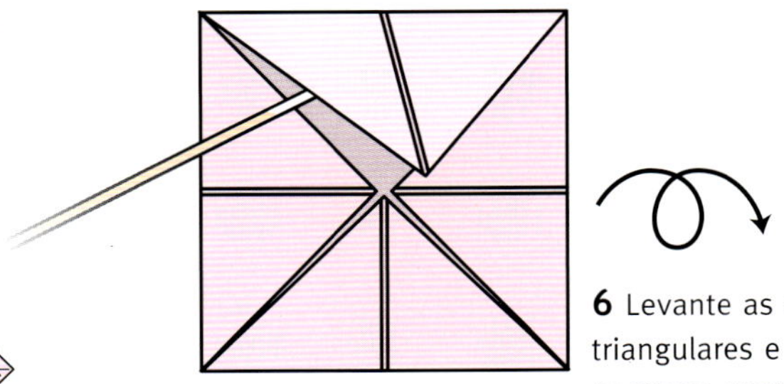

6 Levante as quatro abas triangulares e aplique uma pequena quantidade de cola epóxi sob elas. Vire a peça.

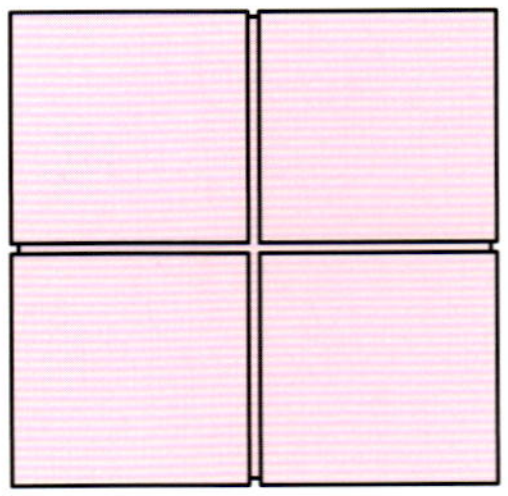

NOTA: O papel de origami não é apropriado para fazer estas flores, pois se rasga com muita facilidade. Use papel washi.

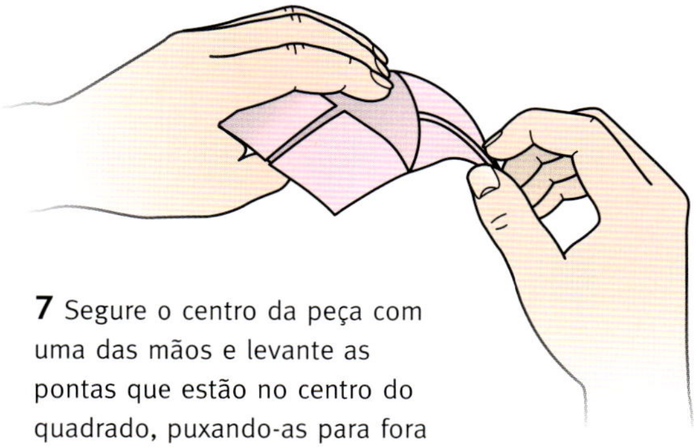

7 Segure o centro da peça com uma das mãos e levante as pontas que estão no centro do quadrado, puxando-as para fora com a outra mão.

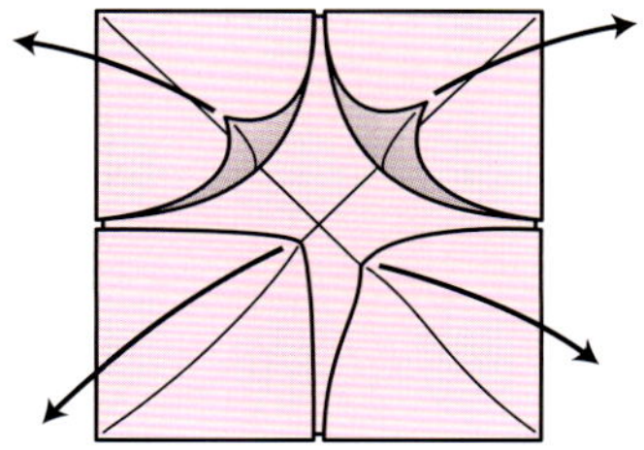

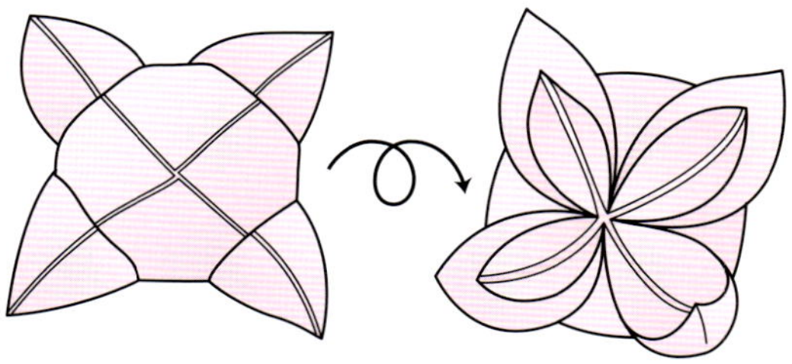

8 Vire a peça. A flor A está pronta.

Destacadas entre as miçangas, estas flores formam um colar adorável. Ver página 60.

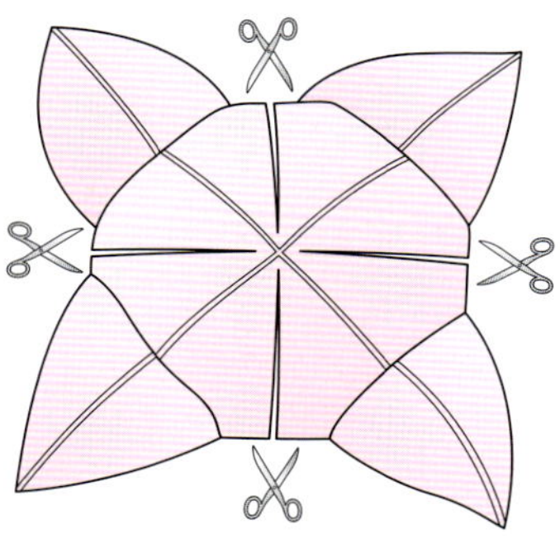

9 Com a parte de trás da peça voltada para cima, corte entre as pétalas em direção ao centro, mas não corte tudo até o centro.

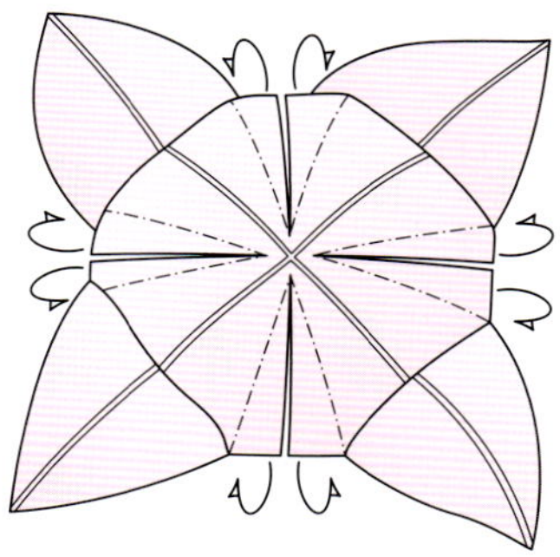

10 Dobre as fendas que você recortou e coloque-as dentro do bolsinho atrás das pétalas.

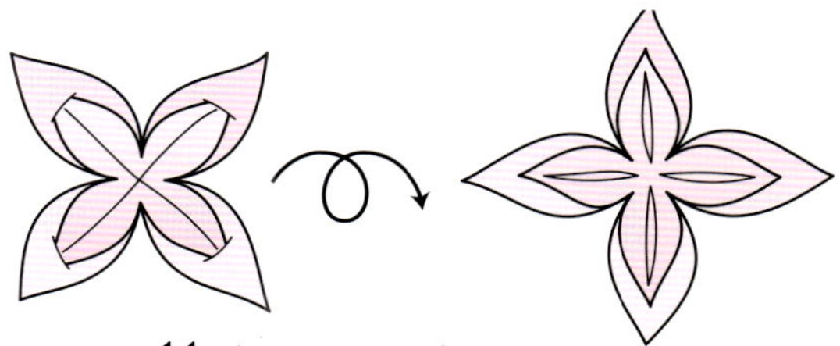

11 Vire a peça. A flor B está pronta.

BALÃO

1 Comece com a base do balão (ver p. 22).

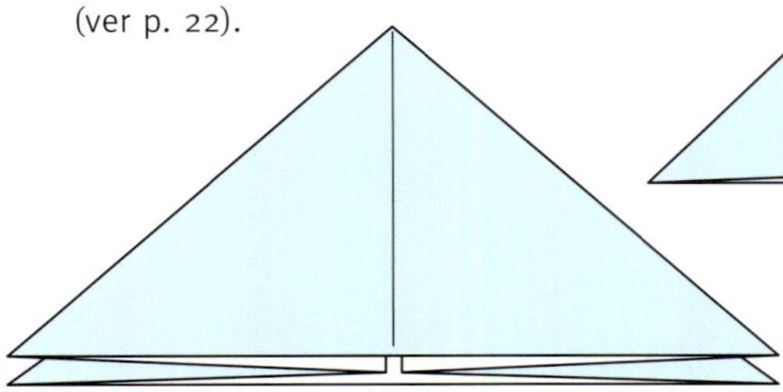

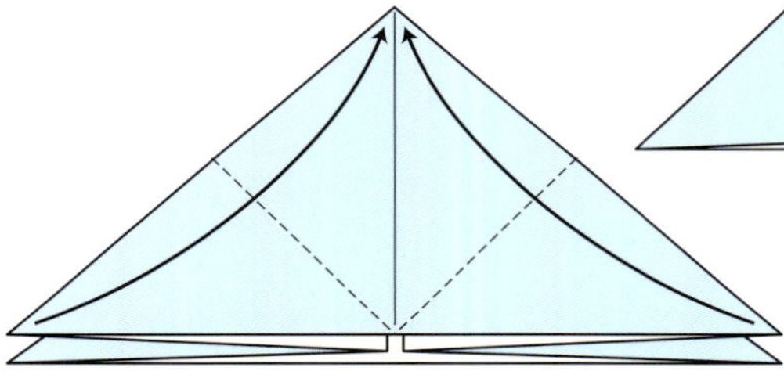

2 Dobre as duas pontas inferiores da camada de cima até a ponta do canto superior.

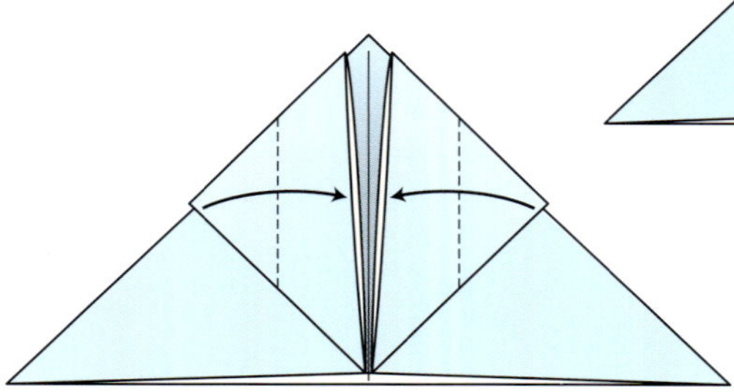

3 Dobre as pontas direita e esquerda até o centro.

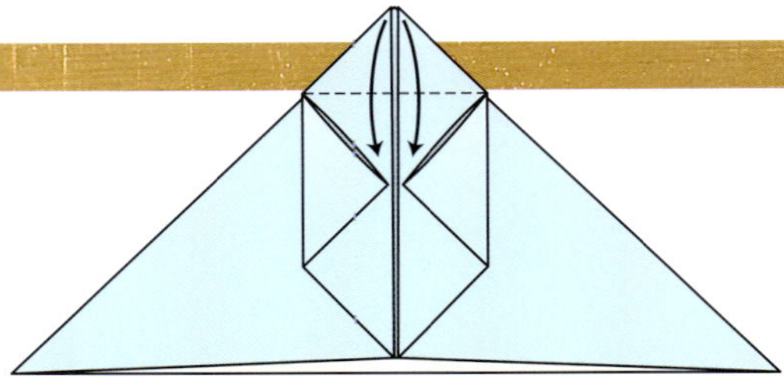

4 Dobre as abas superiores para baixo, ao meio.

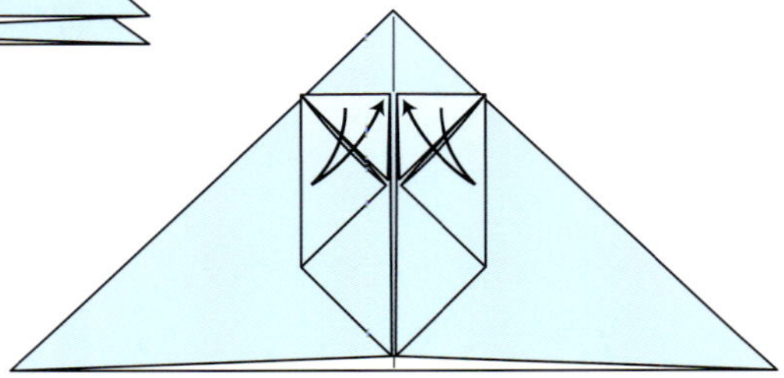

5 Dobre para baixo os triângulos que se formaram, e depois desdobre.

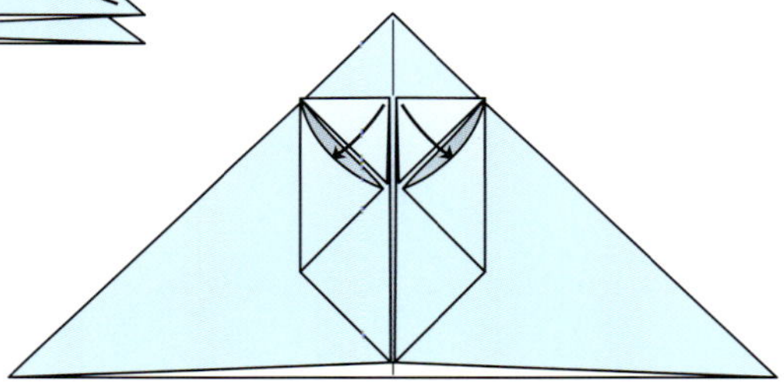

6 Abra os bolsos e insira os triângulos dentro deles.

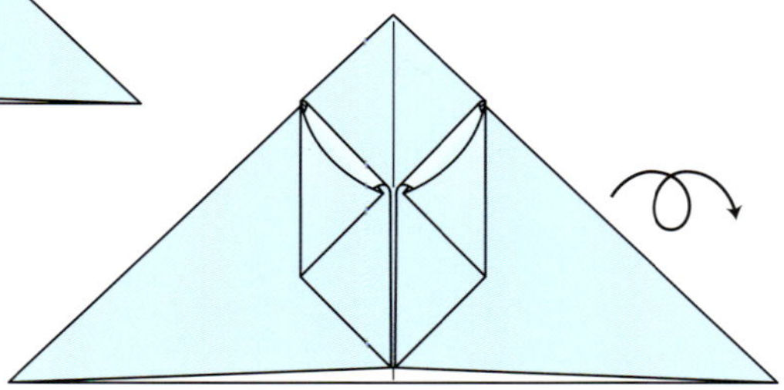

7 Vire a peça.

A aparência destes balões varia consideravelmente dependendo do papel usado.

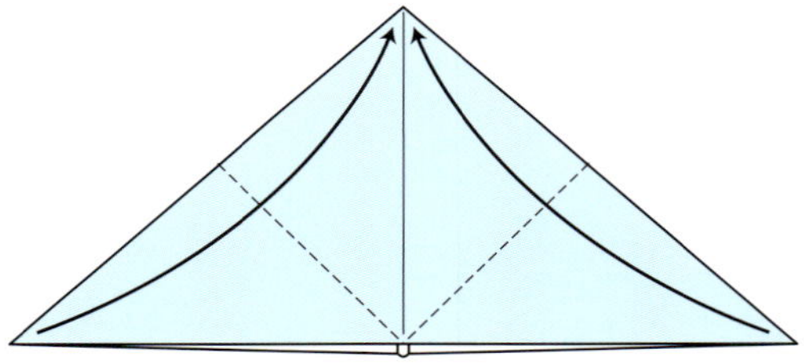

8 Repita os passos 2 a 6 no outro lado.

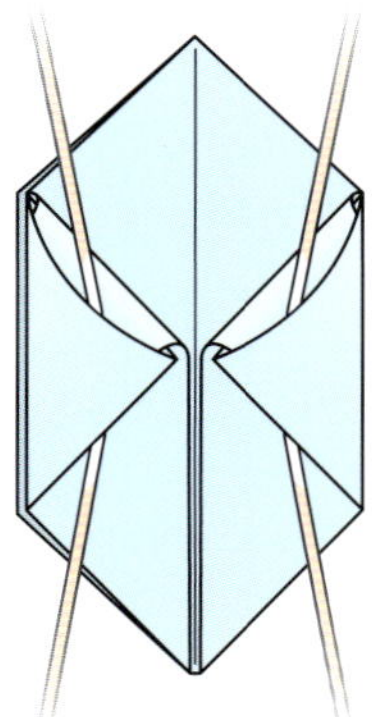

9 Usando um palito de dente, aplique um pouco de cola epóxi dentro e atrás dos bolsos.

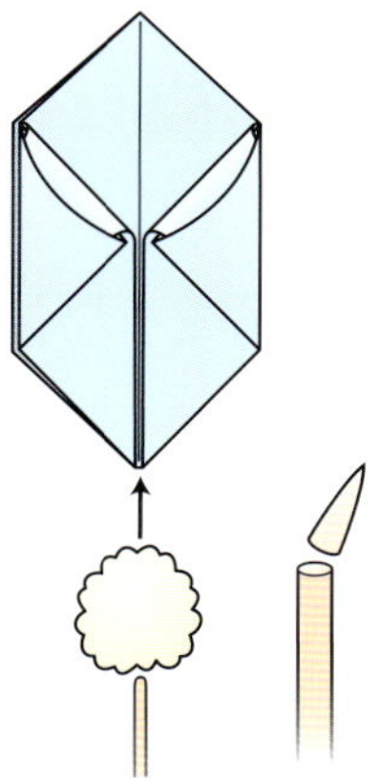

10 Coloque fibra de poliéster dentro da peça pelo pequeno orifício na parte de baixo. Use um palito de dente sem ponta para empurrar a fibra para dentro. (Um palito de dente com ponta penetrará no enchimento, em vez de empurrá-lo para colocá-lo no lugar.)

11 A peça está pronta para ser revestida e usada como uma conta de origami.

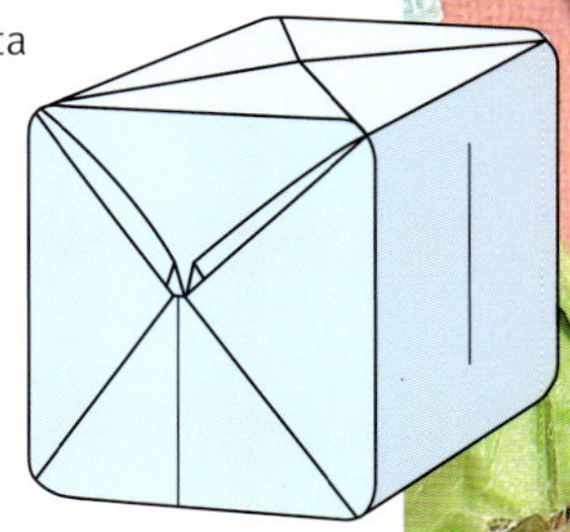

Nota: Você pode parar no passo 9 e usar a peça achatada como conta também. Ela pode ser usada mostrando a face com ou sem os bolsos triangulares.

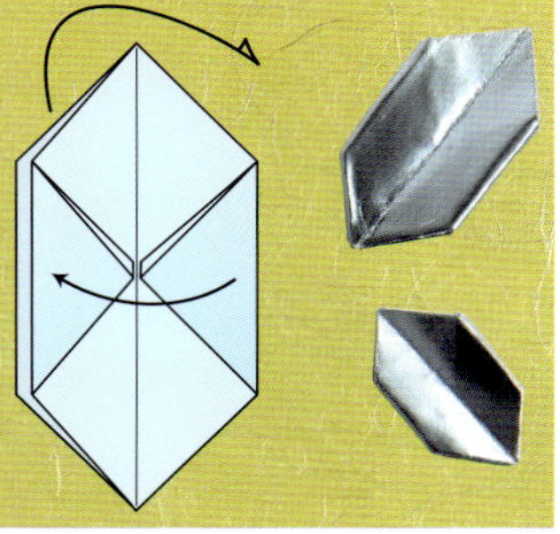

Estas contas de aparência delicada são, na verdade, muito resistentes, graças à fibra de poliéster usada como enchimento. **Ver página 70.**

PINHA

1 Comece com a base da flor (ver p. 24).

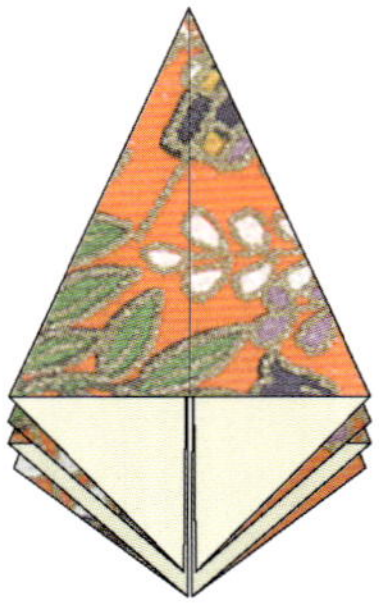

2 Desdobre completamente o papel. Dobre as quatro pontas em direção ao centro (dobre até os vincos diagonais, formando triângulos com as pontas) e, em seguida, dobre novamente a base.

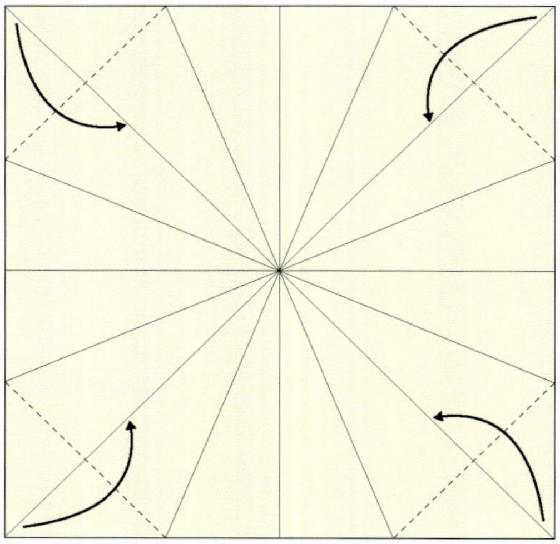
o papel quando totalmente desdobrado

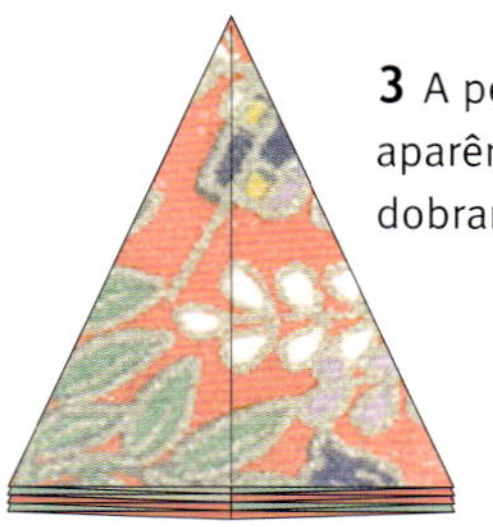

3 A peça deve ter esta aparência depois de dobrar novamente a base.

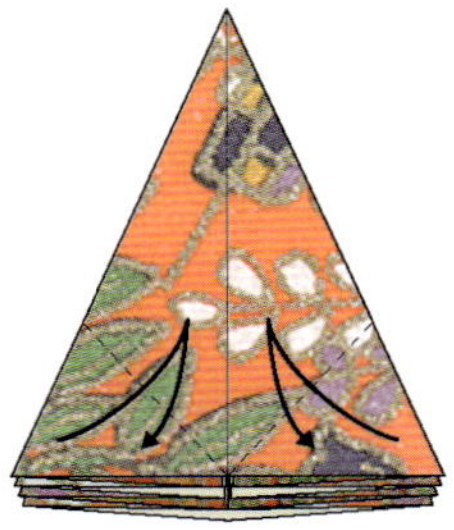

4 Dobre as pontas inferiores da camada de cima, alinhando a parte inferior com a linha central, e depois desdobre.

5 Abra a aba e empurre as pontas para dentro, seguindo o vinco feito no passo 4, e abaixe a parte que ficou levantada. No passo 6 é possível ver como a dobra deve ficar.

6 Vire e repita os passos 4 e 5 no outro lado.

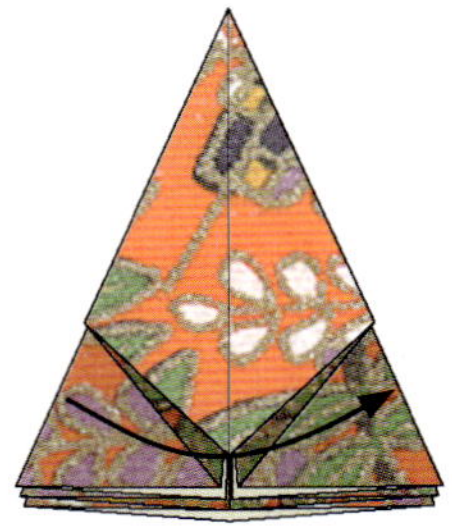

7 Dobre uma aba para o lado, e depois repita os passos 4 e 5.

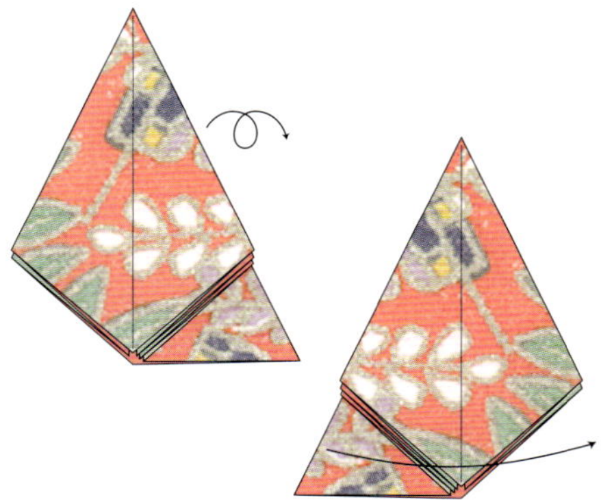

8 Vire, dobre uma aba para o lado e repita os passos 4 e 5 nesse lado.

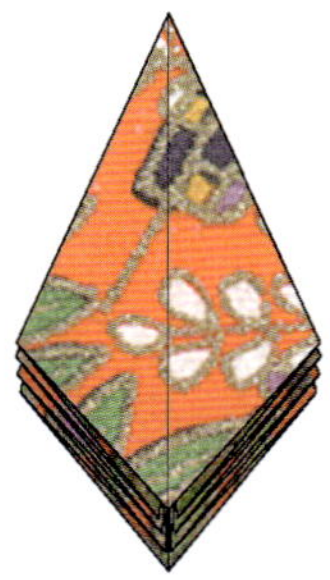

9 A peça deve ficar assim no final do passo 8.

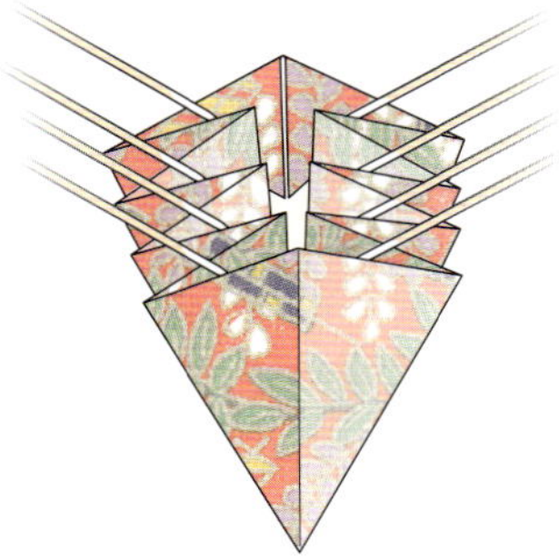

10 Usando a ponta de um palito de dente, aplique um pouco de cola epóxi entre as abas.

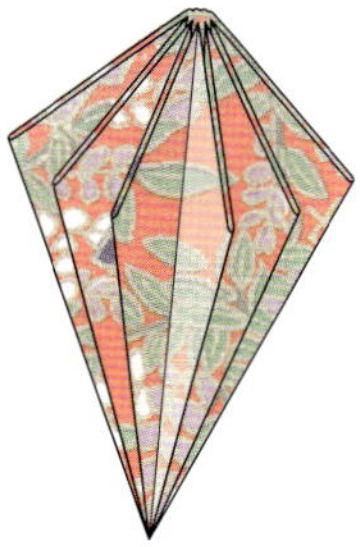

11 Pressione os dois lados de cada aba com os dedos e dê forma à pinha. Ela está pronta para ser revestida e usada como uma conta de origami.

NOTA: Ao revestir a conta, certifique-se de que as abas não estão grudando uma na outra.

Estas contas são versáteis e podem ser usadas em diversas bijuterias – **ver página 90.**

Acabamento

Algumas pessoas se preocupam com a ideia de usar bijuterias de papel: "É tão delicada que vou destruí-la em um dia!" ou "E se chover?". As técnicas explicadas nesta seção mostram como transformar seus origamis em peças lindas para usar sem preocupação. A resistência tem muito a ver com a escolha do papel; portanto, leia as informações em "Escolha do papel" (ver p. 12). Para aumentar a eficácia do material de revestimento, siga as etapas de dobradura, colagem e enchimento. Obviamente, o origami não é tão resistente quanto o metal, mas se você usar os materiais certos e revestir as peças de maneira adequada, a bijuteria será surpreendentemente resistente e você poderá usá-la até mesmo em dias chuvosos!

Para bijuterias feitas com diversas peças, como este broche de guirlanda (ver p. 102), é essencial aplicar cola para manter a resistência.

Dobrar e colar

As etapas de acabamento para cada projeto mostram como e onde aplicar cola durante a dobradura. Lembre-se de alisar a superfície com cola e deixá-la secar por completo antes de ir para a próxima etapa.

Enchimento

O enchimento torna peças com grandes espaços vazios mais resistentes e impede que sejam esmagadas – por exemplo, preencher os balões os torna mais resistentes. O enchimento também é um modo eficaz de dar a algumas peças – como os broches de coelhinho, quimono e sapinho – uma aparência tridimensional, em vez de plana. Algumas peças têm um pequeno orifício através do qual o enchimento pode ser empurrado usando um palito de dente sem ponta. Lembre-se de que um palito com ponta atravessa o enchimento, dificultando sua inserção para dentro da peça.

FIBRA DE POLIÉSTER
Este enchimento confere maior resistência e uma aparência mais tridimensional à peça.

Um palito de dente é muito útil para colar áreas difíceis de alcançar e também entre as camadas.

Colagem final

A maioria dos modelos de origami não precisa de cola para manter a sua forma. Mesmo assim, a aplicação de um pouco de cola em alguns pontos torna algumas peças mais resistentes, o que significa que você não terá de se preocupar com a possibilidade de algumas partes se desdobrarem ao usar a bijuteria. Para isso, use cola epóxi à prova d'água, que seca como borracha transparente. Um palito de dente é uma ótima ferramenta para a aplicação de cola entre as camadas e em locais difíceis de se alcançar. Siga sempre as instruções e advertências do fabricante.

Com os dedos ou usando uma dobradeira de osso, alise a superfície que recebeu cola.

CUIDADO!
Papéis laminados e opalescentes não são adequados para o revestimento. Como alguns papéis soltam tinta quando úmidos, passe antes o material de revestimento em um pequeno pedaço do papel para testar. Certifique-se de ler as instruções e advertências do fabricante antes de aplicar o revestimento.

ENCHIMENTO
Algumas peças têm um pequeno orifício através do qual o enchimento pode ser colocado com um palito de dente sem ponta. Lembre-se de que um palito de dente com ponta atravessa o enchimento, dificultando sua inserção para dentro da peça.

SECAGEM
Ao secar as peças revestidas, certifique-se de que elas ou suas partes não estejam em contato, pois, se grudarem, não poderão ser separadas depois de secas. Após a primeira camada de revestimento, a peça pode perder um pouco a sua forma. Remodele-a antes de aplicar a segunda camada de revestimento.

BENEFÍCIOS DA COLA
O *tsuru* da esquerda foi dobrado e revestido, já o da direita teve as camadas de sua asa coladas antes do revestimento. Comparando as duas peças por baixo, é possível notar que a fina camada de cola torna o papel um pouco mais resistente e confere ao *tsuru* da direita uma aparência firme.

Revestimento

Há mais de uma forma de revestir bijuterias de origami. Eu recomendo usar poliuretano, que também é usado para decupagem. O poliuretano é absorvido pelo papel, revestindo toda a peça, e não apenas a superfície. É à base de água e portanto fácil de lidar, mas, quando seco, torna-se impermeável. O poliuretano torna o papel mais resistente e ao mesmo tempo mantém sua flexibilidade, de modo que a peça não se rachará. Ele pode ser encontrado com acabamento fosco, acetinado, semibrilhante, brilhante ou de alto brilho. Use o tipo fosco ou acetinado para manter a aparência do papel, a menos que você prefira um acabamento mais brilhante. Os acabamentos acetinados e foscos tornam o papel um pouco brilhante e escurecem a cor.

Os papéis laminados e opalescentes não são apropriados para receber revestimento. Como alguns papéis soltam tinta quando úmidos, passe antes o material de revestimento em um pequeno pedaço de papel para testar. Certifique-se de ler as instruções e advertências do fabricante antes de aplicar o revestimento. Todas as áreas coladas devem estar completamente secas antes de receber o revestimento.

Revestimento com poliuretano
Coloque uma pequena quantidade de poliuretano em um recipiente e aplique uma fina camada com um pincel em todas as superfícies e pequenos espaços entre as camadas. Deixe secar por completo. Repita essa etapa duas ou três vezes.

Se você achar que a peça precisa de mais revestimento, cubra as áreas em que isso não aparecerá, como atrás das asas e entre as camadas do bico e da cauda do *tsuru*.

Não mergulhe a peça no material de revestimento, nem o despeje sobre a peça. Se a peça ficar úmida demais, ela começará a se desdobrar. Aplicar muito revestimento garante mais resistência, porém menos beleza.

Para secar as peças revestidas, deite-as voltadas para cima sobre papel-vegetal ou outra superfície antiaderente. Certifique-se de que as peças ou suas partes não estejam em contato durante a secagem, pois, se grudarem, não poderão ser separadas depois de secas.

Outros métodos de revestimento

Você pode experimentar algum destes outros métodos de revestimento:

- Esmalte de unhas transparente pode ser usado para revestir peças pequenas, mas ele tende a deixá-las brilhante. Protege apenas a superfície do papel e pode rachar quando dobrado.
- *Spray* acrílico é prático e rápido para o revestimento, mas não deixa a peça tão resistente quanto o poliuretano.
- Vernizes mais pesados, de mergulhar ou despejar sobre a peça, podem deixar a peça bastante resistente e torná-la à prova d'água, mas faz com que ela se pareça mais com plástico brilhante ou argila.
- Vernizes à base de óleo conferem um acabamento com tom amarelado.

Sangria do papel

Alguns papéis de origami sangram. Se isso acontecer, as cores poderão escorrer ou borrar durante o revestimento e até mesmo depois, se as peças entrarem em contato com muita água. O papel *yuzen washi* de boa qualidade não sangra (ou sangra tão pouco que isso não chega a ser relevante). O *mujizome washi* (de cor sólida) tende a sangrar, mas a tinta é absorvida pelo papel, de modo que a cor não se perde.

Teste um pedaço de papel se não tiver certeza se ele sangra. Para evitar a mistura indesejável de cores, troque ou lave o pincel ao aplicar o revestimento em diferentes papéis coloridos. Fazer movimentos de "tapinhas" com o pincel minimiza manchas. Aplicar camadas adicionais de revestimento deve minimizar sangrias posteriores, mas pode não impedi-las completamente.

Palitos de dente espetados em uma borracha compõem uma criativa base para colocar pequenas peças para secar.

Para evitar o desperdício do seu melhor papel, passe o material de revestimento primeiro em um pequeno pedaço do papel a fim de verificar se ele sangra ao ser umedecido.

Fixação de componentes

Prender anzóis ou outros componentes na bijuteria é o estágio final. Todas as técnicas necessárias para os projetos deste livro são explicadas aqui.

Brincos de capacete de samurai, página 118

COMO FIXAR UM *TIP*

Os *tips* são feitos de metal flexível e usados para segurar as contas no lugar ou para ligar componentes ao arame de alumínio.

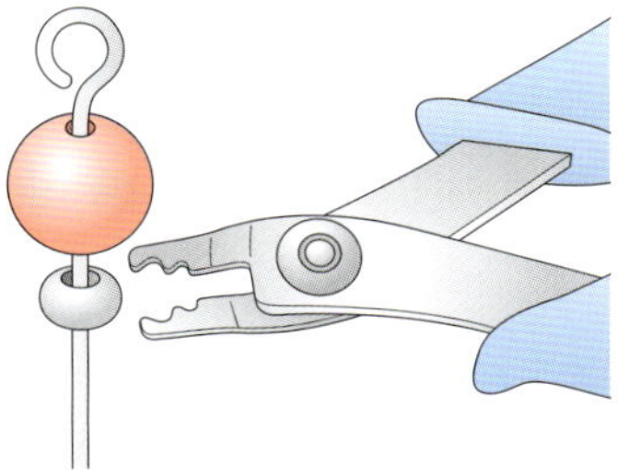

1 Passe o *tip* pelo alfinete ou arame.

2 Aperte e achate o *tip* com firmeza, usando o alicate de friso.

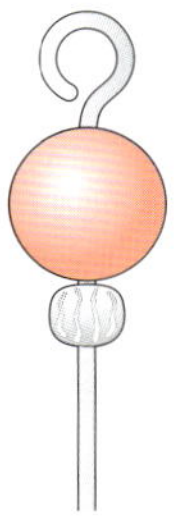

COMO ABRIR E FECHAR UMA ARGOLA

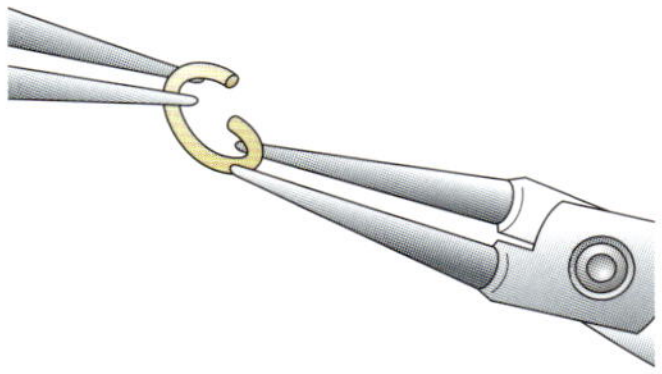

1 Com dois alicates meia-cana, abra a argola empurrando uma das pontas para a direção oposta ao seu corpo e, ao mesmo tempo, puxando a outra para sua direção.

2 Faça o processo inverso para fechar.

Brincos de *tsuru*, página 111

COMO PRENDER UM FECHO AO FIO

Esta técnica também é usada em cabides e argolas.

1 Prenda a linha ao fecho.

2 Passe esmalte de unhas transparente no nó como proteção extra para evitar que desate.

3 Coloque algumas contas, de modo que a ponta solta do fio fique dentro delas.

4 Então, corte a ponta do fio. Utilize essa mesma técnica na outra ponta do fio para prender a argola.

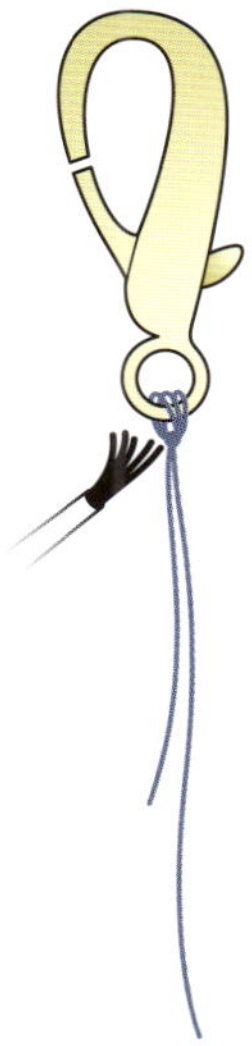

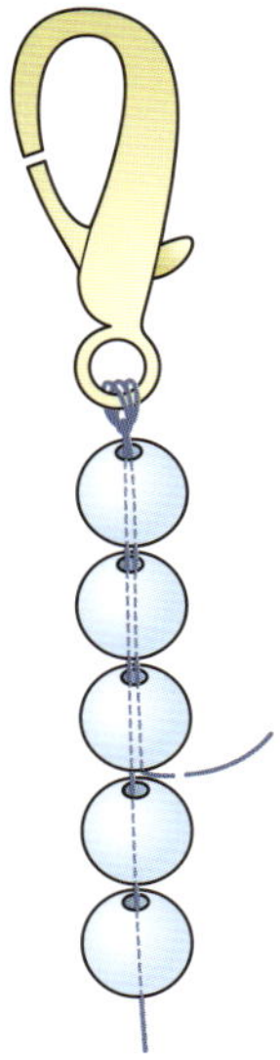

COMO PRENDER UM FECHO AO ARAME

Esta técnica também é usada em cabides e argolas.

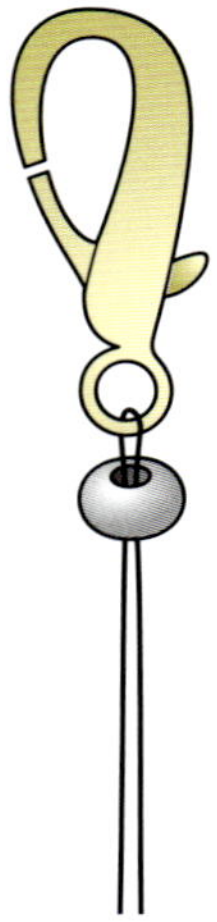

1 Passe o fio pelo *tip*, pelo fecho e depois por dentro do *tip* novamente.

2 Deslize o *tip* pelo fio, até cerca de 2,5 mm do fecho.

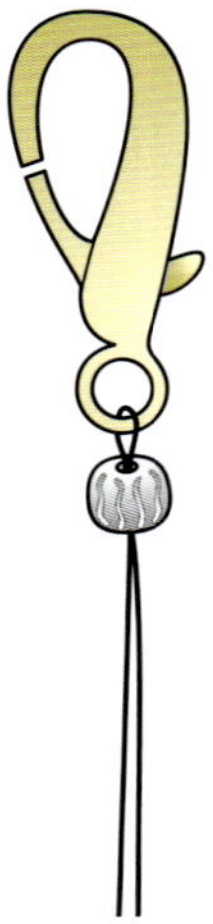

3 Use um alicate de friso para achatar o *tip*.

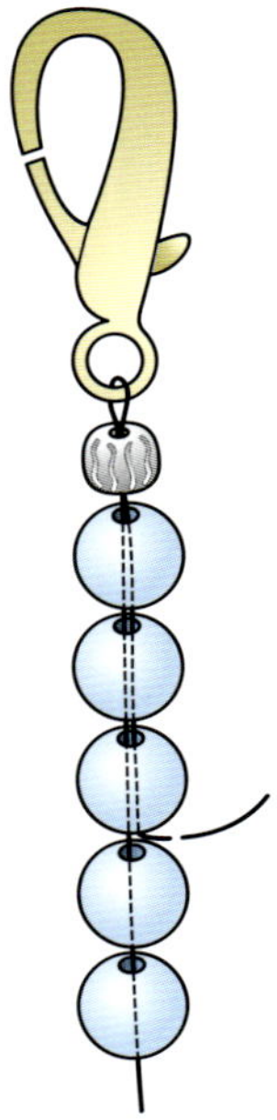

4 Coloque algumas contas, de modo que a ponta solta do fio fique dentro delas. Então, corte a ponta do fio. Utilize essa mesma técnica na outra ponta para prender a argola.

COMO PRENDER UM FECHO AO CORDÃO

Esta técnica também é usada em cabides e argolas.

Para fazer a folha mostrada aqui, ver página 82.

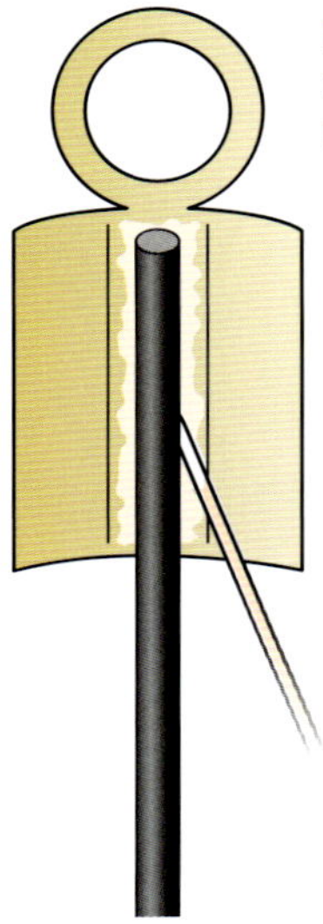

1 Aplique um pouco de cola epóxi no canal do terminal e coloque a ponta do cordão em cima.

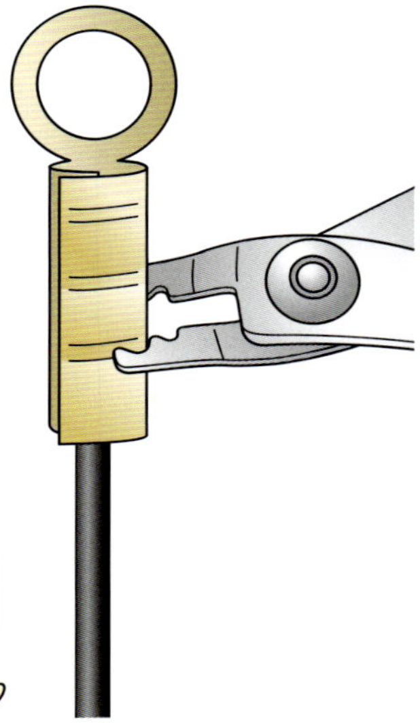

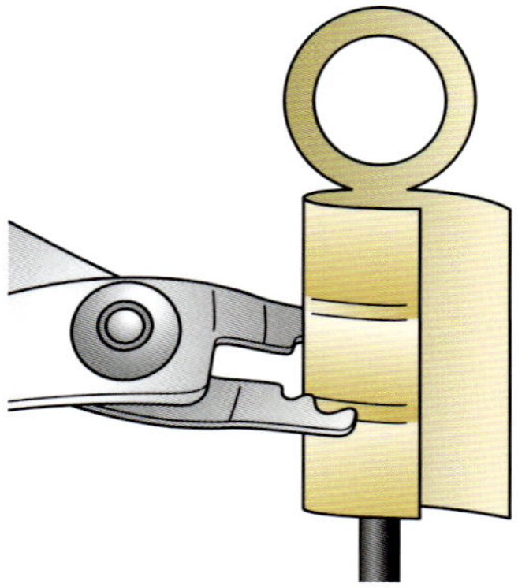

2 Use um alicate de friso para dobrar uma aba sobre o fio, apertando bem. Dobre o outro lado sobre a primeira aba, apertando e achatando bem.

3 Coloque a argola e o fecho. Utilize essa mesma técnica na outra ponta do fio para prender o terminal e a argola.

COMO FAZER ARO EM ALFINETES

1 Corte o alfinete, deixando 1 cm exposto.

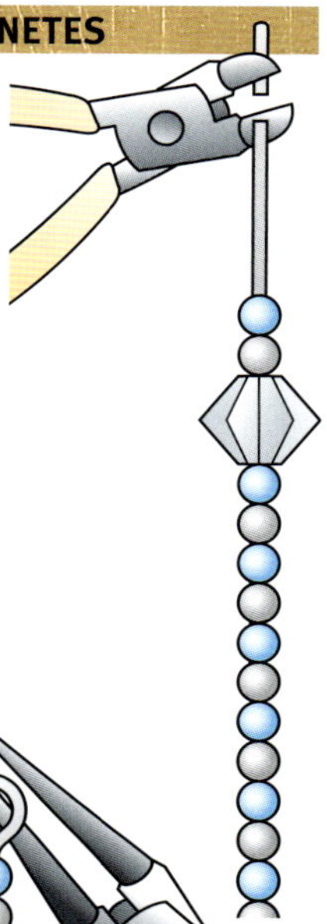

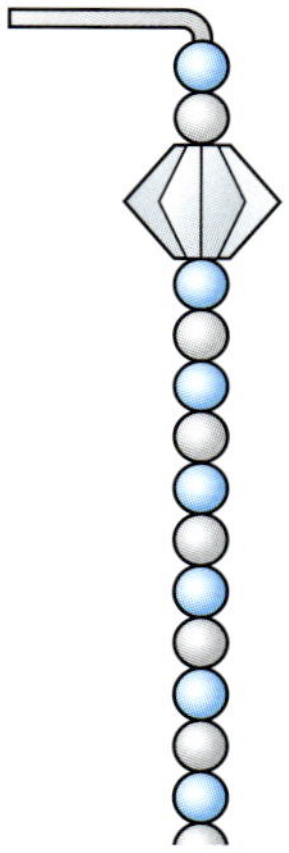

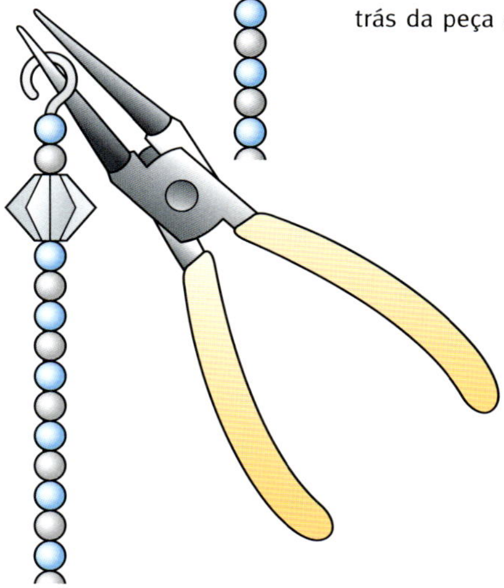

2 Use um alicate meia-cana para dobrar o pedaço exposto em um ângulo reto; depois, curve a ponta para formar um aro.

COMO FIXAR UMA BASE DE BROCHE

O papel é flexível; portanto, prender um pequeno pedaço de plástico na parte de trás aumenta a resistência do broche.

1 Corte uma folha de plástico no mesmo formato da peça, mas um pouco menor. Certifique-se de aparar todas as pontas, arredondando-as.

2 Fixe o plástico na parte de trás da peça com cola epóxi.

3 Cole a base de broche no plástico. Posicione-a na parte superior da peça, caso contrário o broche irá se inclinar para baixo ao ser usado.

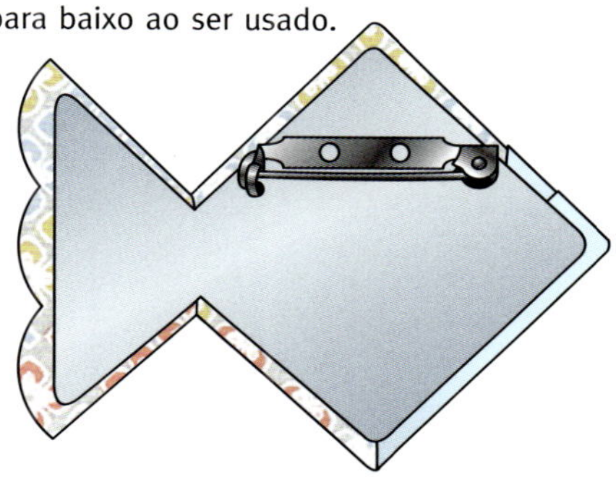

COMO PRENDER ANZÓIS EM BRINCOS

1 Use um alicate meia-cana para abrir o gancho do anzol.

2 Coloque a peça, depois feche o gancho. Verifique se a peça está voltada para a frente.

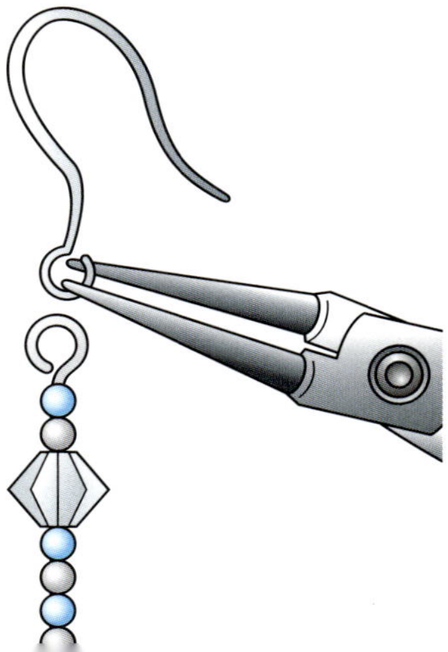

Prender anzóis para brincos é uma maneira fácil de transformar seus lindos origamis em bijuteria.

PRIMAVERA

Páginas 42–61

Depois dos dias cinzentos de um inverno longo e frio, deleite-se com flores encantadoras que nunca murcharão; revele o espírito primaveril usando adoráveis broches de bichinhos; e crie lindas borboletas esvoaçantes que ajudarão a desfrutar ainda mais desta maravilhosa época do ano.

OUTONO

Páginas 82–93

O outono é a estação das cores. As cores vivas do verão em tons de vermelho, amarelo e verde convertem-se nos ricos e intensos matizes das folhas de outono. As nuances mais sutis e mais quentes – como laranja, verde-musgo e marrom-terroso – inspiram nosso lado artístico. Experimente combinações de cores para criar seus próprios tons outonais.

TEMAS JAPONESES

Páginas 108–123

Projetos de origami podem transcender as estações. É possível criar bijuterias de efeito impressionante representando objetos do cotidiano e do folclore tradicional japonês. Este tema tradicional é bem reproduzido com o uso de papel *washi*. Assim, mesmo que você nunca tenha ido ao Japão, poderá sempre levar o espírito oriental com você.

VERÃO

Páginas 62–81

Feche os olhos: o que você recorda dos verões da sua infância ou até mesmo do verão passado? O calor do sol, a procura por conchas do mar na praia com a areia entre seus dedos, algodão-doce colorido em um parque de diversão? Tudo é mais tranquilo no verão. Então, relaxe e guarde suas lembranças com esses incríveis projetos de bijuterias de origami.

INVERNO

Páginas 94–107

O inverno é frio e revigorante, por isso buscamos coisas que nos mantenham aquecidos. O tema natalino, as estrelas brilhantes no límpido céu noturno, os lindos flocos de neve em um dia invernal e a arte das dobraduras de papel – tudo contribui para que nos sintamos bem nesta estação mágica.

A ÉPOCA DO ANO INFLUENCIA O QUE QUEREMOS USAR, COM CADA ESTAÇÃO TRAZENDO SEU PRÓPRIO ESTADO DE ESPÍRITO, CORES, SÍMBOLOS E FORMAS.

PROJETOS

OS PROJETOS A SEGUIR LHE DARÃO IDEIAS PARA FAZER DOBRADURAS E CRIAR ACESSÓRIOS DURANTE O ANO INTEIRO!

Broche, presilha e brincos de rosa

Nível de dificuldade: ❖

Vermelho, rosa, amarelo ou branco – todo mundo tem uma cor favorita para as rosas; então escolha a sua para fazer estes botões deslumbrantes! Feitas com diversas flores dobradas de forma idêntica e em diferentes tamanhos, estas rosas que parecem muito elaboradas são, na verdade, bastante simples de dobrar.

INSTRUÇÕES PARA A DOBRADURA

Para o broche, você precisará fazer cinco flores A (ver p. 28), uma de cada tamanho. Para a presilha, você precisará fazer nove flores A, três de cada tamanho. Para os brincos, você precisará fazer seis flores A, duas de cada tamanho.

MATERIAL NECESSÁRIO

Broche

- papel *mujizome washi* vermelho
  - 1 quadrado de 10 cm
  - 1 quadrado de 9 cm
  - 1 quadrado de 6,5 cm
  - 1 quadrado de 5 cm
  - 1 quadrado de 4 cm
- 1 conta de vidro
- 1 disco de plástico de 2,5 cm
- 1 base de broche de 2,5 cm

Presilha

- papel *mujizome washi* vermelho
  - 3 quadrados de 6,5 cm
  - 3 quadrados de 5 cm
  - 3 quadrados de 4 cm
  - 1 retângulo de 10 x 4 cm
- papel *mujizome washi* verde
  - 2 quadrados de 2,5 cm
- 3 contas de vidro
- 1 folha de plástico de 7,5 x 1,25 cm
- 1 base para presilha de 7 cm

Brincos

- papel *mujizome washi* vermelho
  - 2 quadrados de 6,5 cm
  - 2 quadrados de 5 cm
  - 2 quadrados de 4 cm
- 2 contas de vidro
- 2 discos de plástico de 1,25 cm
- 2 bases para brinco de 8 mm e duas tarraxas

- cola em bastão
- cola epóxi
- material de revestimento e pincel
- palito de dente para aplicar cola
- tesoura
- agulha de costura
- sovela

Variações de cores

Papéis de cores sólidas conferem um aspecto mais realista, mas o *yuzen washi* e outros papéis estampados produzem um efeito mais surpreendente.

COMO DOBRAR A FOLHA

1 Comece com a base do envelope (ver p. 21). Dobre ao meio para formar um triângulo.

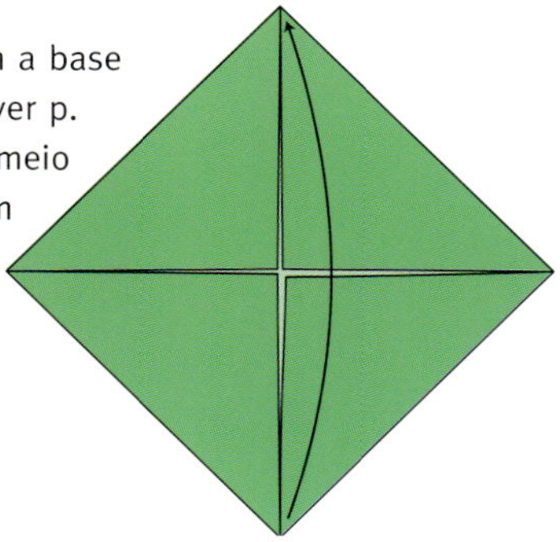

2 A partir de uma das pontas inferiores, dobre a borda para cima.

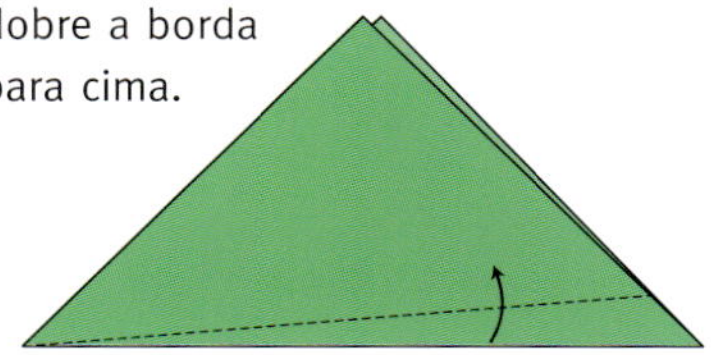

3 Desdobre a parte de trás.

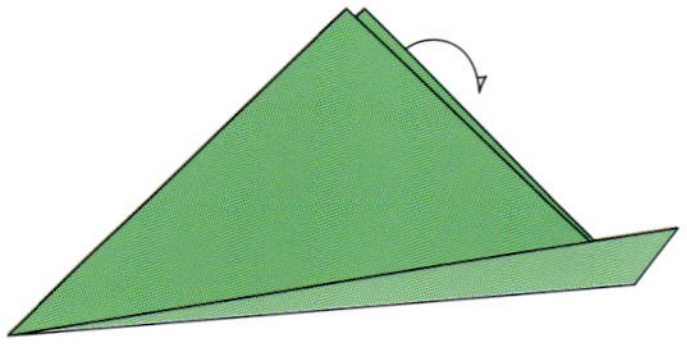

4 Dobre ao meio a dobra central.

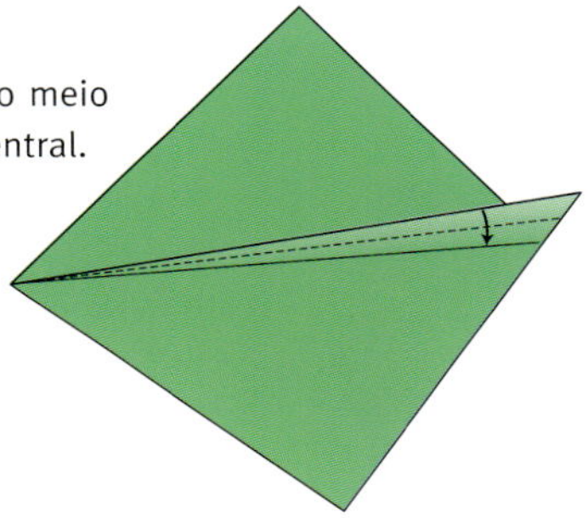

5 Vire o origami.

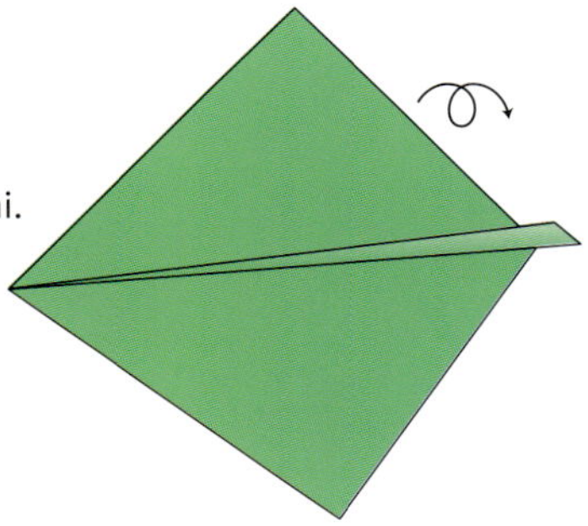

6 Dobre as pontas de cima e debaixo para o centro, em um leve ângulo.

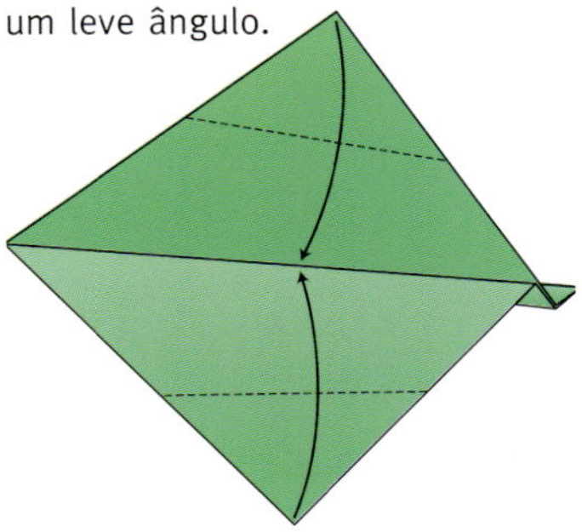

7 Dobre as pontas formadas nas laterais para dar à folha uma borda arredondada.

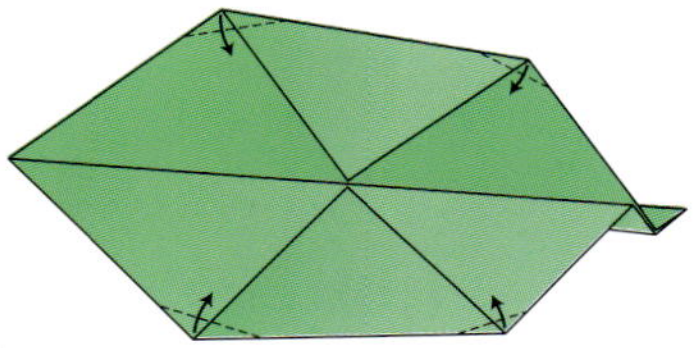

8 Vire para mostrar o lado acabado da folha.

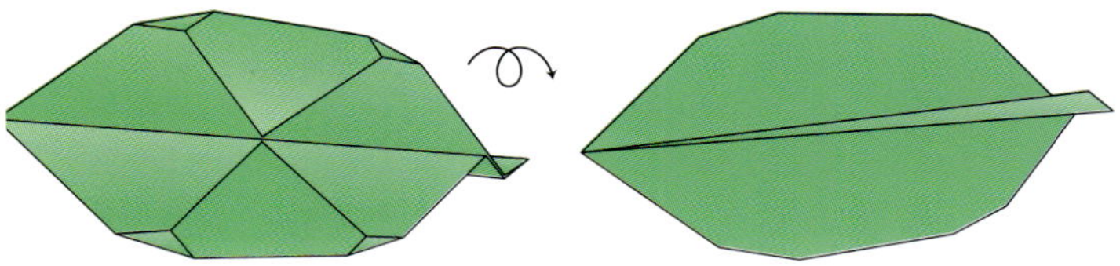

COMO MONTAR O BROCHE

Faça cinco flores A, usando os cinco tamanhos diferentes de papel.

1 Usando cola epóxi, cole as flores sobrepostas uma à outra, da menor para a maior.

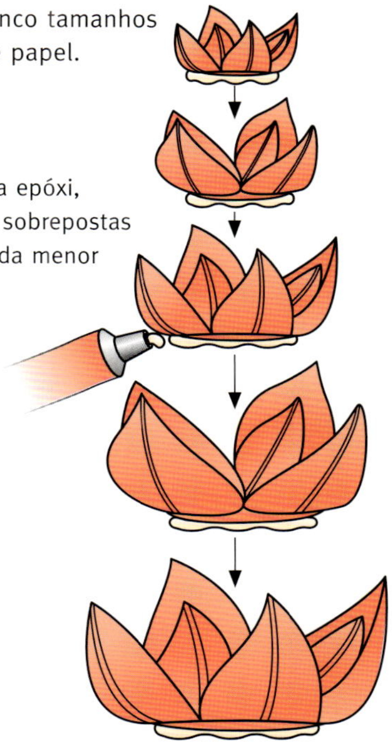

2 Cubra com revestimento e deixe secar por completo.

CONTINUA NA PRÓXIMA PÁGINA ▶

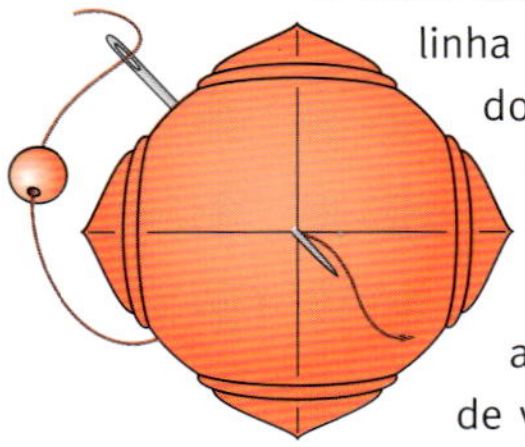

3 Insira uma agulha com linha da parte de trás do centro da rosa para a frente. Passe uma conta, depois puxe a agulha e passe de volta o fio pelo centro da rosa.

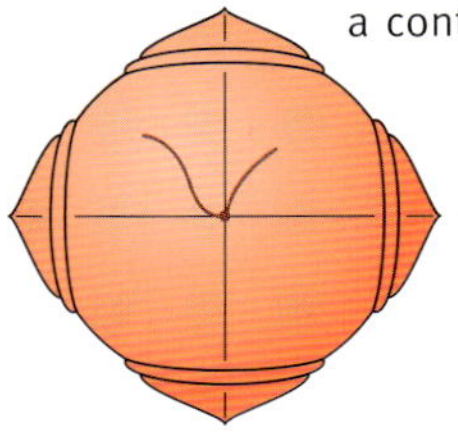

4 Amarre as pontas do fio atrás, para segurar a conta.

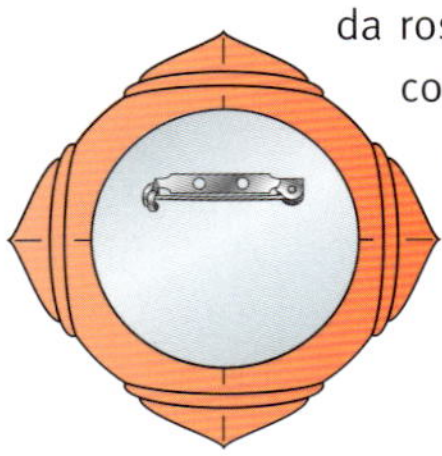

5 Usando cola epóxi, fixe um disco de plástico na parte de trás da rosa; em seguida, cole uma base de broche no disco.

6 Com as pontas dos dedos, molde suavemente as pétalas da rosa já pronta.

COMO MONTAR A PRESILHA

Faça nove flores A, três de cada tamanho, para fazer as três rosas.

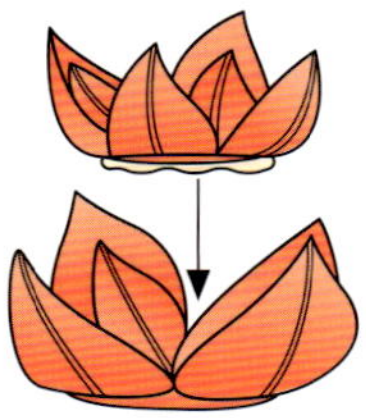

1 Cole as duas flores menores sobrepostas. Não cole a flor grande por enquanto.

▲ **2** Cubra com revestimento as flores sobrepostas e as flores grandes e deixe secar por completo.

3 Prenda uma conta no centro da composição de flores sobrepostas, assim como foi feito para o broche (passos 3 e 4).

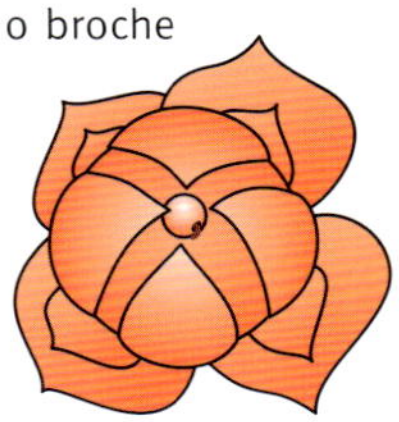

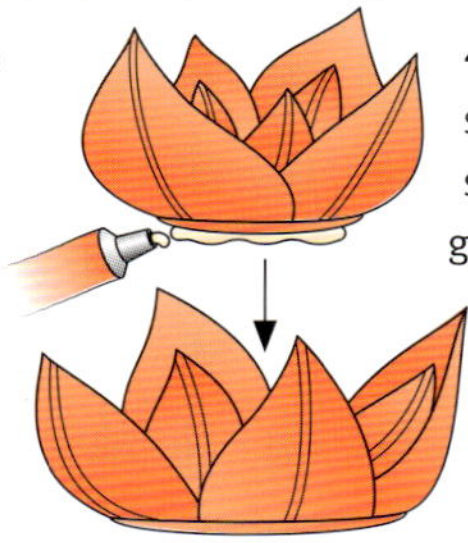

4 Cole as flores sobrepostas sobre a flor grande, formando a rosa. Faça então mais duas rosas.

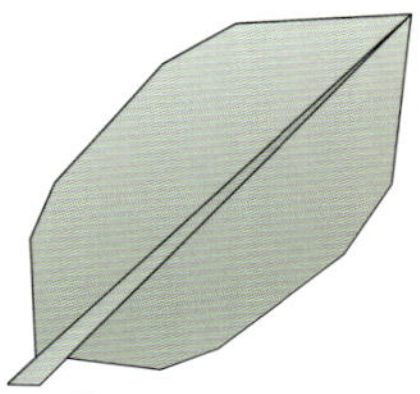

5 Faça duas folhas com papel verde: passe cola primeiro dentro da base do envelope, assim como foi feito para dobrar as flores. Cubra as folhas com revestimento e deixe secar por completo.

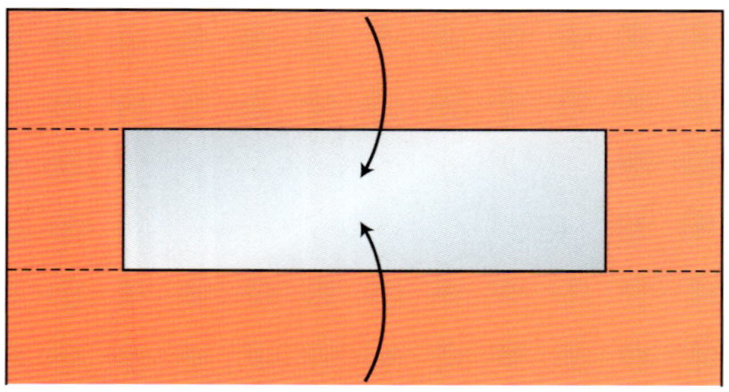

6 Passe cola em bastão em toda a parte interna do papel vermelho de 10 x 4 cm. Centralize a folha de plástico no papel com cola. Dobre as bordas superior e inferior para cobrir o plástico.

► **7** Dobre as laterais das pontas ligeiramente para dentro. Passe cola nas extremidades e dobre-as sobre o plástico coberto.

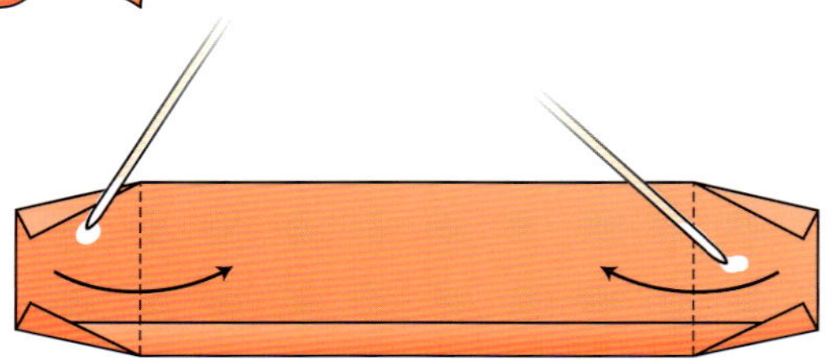

▼ **8** Vire, cubra com revestimento e deixe secar por completo.

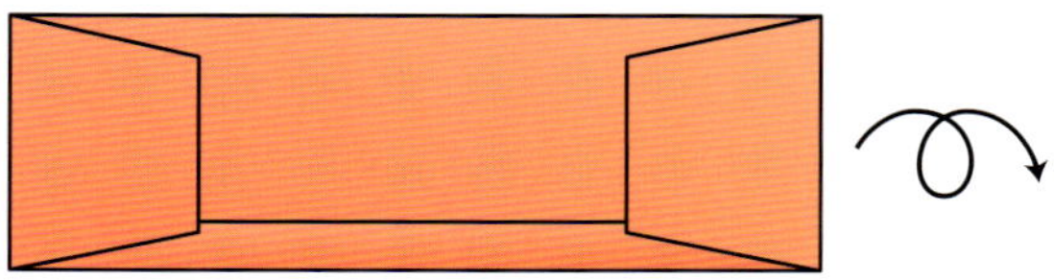

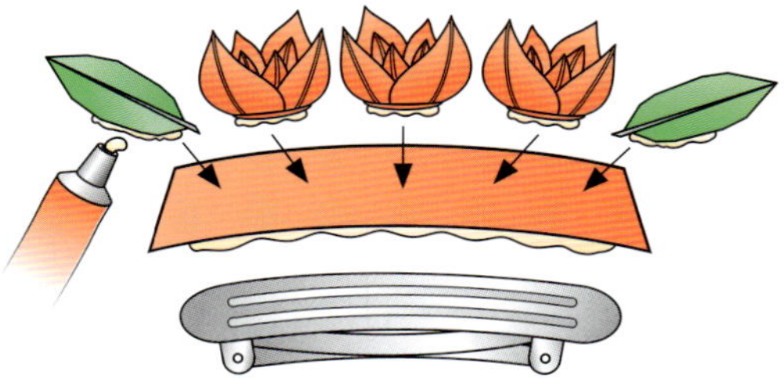

9 Usando cola epóxi, cole a base para presilha no plástico revestido. Em seguida, cole em cima as duas folhas e as três rosas. Para concluir a presilha, molde as pétalas de rosa suavemente com as pontas dos dedos.

COMO MONTAR OS BRINCOS

Faça seis flores A. Siga os passos 1 a 3 para a presilha.

1 Use uma sovela para perfurar um orifício no centro das flores grandes e nos discos de plástico.

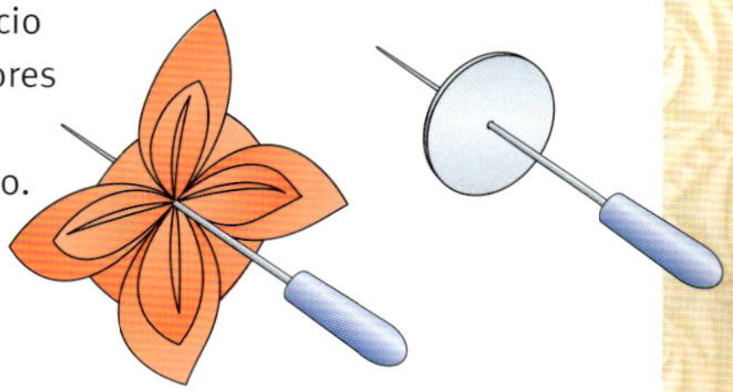

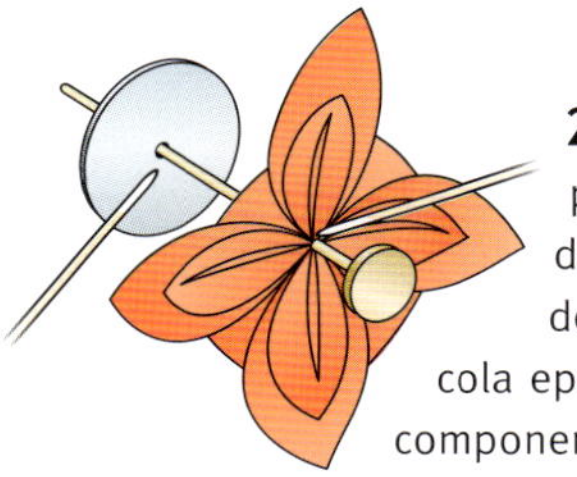

2 Insira uma base para brinco através da flor e do disco de plástico. Passe cola epóxi para fixar esses componentes à flor.

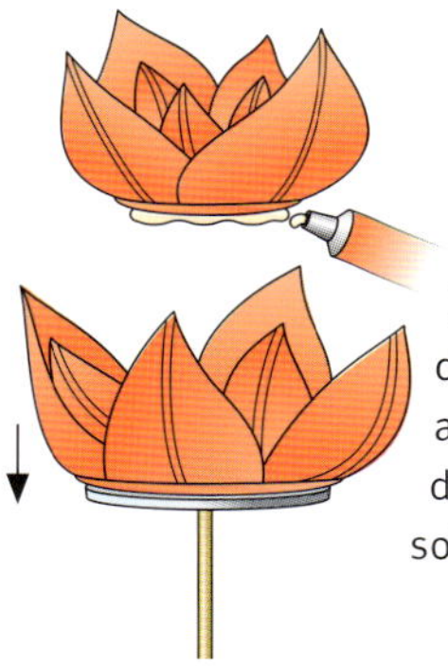

3 Em cima desta flor, cole a composição de flores sobrepostas.

4 Molde as pétalas com os dedos. Prenda uma tarraxa para concluir os brincos.

O papel de cor sólida confere um aspecto bem realista. Estas rosas de um vermelho intenso atrairão todos os olhares.

Broche, grampo, pulseira e brincos de borboleta

Nível de dificuldade:
broche, grampo ❖ ❖
pulseira, brincos ❖ ❖ ❖

Símbolo de beleza, transformação e liberdade, as borboletas sempre foram adoradas no mundo inteiro por sua aparência graciosa ao flutuar livremente no ar. O papel *yuzen washi* representa bem a sua beleza.

Capture e use estas borboletas esvoaçantes. Uma base de broche com saída permite que o broche seja usado também como pingente, e um modelo especial de charneira pode representar a antena da borboleta.

MATERIAL NECESSÁRIO

Broche
- 1 quadrado de papel *yuzen washi* de 7,5 cm
- 1 disco de plástico de 4 cm ou 1 folha de plástico de 4 x 2,5 cm
- 1 base de broche de 4 cm

Grampo
- 1 quadrado de papel *yuzen washi* de 5 cm
- 1 grampo de cabelo

Pulseira
- 3 quadrados de papel *yuzen washi* de 4 cm
- 3 cristais Swarovski
- 3 alfinetes contrapinos de 2,5 cm
- 1 corrente de 15 cm folheada a ouro
- 2 argolas pequenas do tipo usado em chaveiros
- 1 fecho lagosta

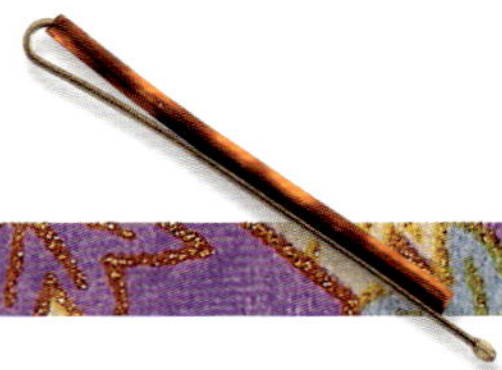

Brincos
- 2 quadrados de papel *yuzen washi* de 4 cm
- 2 cristais Swarovski
- 4 miçangas
- 2 alfinetes contrapinos de 2,5 cm
- 2 anzóis para brincos

- cola em bastão
- cola epóxi
- material de revestimento e pincel
- palito de dente para aplicar cola
- tesoura
- sovela ou agulha
- alicate meia-cana
- alicate de corte

INSTRUÇÕES PARA A DOBRADURA

Para peças menores, omita as antenas para tornar a dobradura mais simples; no entanto, se desejar, você pode incluí-las.

COMO DOBRAR A BORBOLETA

1 Dobre o quadrado ao meio, fazendo um vinco central; depois, desdobre.

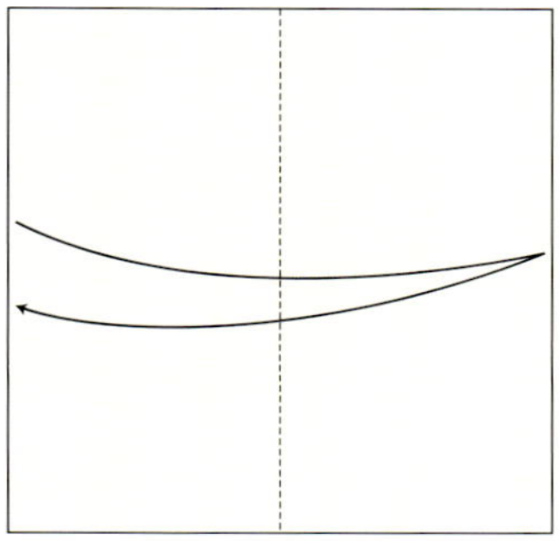

2 Dobre os dois lados a cerca de um sexto de distância do vinco central.

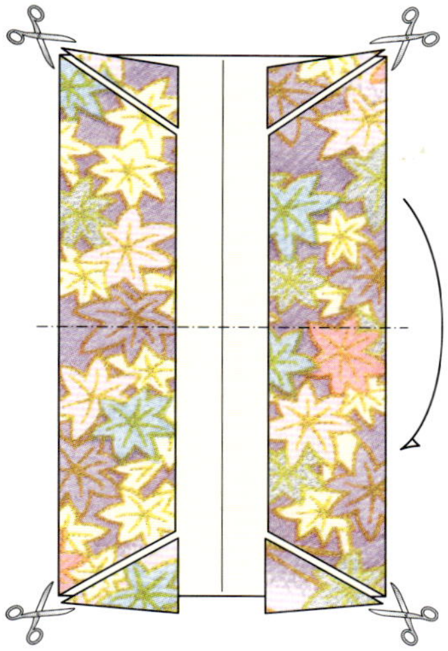

◄ **3** Corte os quatro cantos das camadas dobradas. Dobre ao meio no sentido do comprimento.

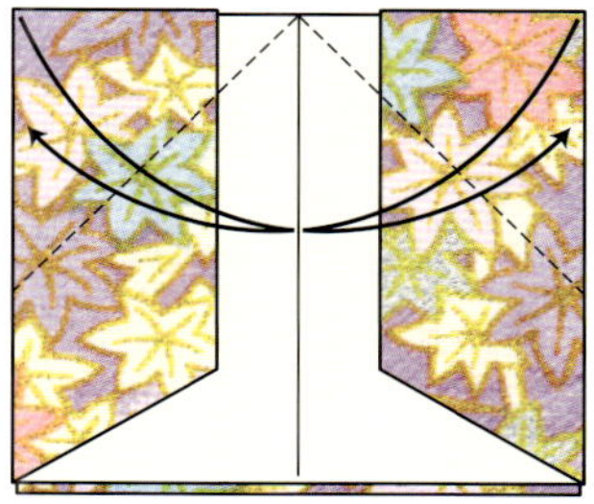

4 Dobre as pontas de cima em direção ao vinco central; depois, desdobre.

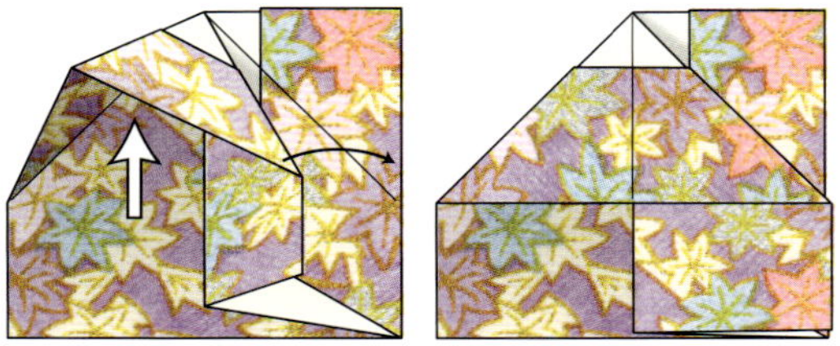

5 Abra a metade esquerda e traga a camada de cima sobre a metade direita, formando um triângulo. Abaixe o triângulo. Vire e faça o mesmo no outro lado.

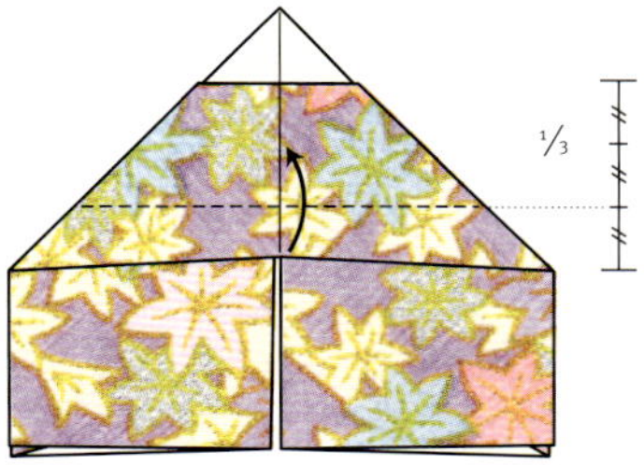

6 Dobre a base do triângulo para cima em cerca de um terço.

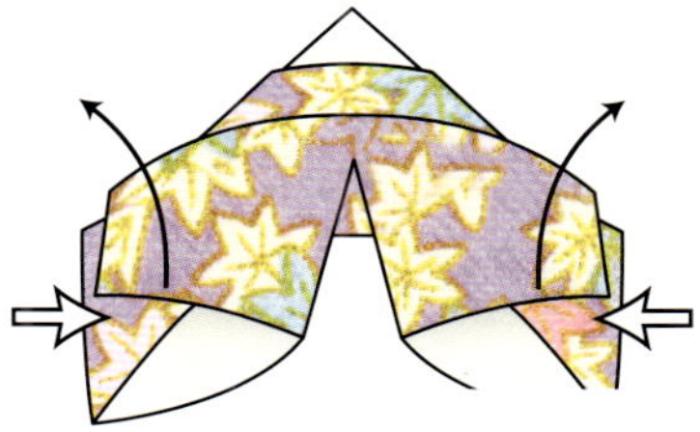

7 Abra as metades esquerda e direita, formando triângulos. Abaixe esses triângulos para fazer as asas da borboleta.

8 Vire e gire o origami.

9 Faça dois cortes nas laterais das asas, como mostrado. Dobre seguindo a direção das setas. Faça dois cortes na base do triângulo, como mostrado, para fazer as antenas.

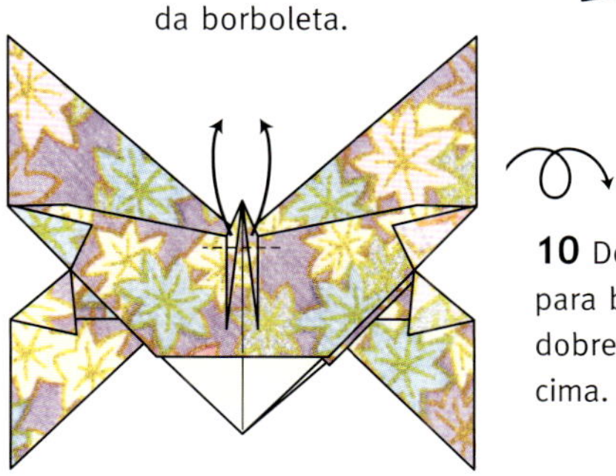

10 Dobre as antenas para baixo e depois dobre as pontas para cima. Vire a borboleta.

CONTINUA NA PRÓXIMA PÁGINA ►

11 Dobre nos locais indicados pelas linhas tracejadas e então desdobre.

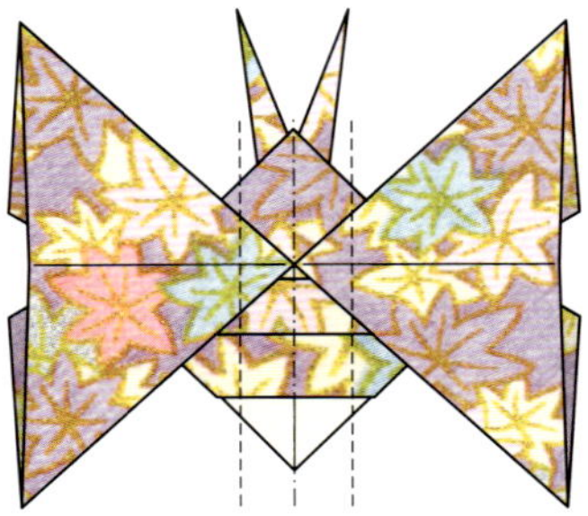

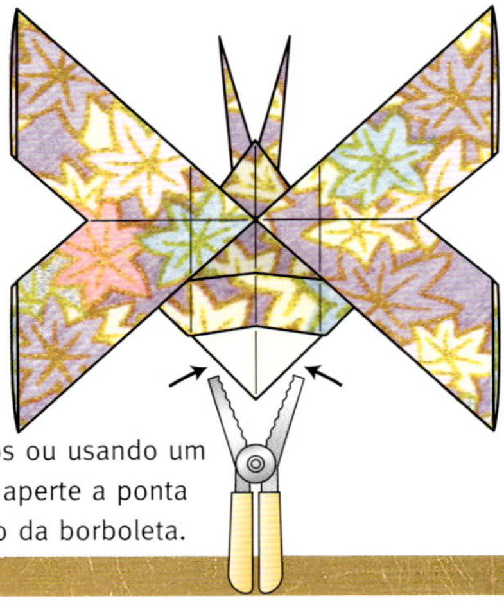

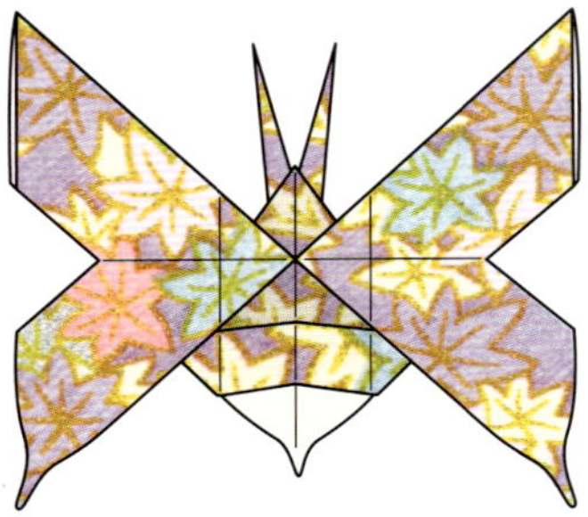

13 Aperte as duas pontas da parte de baixo das asas para concluir a borboleta.

12 Com os dedos ou usando um pequeno alicate, aperte a ponta da parte de baixo da borboleta.

COMO MONTAR O BROCHE

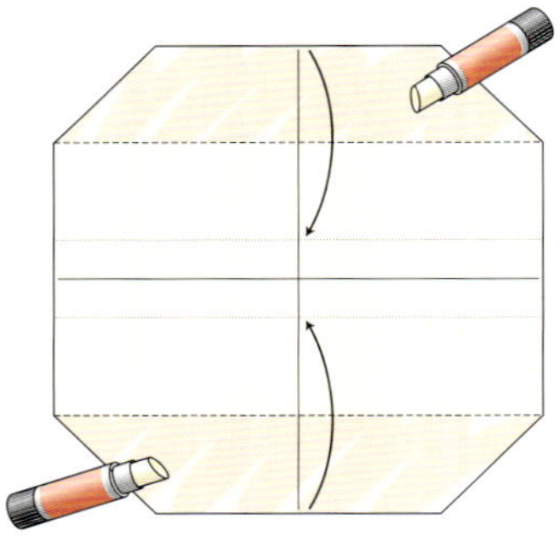

1 Dobre a borboleta até o passo 3, depois desdobre e passe cola em bastão nas abas, como mostrado; dobre novamente e conclua.

2 Com a ponta de um palito de dente, passe cola epóxi entre as camadas abertas da borboleta. Passe cola epóxi nos pontos que você apertou (como nos passos 12 e 13 da dobradura) e aperte-os novamente, segurando até a cola secar. Passe cola epóxi na parte de trás das antenas da borboleta para torná-las mais resistentes. Cubra com revestimento e deixe secar por completo.

3 Corte um disco ou folha de plástico para a parte de trás da borboleta, como mostrado, em um tamanho um pouco menor que o da borboleta. Usando cola epóxi, fixe o plástico na parte de trás da borboleta e em seguida cole a base de broche.

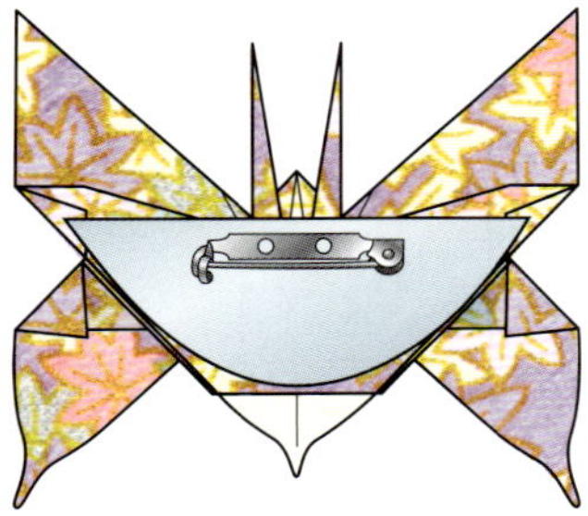

FRENTE
(cole nos locais indicados pelos palitos)

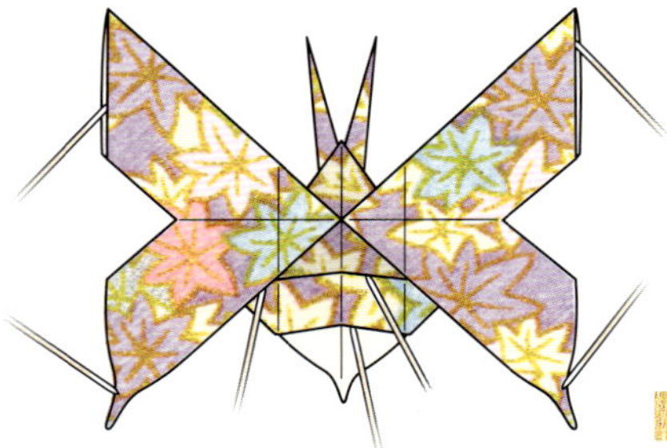

VERSO
(cole nos locais indicados pelos palitos)

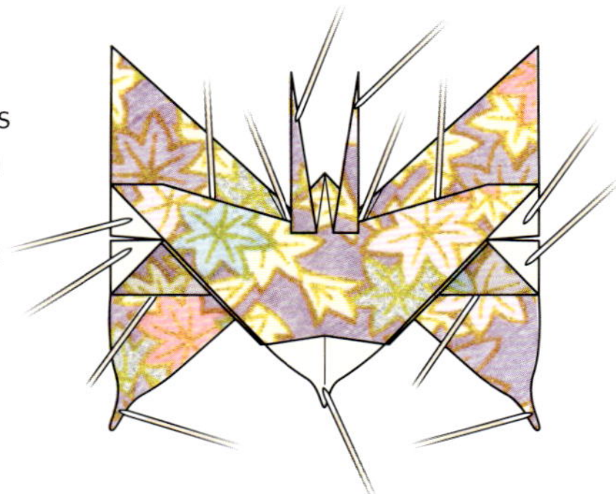

COMO MONTAR O GRAMPO

Siga os passos 1 e 2 para o broche. Cole a borboleta em um grampo de cabelo usando cola epóxi. Se estiver usando um grampo fino, puxe um fio através da borboleta e amarre-o ao redor do grampo; depois, passe cola epóxi para que fique bem firme.

COMO MONTAR A PULSEIRA

Faça três borboletas, omitindo a dobradura das antenas nos passos 9 e 10. Siga os passos 1 e 2 para o broche.

1 Segurando a borboleta com o dorso para cima, insira uma sovela na parte de baixo e passe-a pela camada de cima, perfurando por fim a parte superior do corpo da borboleta.

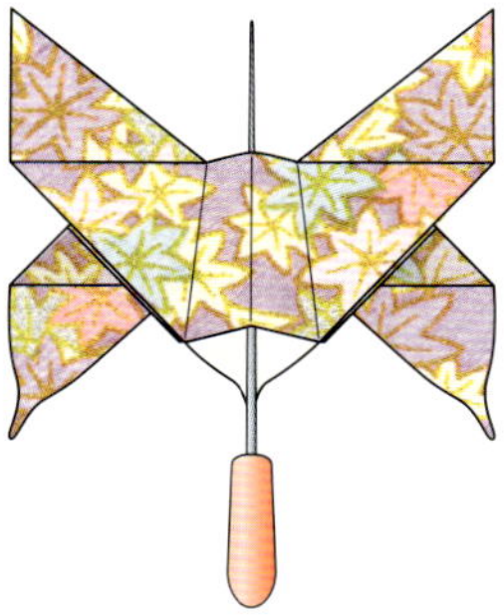

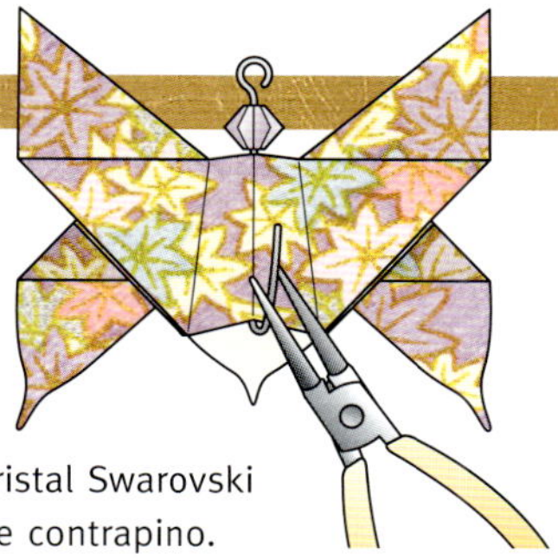

2 Passe um cristal Swarovski em um alfinete contrapino. Insira o alfinete no furo feito com a sovela, a partir da parte superior do corpo da borboleta. Corte o alfinete, deixando cerca de 5 mm expostos. Use um alicate meia-cana para curvar o alfinete, formando um aro.

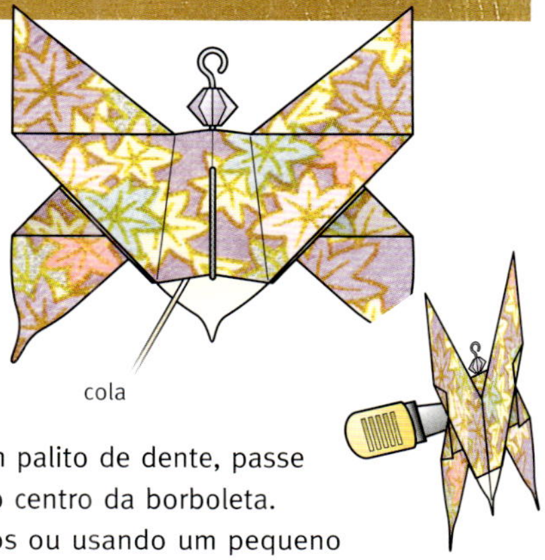

3 Usando um palito de dente, passe cola epóxi no centro da borboleta. Com os dedos ou usando um pequeno alicate, mantenha as asas fechadas sobre o alfinete dobrado para trás até a cola secar, para fixá-lo no lugar.

4 Prenda uma argola e um fecho à corrente. Use um alicate meia-cana para conectar à corrente os aros formados pelos alfinetes nas borboletas, colocando uma no meio e as outras duas em distâncias iguais.

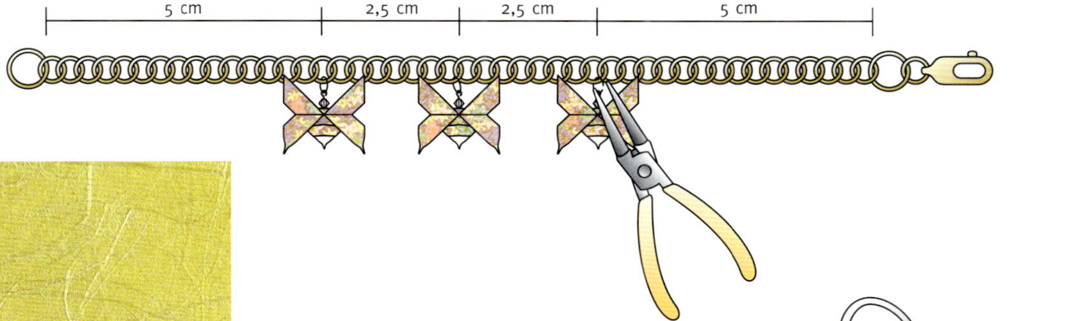

COMO MONTAR OS BRINCOS

Faça duas borboletas. Assim como para a pulseira, omita as antenas. Siga os passos 1 a 3 para a pulseira, passando pelo alfinete uma miçanga, um cristal Swarovski e então uma segunda miçanga.

1 Prenda os anzóis aos alfinetes para concluir os brincos.

Simplesmente intercalando três pequenas borboletas em uma corrente, você cria uma pulseira que fará conjunto com os brincos.

Broche de buquê de flores

Nível de dificuldade: ❖

Crie um lindo buquê de flores usando apenas dobras simples. Cada flor é feita com seis peças modulares, realçadas com contas no centro. As folhas salientam o brilho das flores. Usar uma cor diferente para cada buquê produz um belo efeito, e diferentes tons e texturas de papel enriquecem o projeto.

MATERIAL NECESSÁRIO

- 30 retângulos de papel *mujizome washi* laranja de 3 x 5 cm
- papel *mujizome washi* verde
  1 quadrado de 5 cm
  1 quadrado de 6,5 cm
- 15 miçangas brancas
- fita laranja
- fio de náilon
- 7 arames florais calibre 22 com 10 cm de comprimento
- 1 disco de plástico de 4 cm ou 1 folha de plástico quadrada de 4 cm
- 1 base de broche de 3 cm

- cola epóxi
- material de revestimento e pincel
- palito de dente para aplicar cola
- tesoura
- alicate de corte
- alicate meia-cana

INSTRUÇÕES PARA A DOBRADURA

Faça 30 peças modulares C, seis para cada flor (ver p. 26). Se estiver usando um papel fino, você pode fazer a peça A, em vez da peça C, para proporcionar maior resistência. Para as folhas, faça uma de cada em dois tamanhos diferentes, seguindo as instruções de dobradura para as folhas da presilha de rosas (ver p. 43).

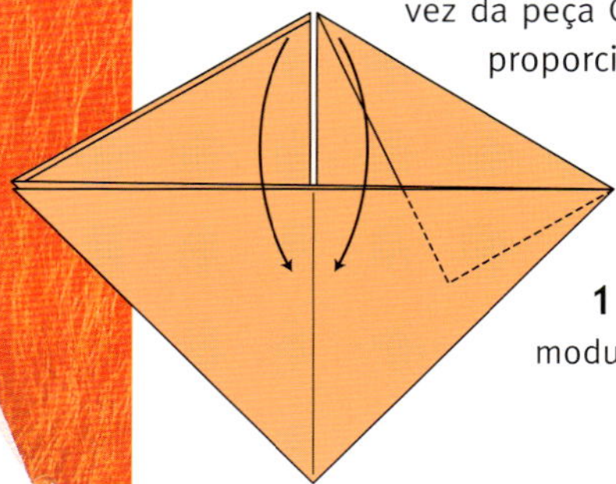

COMO MONTAR AS FLORES

1 Você irá precisar de seis peças modulares C para cada flor.

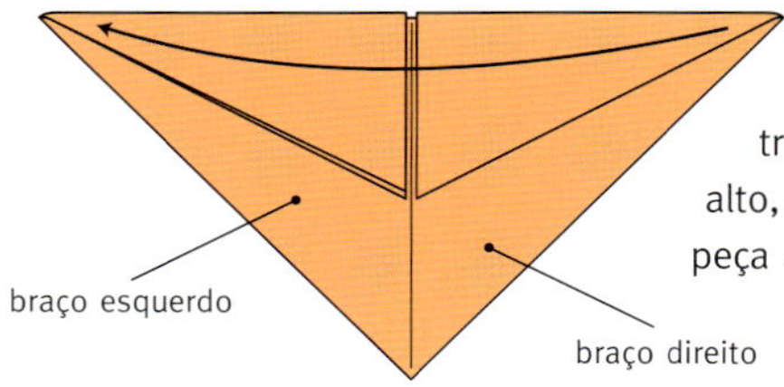

2 Com as abas triangulares no alto, dobre a primeira peça ao meio.

Você pode variar estes buquês de flores como quiser. Alterne cores, laminação e textura do papel e realce com diferentes contas e laços para combinar com as suas roupas.

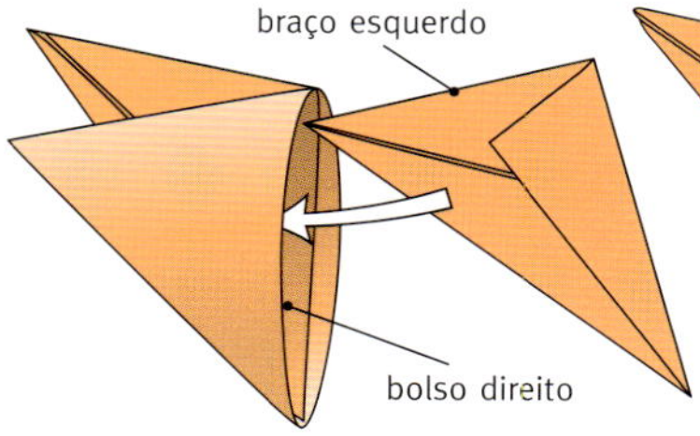

3 Insira o braço esquerdo da segunda peça no bolso direito da primeira peça.

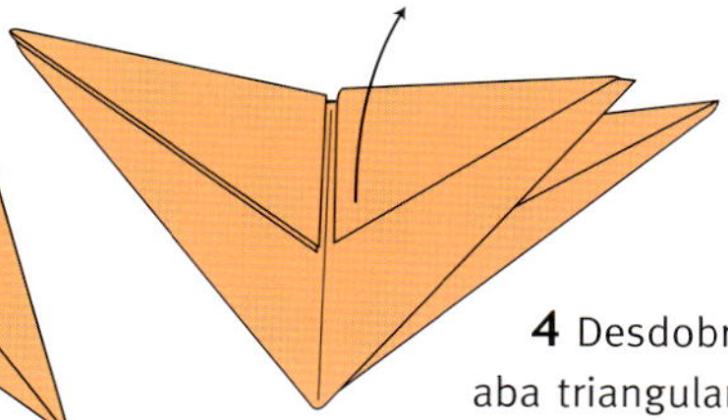

4 Desdobre a aba triangular direita da primeira peça.

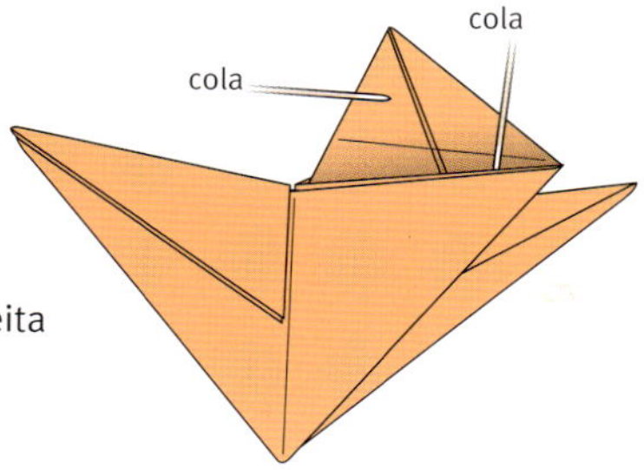

5 Com a ponta de um palito de dente, passe pequenas quantidades de cola epóxi no interior do bolso e na aba triangular. Dobre a aba para trás.

6 Repita os passos 3, 4 e 5 com as quatro peças restantes. Depois de inserir o braço esquerdo da sexta peça no bolso direito da quinta peça, insira o braço esquerdo da primeira peça no bolso direito da sexta peça.

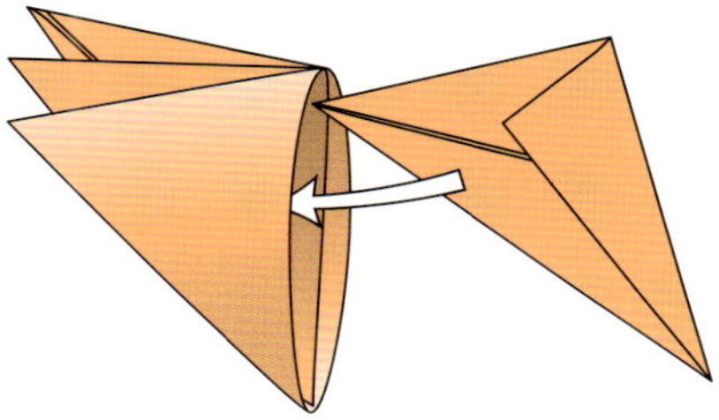

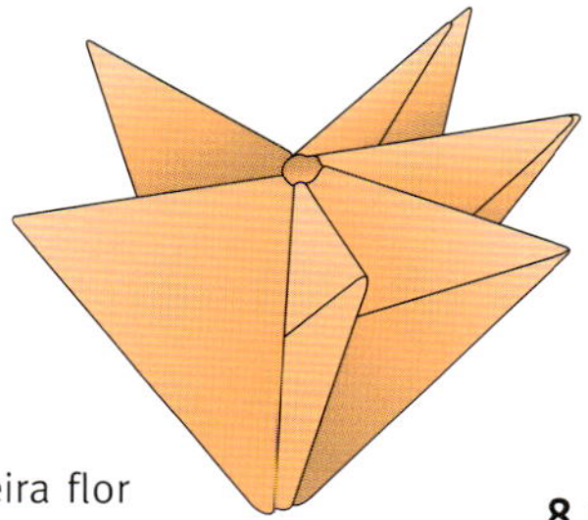

7 A primeira flor está concluída; faça mais quatro, depois cubra com revestimento e deixe secar por completo.

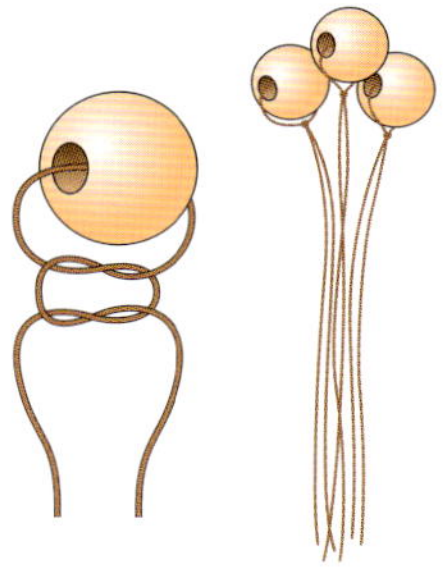

8 Passe um pedaço de fio de náilon em uma miçanga e amarre-a dando um nó duplo. Prepare três para cada flor.

9 Use um alicate meia-cana para dobrar a ponta de um pedaço de arame floral. Prenda três miçangas no alto do arame, torcendo os fios em torno dele. Passe a cola epóxi onde os fios estão torcidos, para prendê-los bem, e apare qualquer excesso dos fios.

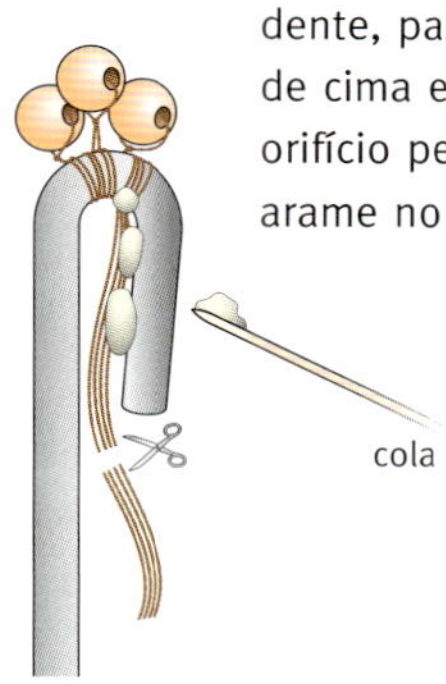

10 Insira o arame na flor, a partir do topo. Utilizando um palito de dente, passe cola epóxi na parte de cima e na parte de baixo do orifício perfurado, para prender o arame no interior da flor.

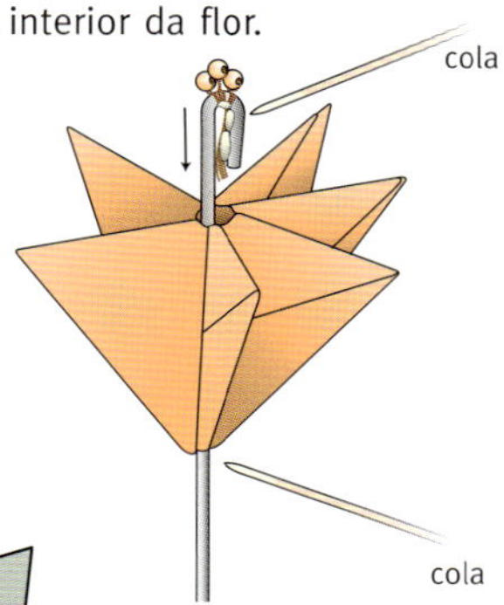

COMO INSERIR O ARAME NAS FOLHAS

Faça duas folhas, uma de cada tamanho. Após fazer a base do envelope (ver p. 21), desdobre o papel, passe cola em bastão na parte interna e dobre novamente. Prenda fios de arame às folhas ao dobrar: passe cola epóxi na dobra central da folha e depois coloque o arame floral por cima. Cole as dobras feitas nos passos 6 e 7 da dobradura.

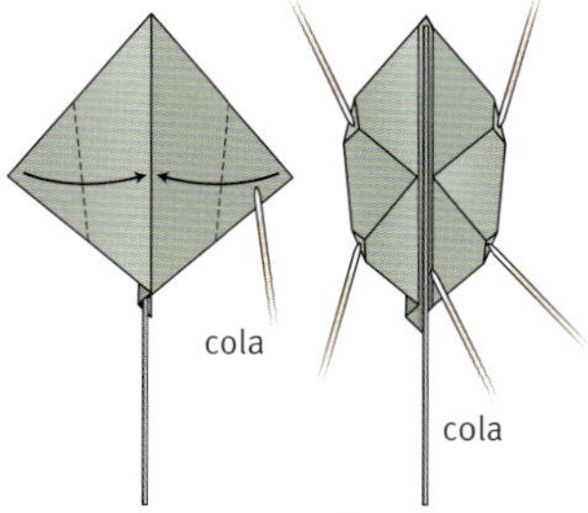

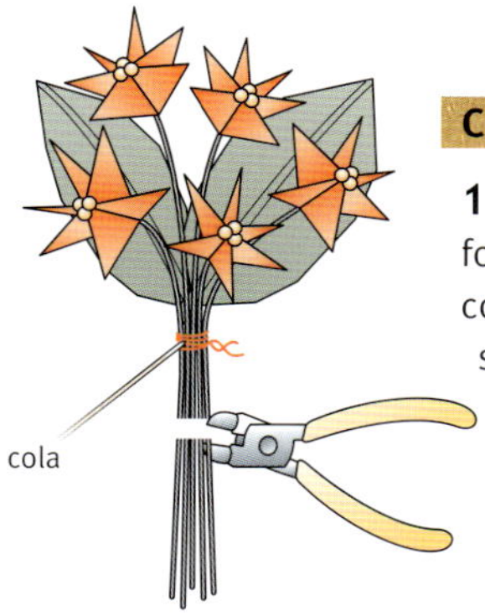

COMO MONTAR O BUQUÊ

1 Junte cinco flores e duas folhas. Amarre os fios de arame com náilon. Passe a cola epóxi sobre o náilon. Use um alicate de corte para aparar o excesso dos arames.

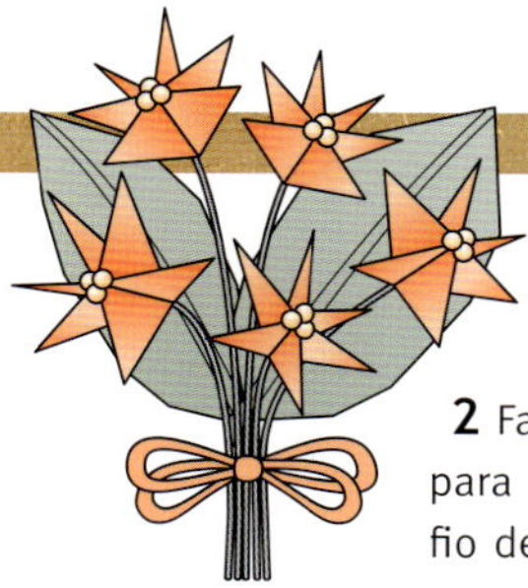

2 Faça um laço para encobrir o fio de náilon.

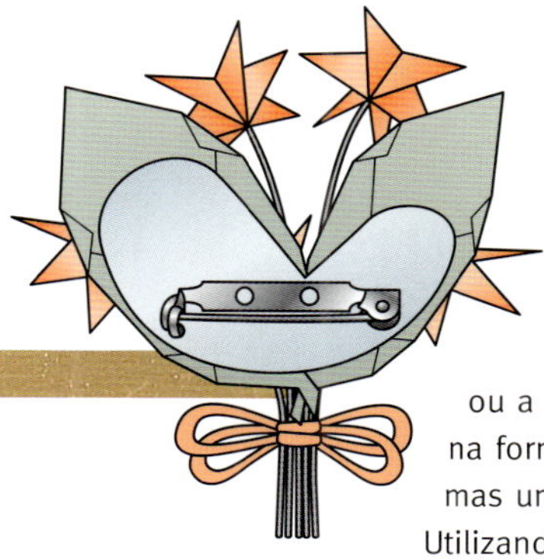

3 Corte o disco ou a folha de plástico na forma do buquê, mas um pouco menor. Utilizando cola epóxi, fixe o plástico na parte de trás do buquê; em seguida, cole a base de broche no plástico.

Broche de coelhinho

Nível de dificuldade: ❖ ❖

Para obter textura, este adorável coelhinho é feito com papel *momi* (enrugado à mão) *mujizome washi*. Fazer os olhos com pequenas miçangas dá ao coelhinho uma aparência graciosa, embora ele também fique bonito sem elas. Não se esqueça de adicionar uma pequena cauda de algodão!

MATERIAL NECESSÁRIO

- 1 quadrado de papel *washi* branco de 9 cm
- 2 retângulos de papel *mulberry* rosa de 2,5 x 1 cm
- 2 miçangas vermelhas
- 1 folha de plástico de 3 x 2,5 cm
- 1 base de broche de 2,5 cm
- fibra de poliéster
- fio de náilon ou linha de costura
- 1 pompom branco de 5 mm
- cola em bastão
- cola epóxi
- material de revestimento e pincel
- palito de dente para aplicar cola
- tesoura
- agulha de costura

1 Comece com a base do balão (ver p. 22). Dobre as duas pontas inferiores da camada de cima de maneira que se encontrem no ápice do triângulo.

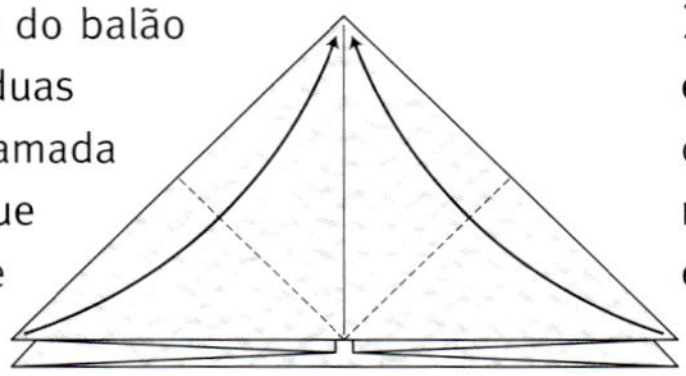

2 Dobre as pontas esquerda e direita da camada de cima de modo que se encontrem no centro.

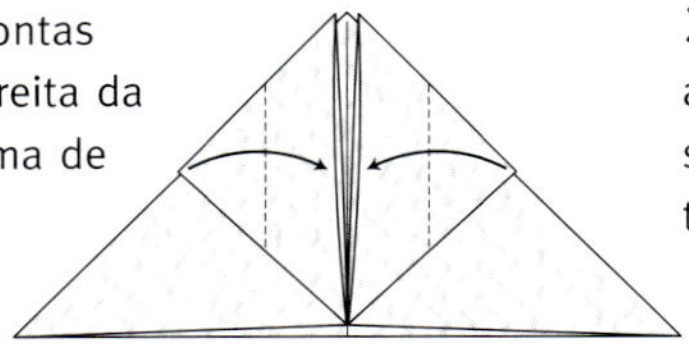

3 Dobre ao meio as abas superiores soltas do triângulo.

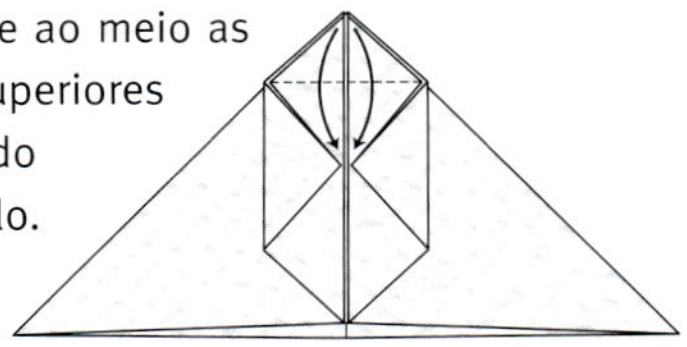

4 Dobre os triângulos diagonalmente para baixo, e depois desdobre.

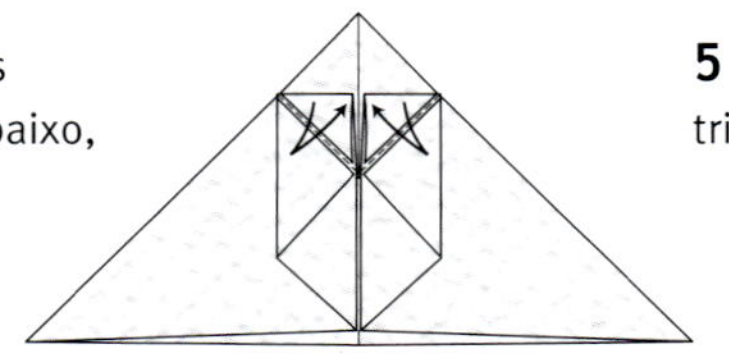

5 Abra os bolsos. Insira os triângulos nos bolsos.

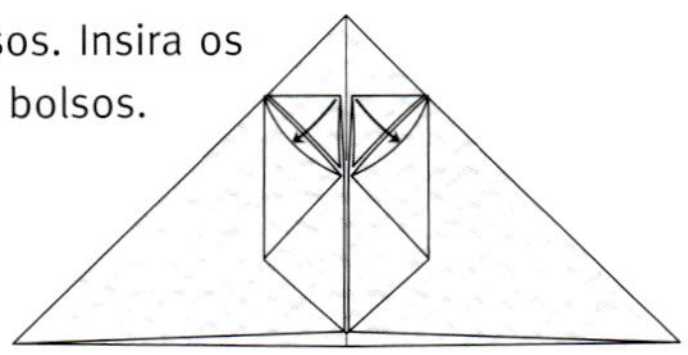

6 Vire o origami.

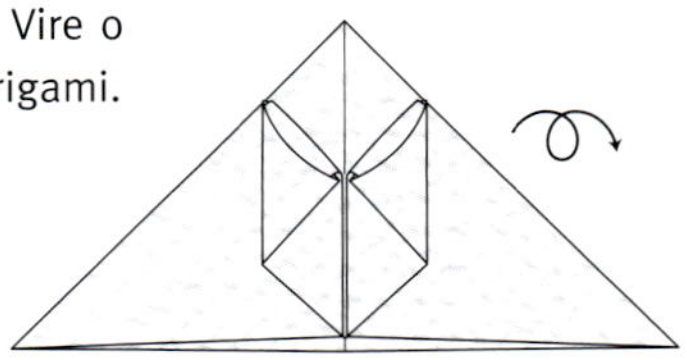

Estes coelhinhos em papel estampado são graciosos com ou sem olhos, mas precisam do pompom da cauda – neste caso, uma bolinha feita com o mesmo papel.

7 Dobre as laterais direita e esquerda de maneira que se encontrem no centro.

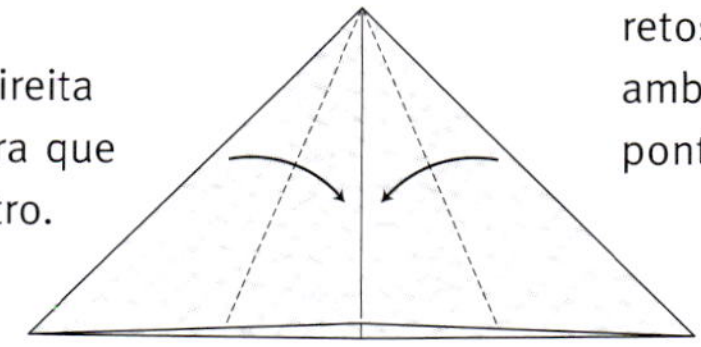

8 Dobre as camadas de cima para os lados, fazendo ângulos retos em ambas as pontas.

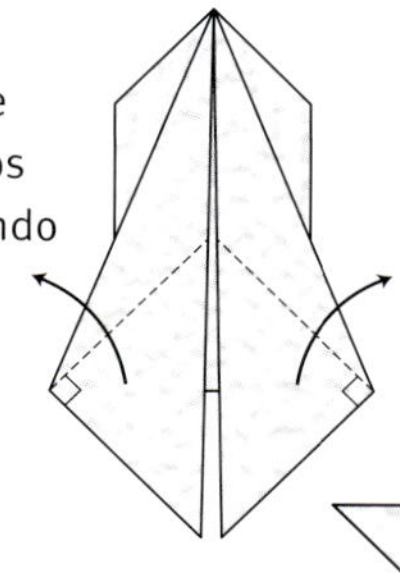

9 Dobre as pontas inferiores até a linha central.

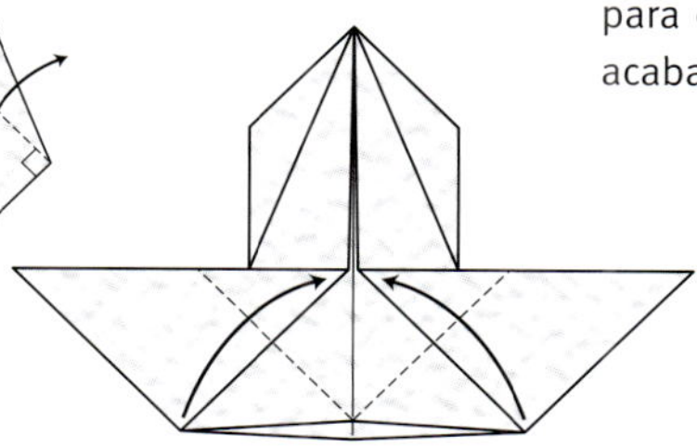

10 O coelho concluído, pronto para o acabamento.

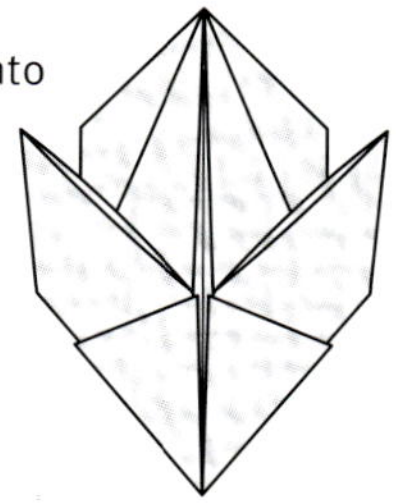

COMO MONTAR O BROCHE

1 Use um palito de dente para aplicar cola epóxi entre as duas camadas das orelhas e da face, para selá-las.

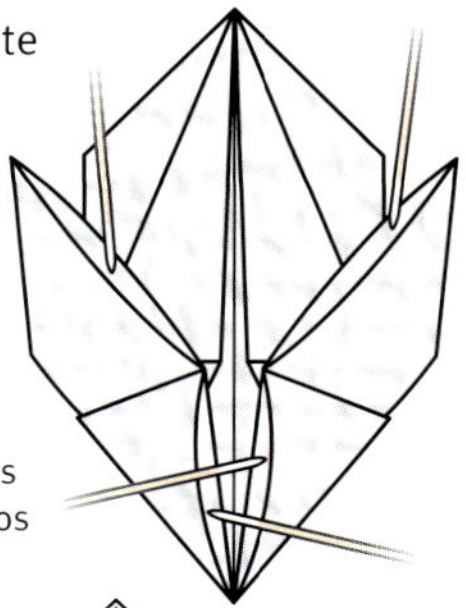

cole nos locais indicados pelos palitos

2 Corte dois pedaços de papel *mulberry* rosa em um formato similar ao das orelhas, mas menor. Usando cola em bastão, fixe-os às orelhas do coelho, colocando a base do papel rosa dentro das pequenas aberturas da face do coelho. Use a ponta de um palito de dente para aplicar cola epóxi e selar as aberturas.

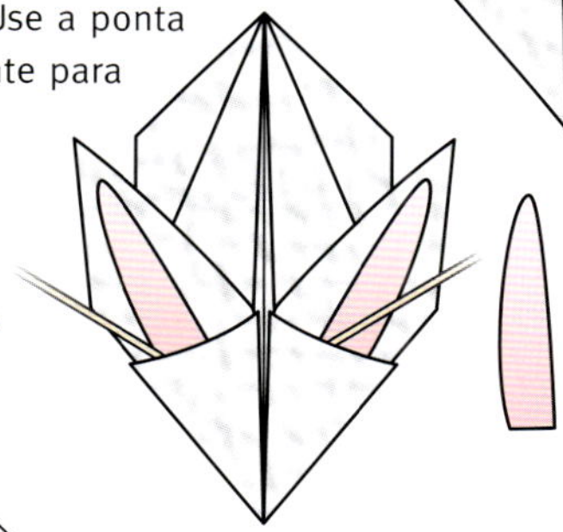

cole nos locais indicados pelos palitos

3 Vire o origami.

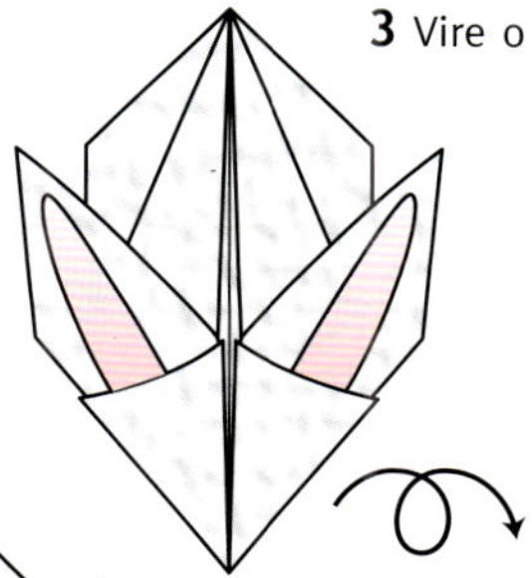

▼ **4** Use um palito de dente para aplicar cola epóxi em um bolso, selando-o. Desdobre o outro lado.

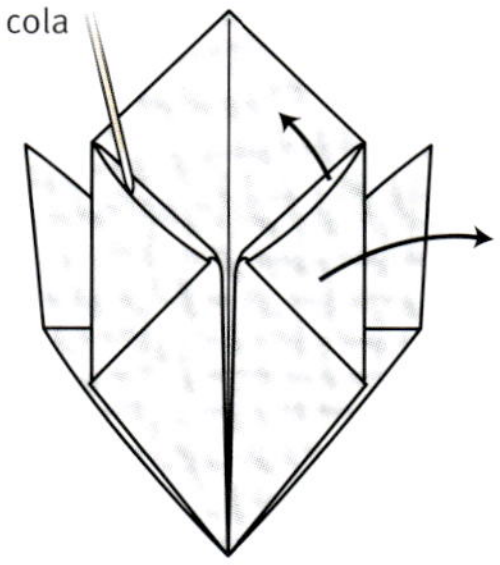

5 Coloque a fibra de poliéster dentro do coelho e dobre o bolso novamente, para fechá-lo; em seguida passe cola epóxi para selar. Cubra o origami com revestimento e deixe secar por completo.

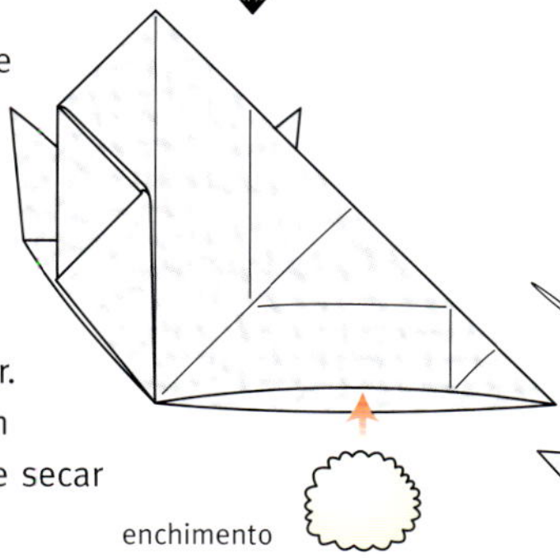

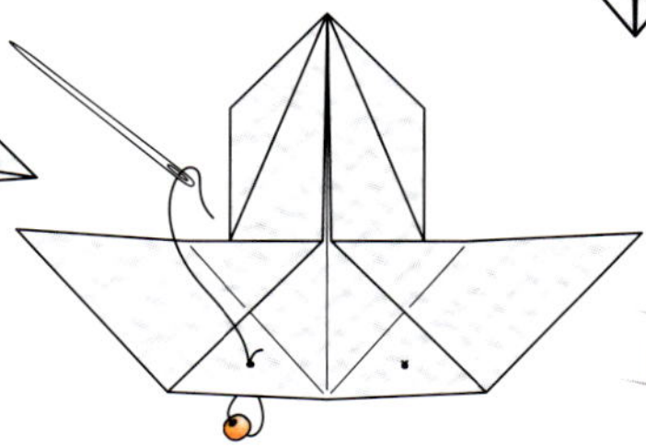

7 Vire o origami. Costure as miçangas que representam os olhos, passando a linha por trás da face do coelho.

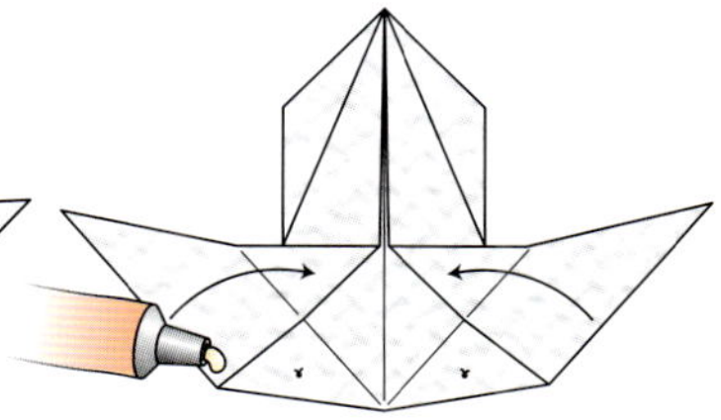

8 Cole a face ao corpo com cola epóxi.

9 Use cola epóxi para colar um pompom na parte de trás do coelho.

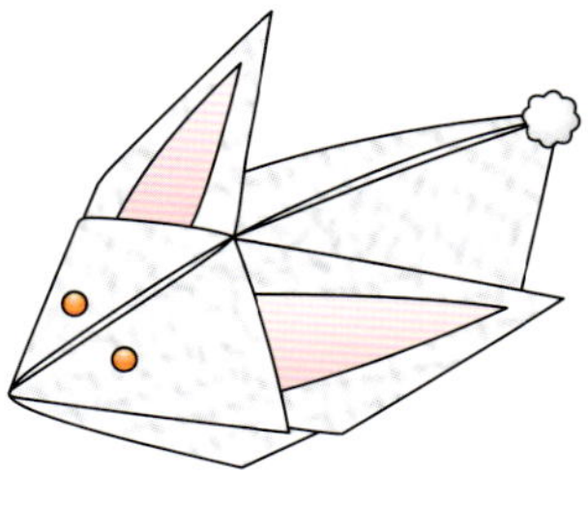

6 Corte um pedaço da folha de plástico no mesmo formato da parte de baixo do coelho, porém um pouco menor. Usando cola epóxi, fixe o plástico ao coelho, e depois cole a base de broche ao plástico.

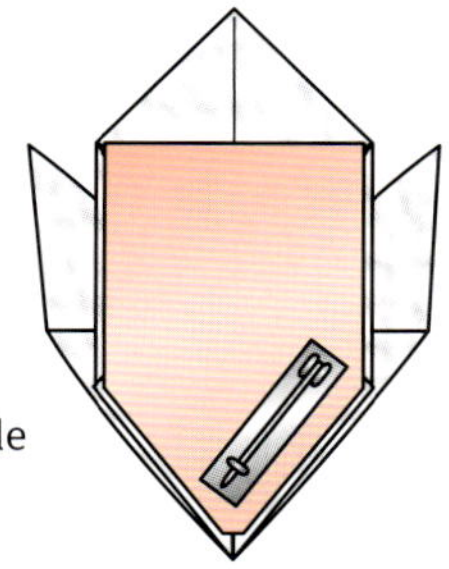

O papel *mujizome washi* confere uma textura aveludada ao pintinho, ao passo que o papel sulfite garante uma superfície lisa e opaca para o ovo.

Broche de pintinho

Nível de dificuldade: ❖

A primavera é uma época de nascimento e renascimento, e pintinhos adoráveis nascem para uma vida nova. Usar este lindo broche é um modo divertido de exibir seu próprio "espírito primaveril". Tanto o pintinho quanto o ovo são muito simples de dobrar.

MATERIAL NECESSÁRIO

- 1 quadrado de papel *mujizome washi* amarelo de 10 cm
- 1 quadrado de papel sulfite branco de 7,5 cm
- 1 miçanga preta
- 1 disco ou quadrado de plástico de 4 cm
- 1 base de broche de 2,5 cm
- linha de costura preta
- cola em bastão
- cola epóxi
- material de revestimento e pincel
- palito de dente para aplicar cola
- tesoura
- agulha de costura

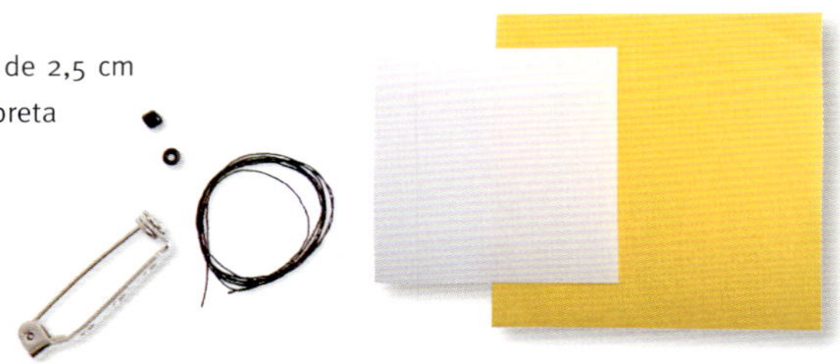

COMO DOBRAR O PINTINHO

1 Comece com a base do envelope (ver p. 21). Dobre as laterais inferiores direita e esquerda de modo que se encontrem no centro.

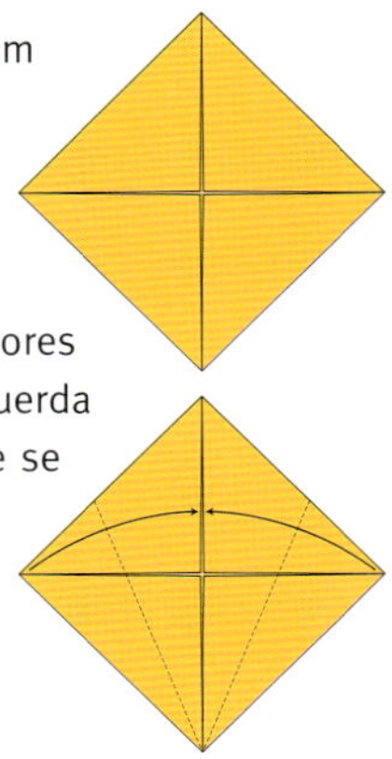

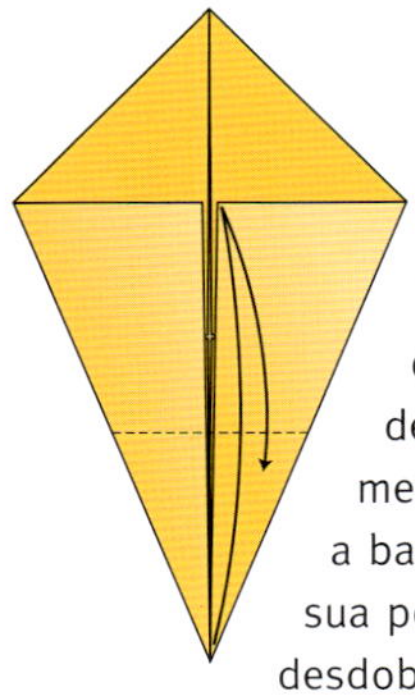

2 Dobre o triângulo de baixo ao meio, trazendo a base para a sua ponta, depois desdobre.

3 Dobre o triângulo de baixo novamente, trazendo a ponta cerca de dois terços para cima.

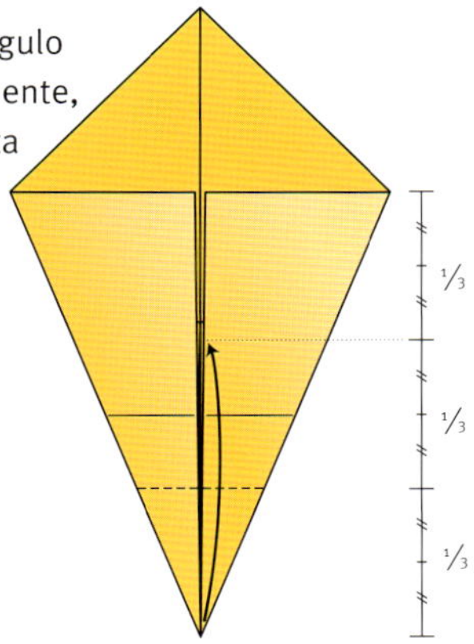

4 Traga de volta a ponta, de modo que fique um pouco para fora da borda inferior (isso será o bico do pintinho).

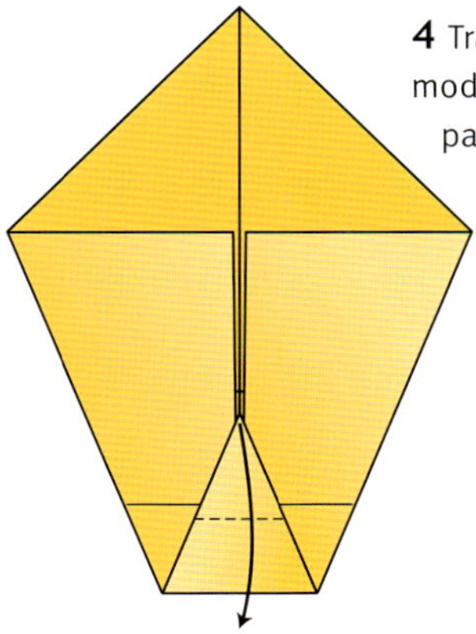

5 Dobre a parte de baixo, na dobra feita no passo 2.

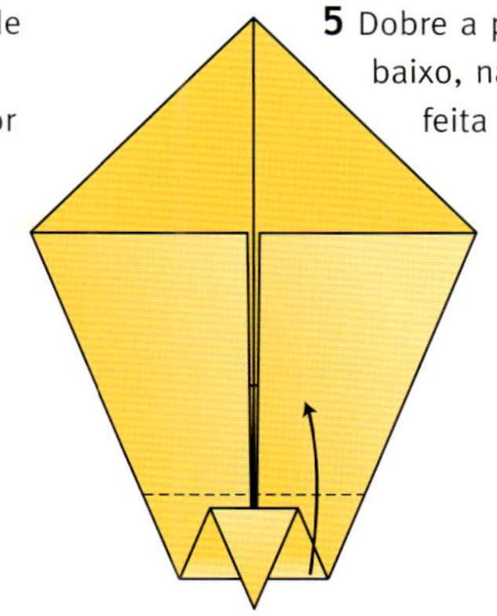

6 Dobre para trás o triângulo de cima.

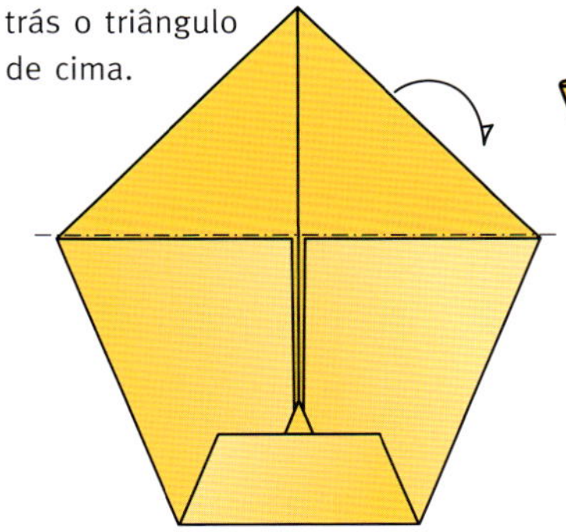

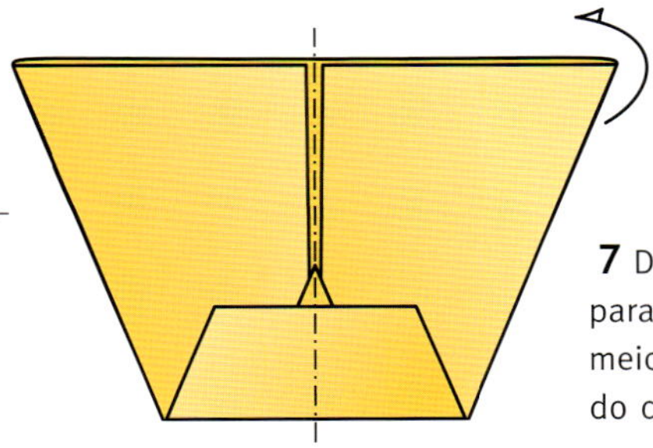

7 Dobre então para trás a peça ao meio, no sentido do comprimento.

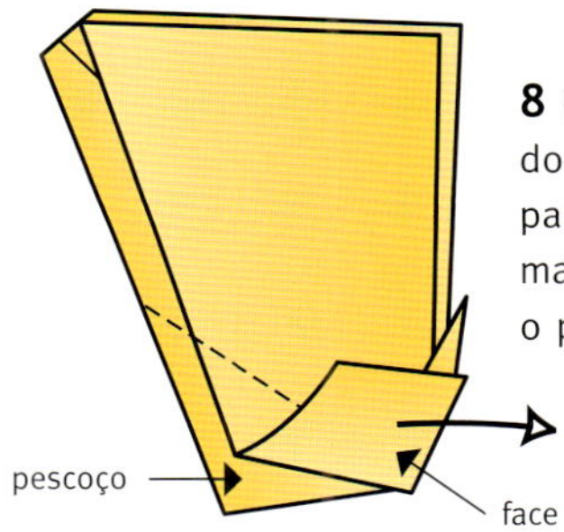

8 Puxe a face do pintinho para fora e marque bem o pescoço.

9 Vire o origami.

10 Puxe o bico para baixo.

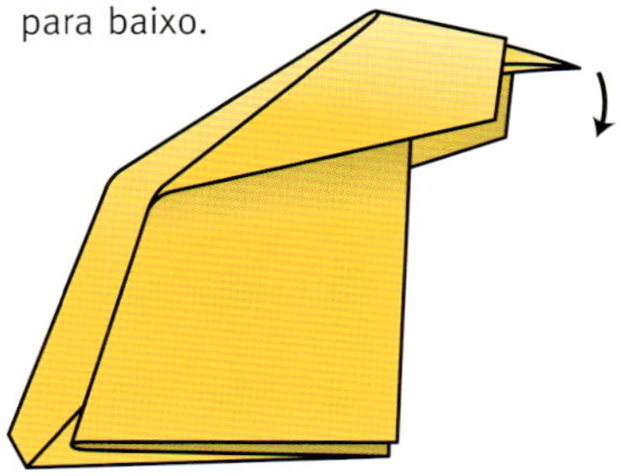

11 Empurre as duas pontas na cabeça do pintinho para obter uma aparência arredondada. Depois, puxe para fora e um pouco para cima o triângulo dobrado no passo 6, a fim de fazer a cauda do pintinho.

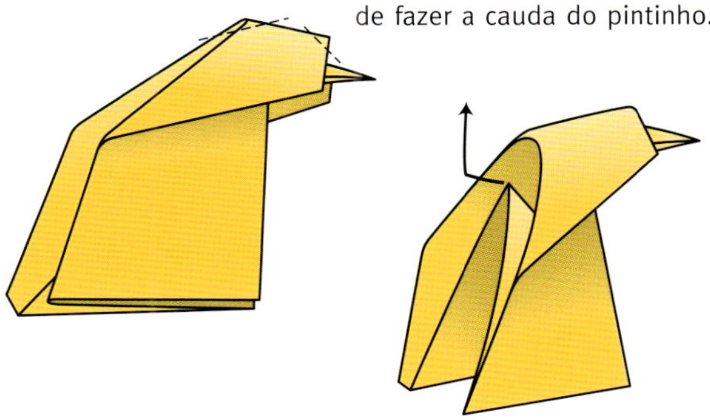

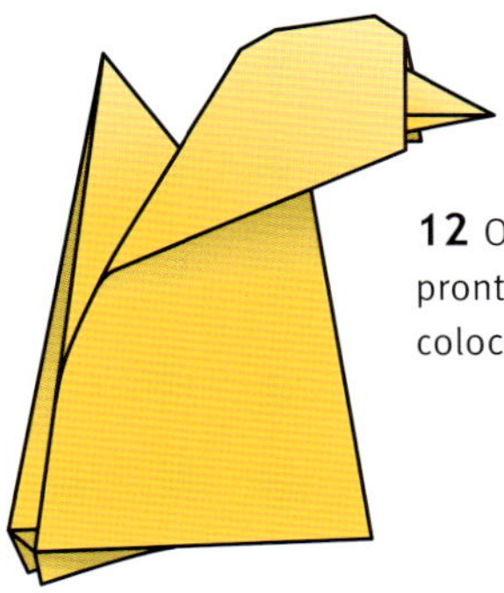

12 O pintinho está pronto para ser colocado no ovo.

CONTINUA NA PRÓXIMA PÁGINA ▶

COMO DOBRAR O OVO

1 Comece com a base do envelope (ver p. 21). Dobre ao meio. Dobre as pontas esquerda e direita para cima, a partir do centro, em uma linha oblíqua.

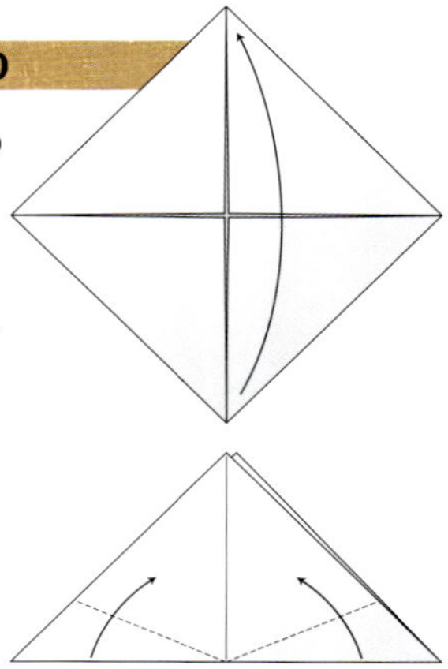

2 Dobre para trás as pontas direita, esquerda e de baixo, para dar ao ovo um aspecto mais arredondado.

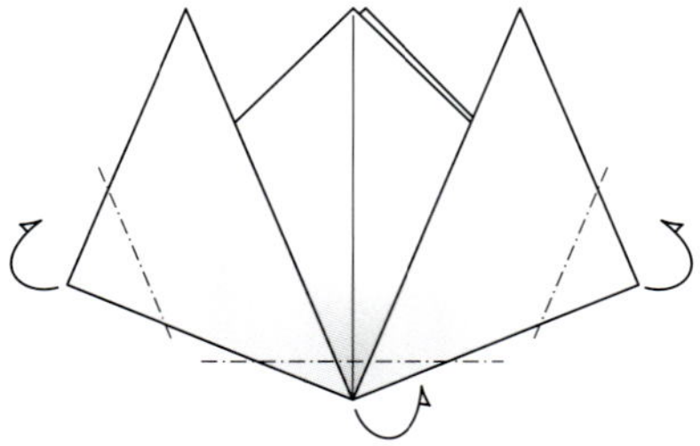

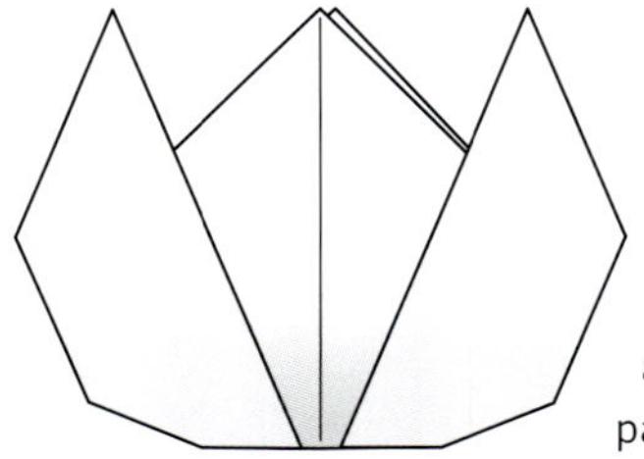

3 O ovo acabado, pronto para receber o pintinho.

COMO MONTAR O BROCHE

1 Após fazer a base do envelope para o pintinho, desdobre o papel completamente. Passe cola em bastão em todo o lado interno do papel e dobre novamente a base do envelope. Dobre, depois desdobre as bordas inferiores, passe cola na parte de dentro e dobre-as de volta para o centro. Conclua a dobradura do pintinho.

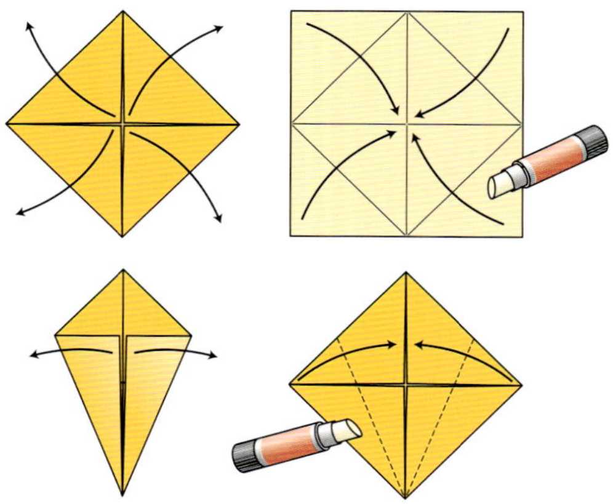

2 Dobre para trás a ponta de baixo esquerda para que o pintinho se encaixe no ovo. Cubra com revestimento e deixe secar por completo.

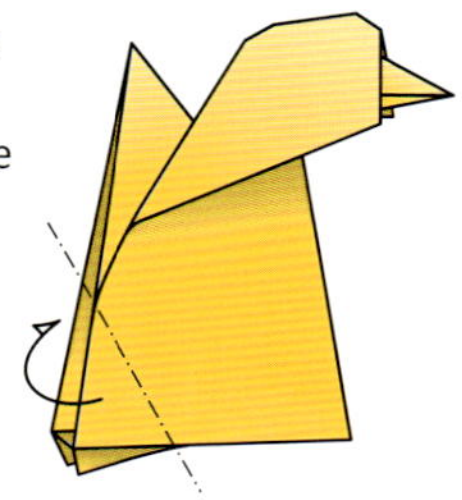

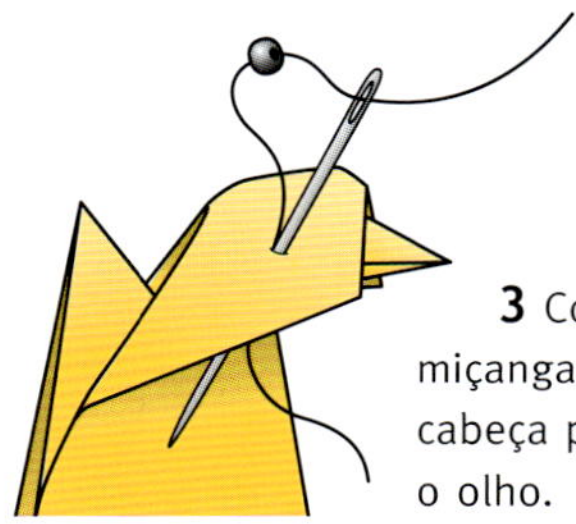

3 Costure uma miçanga na lateral da cabeça para representar o olho.

4 Usando a ponta de um palito de dente, passe cola epóxi sob a face do pintinho e atrás da cabeça.

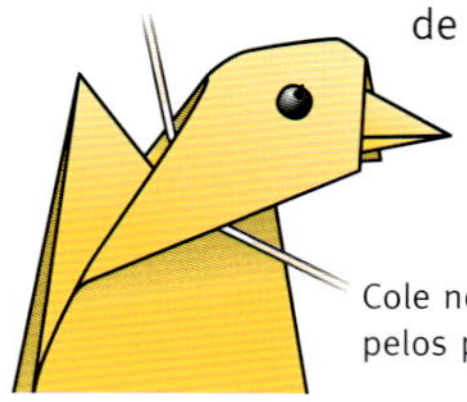

5 Ao dobrar o ovo, passe cola por dentro da base do envelope, assim como foi feito para o pintinho no passo 1. Cubra o ovo com revestimento e deixe secar por completo. Coloque o pintinho dentro do ovo.

6 Passe cola epóxi na parte de trás do pintinho para fixá-lo dentro do ovo.

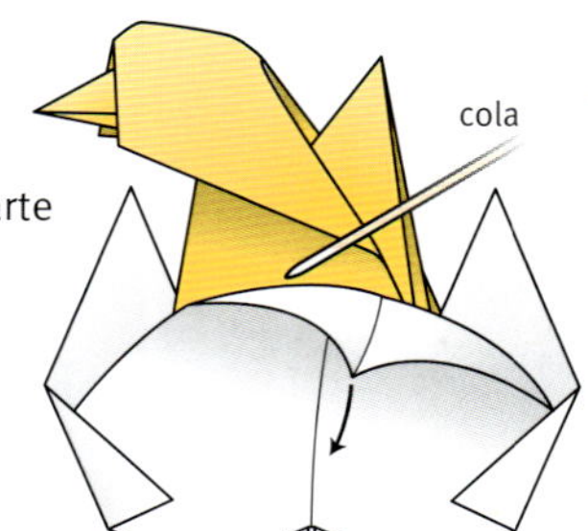

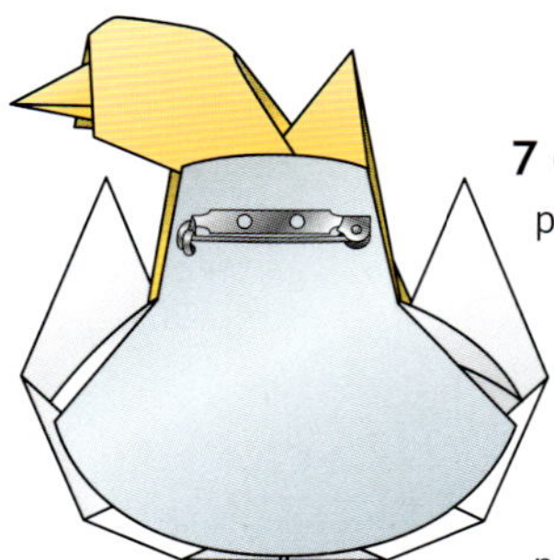

7 Corte um pedaço de disco ou folha de plástico um pouco menor que a parte de trás do ovo. Usando cola epóxi, prenda-o na parte de trás do ovo e depois cole a base de broche no plástico.

8 O pintinho concluído, pronto para espiar o mundo ao seu redor.

Gargantilha e brincos de flor

Nível de dificuldade:
gargantilha ❖
brincos ❖ ❖

Menos é mais, neste projeto cheio de estilo, em que apenas flores sobrepostas compondo um pingente no centro da gargantilha causam um grande impacto. Se desejar, experimente este projeto com outros tipos de cordões, em vez do barbante de cânhamo que mostramos aqui, e tente outros nós para fazer a base da gargantilha. Brincos com flores menores compõem um simples e elegante complemento.

INSTRUÇÕES PARA A DOBRADURA

Siga as instruções para dobrar a flor B (ver p. 28). Para a gargantilha, você precisará de duas flores B de diferentes tamanhos: uma feita com um quadrado de papel de 6,5 cm e outra com um quadrado de papel de 4 cm. Para os brincos, você precisará de 12 flores B de diferentes tamanhos: oito feitas com um quadrado de papel de 4 cm e quatro feitas com um quadrado de papel de 2,5 cm.

MATERIAL NECESSÁRIO

Gargantilha

- papel *yuzen washi*
  1 quadrado de 6,5 cm
  1 quadrado de 4 cm
- 2 miçangas
- 1 conta de jade de 1 cm
- 1 barbante de cânhamo de 3,35 m

Brincos

- papel *yuzen washi*
  8 quadrados de 4 cm
  4 quadrados de 2,5 cm
- 12 miçangas
- 2 pedaços de barbante de cânhamo com 5 cm cada
- 2 terminais
- 2 anzóis para brincos

- fio de náilon
- esmalte de unhas transparente
- cola em bastão
- cola epóxi
- material de revestimento e pincel
- palito de dente para aplicar cola
- tesoura
- agulha de costura

COMO MONTAR A GARGANTILHA

Faça as flores, cubra-as com revestimento e deixe secar por completo.

1 Trance o barbante de cânhamo até o comprimento aproximado de 35,5 cm (ver Como trançar o barbante, na próxima página). Assegure-se de que a alça que ficará na ponta do cordão esteja um pouco maior que a conta de jade. Puxe uma ponta do barbante através da alça na extremidade do nó. Corte as pontas, deixando cerca de 1,25 cm.

2 Costure as pontas juntas na parte de trás do cordão de barbante trançado, de modo que não apareçam na frente. Passe esmalte de unhas transparente nas pontas do cordão, para firmar e impedir que se soltem. Costure para que a ponta do barbante não apareça na frente e faça a alça um pouco maior que a conta de jade.

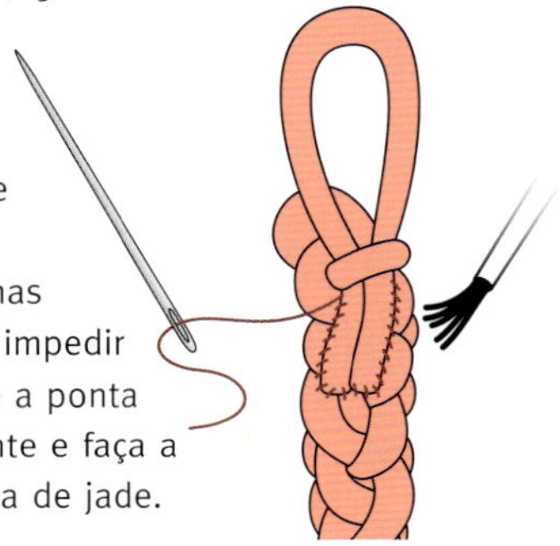

3 Passe a conta de jade e uma miçanga juntas e costure-as na outra ponta do cordão. Passe esmalte de unhas transparente na costura para impedir que se soltem.

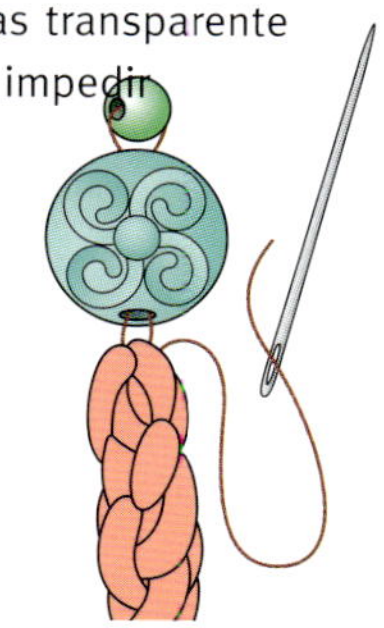

4 Insira uma agulha de costura com linha pela parte de trás do centro da flor maior, de modo que saia na parte da frente. Passe a linha pelo centro da flor menor (por trás) e insira uma miçanga. Depois, puxe a linha de volta pelos centros das duas flores. Passe cola epóxi entre as duas flores. Amarre as pontas da linha na parte de trás da flor.

5 Costure a flor no centro do cordão trançado, aplicando cola epóxi entre a flor e o cordão.

COMO MONTAR OS BRINCOS

Faça as flores, cubra com revestimento e deixe secar por completo.

1 Prenda um terminal ao barbante de cânhamo, seguindo os passos 1 e 2 para prender um fecho ao cordão (p. 38).

2 Insira uma agulha com linha pela parte central posterior de uma flor maior, puxe-a pela frente, passe uma miçanga e então leve-a de volta para trás e amarre as pontas para prender a conta.

3 Costure a flor no barbante de cânhamo, logo abaixo do terminal. Leve a agulha da parte de trás para a parte da frente da outra flor maior, passe uma miçanga e depois leve-a para trás, através do centro da flor. Costure a flor ao barbante. Passe cola epóxi entre as flores e o barbante, para proporcionar maior resistência.

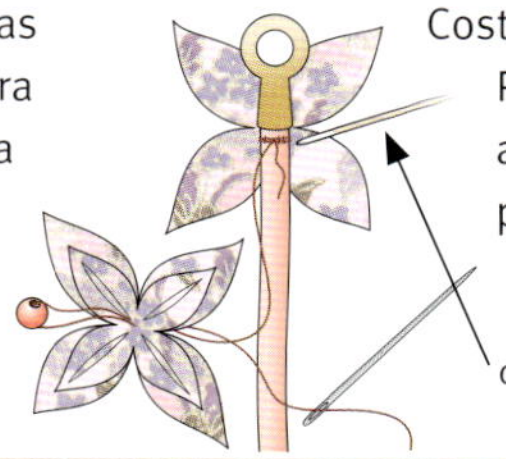

4 Repita os passos 2 e 3 com as outras duas flores maiores, prendendo-as a cerca de 1,5 cm abaixo do primeiro par. Depois faça o mesmo com as duas flores menores, prendendo-as a cerca de 1,5 cm abaixo do segundo par de flores. Prenda os anzóis para brincos (ver p. 39).

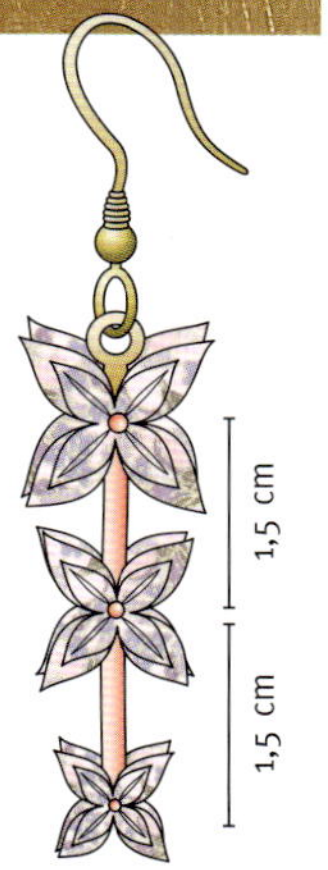

COMO TRANÇAR O BARBANTE

1 Na metade do comprimento do barbante, faça um nó simples. Passe a ponta direita por dentro do nó.

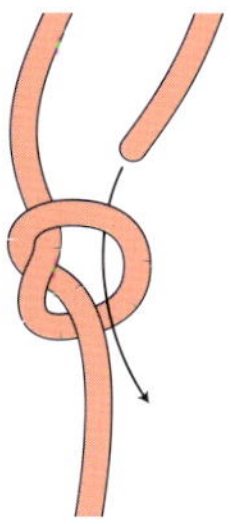

2 Puxe o fio do lado esquerdo e o insira através da alça.

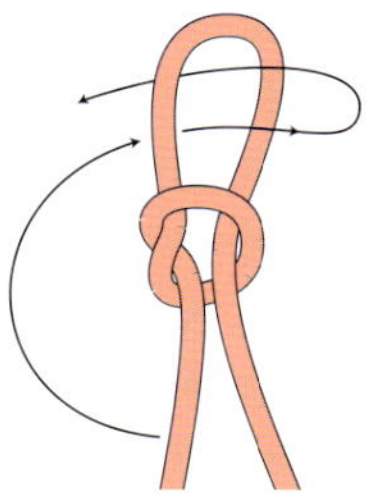

3 Ate o nó.

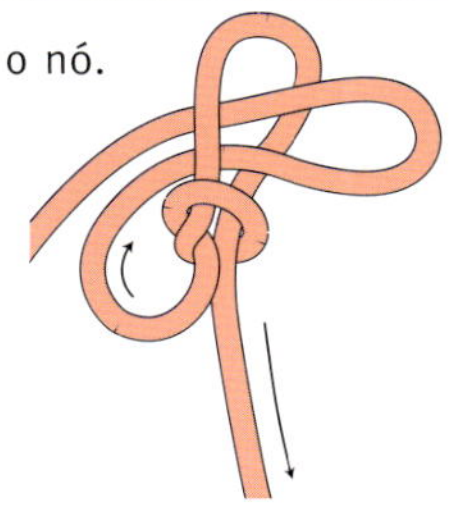

4 Puxe o fio do lado direito do barbante e o insira através da alça.

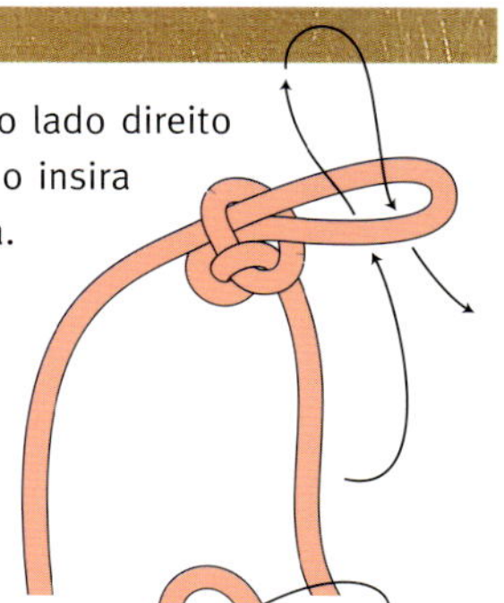

5 Ate o nó.

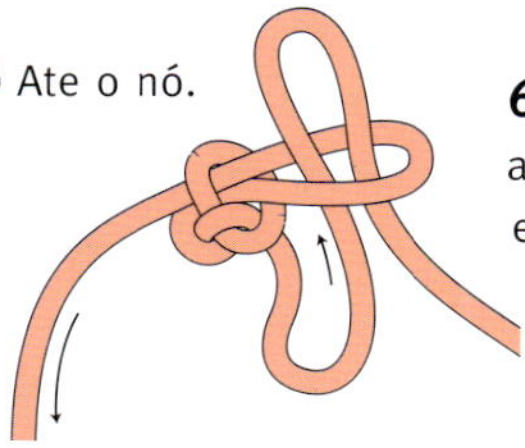

6 Repita os passos 2 a 5 até que todo o barbante esteja trançado ou até alcançar o comprimento necessário.

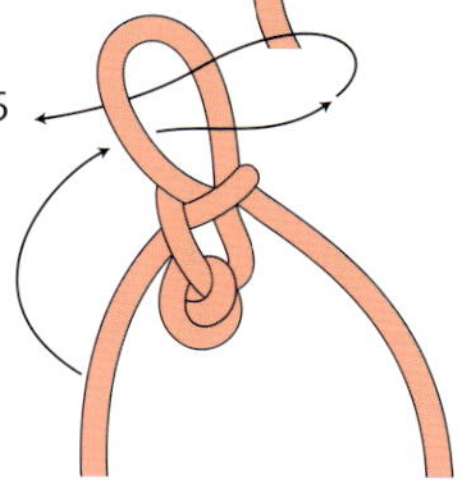

Simples, mas ao mesmo tempo repletas de detalhes, as flores de papel *yuzen washi* produzem uma gargantilha marcante e elegante para a primavera.

Colar de borboleta e flores

Nível de dificuldade: ❖ ❖ ❖

É possível produzir este delicado projeto utilizando pequenas flores de origami entremeadas com miçangas. O pingente de borboleta configura um ponto focal neste belo acessório.

MATERIAL NECESSÁRIO

- papel *mujizome washi* pink
  2 quadrados de 4 cm
  1 quadrado de 5 cm
  1 retângulo de 2 x 1 cm
- 4 quadrados de papel *mujizome washi* rosa de 4 cm
- 1 colar de miçangas com 40,5 cm
- 1 alfinete contrapino de 4 cm
- fio de náilon
- arame de prata calibre 22 com 7,5 cm de comprimento
- argola do tipo usado em chaveiros
- 1 fecho lagosta

- cola em bastão
- cola epóxi
- material de revestimento e pincel
- palito de dente para aplicar cola
- tesoura
- alicate meia-cana
- alicate de corte
- agulha para colocar miçangas
- esmalte de unhas transparente

Com uma borboleta rosa planando sobre florzinhas de origami, este lindo colar evoca a luz e a graciosidade de um dia de primavera.

INSTRUÇÕES PARA A DOBRADURA

Faça seis flores B (ver p. 28) de cores diferentes, utilizando os quadrados de papel de 4 cm: duas com o papel pink e quatro com o papel rosa. Você também precisará de uma borboleta (ver p. 47), feita com o quadrado de papel pink de 5 cm e omitindo a parte das antenas mostradas nos passos 9 e 10.

COMO MONTAR O COLAR

Siga os passos 1 e 2 da montagem do broche de borboleta (ver p. 48). Cubra as flores e a borboleta com revestimento e deixe secar por completo antes de começar a montar o colar.

1 Para fazer as antenas da borboleta, dobre o arame ao meio e curve ambas as pontas em forma de caracol, utilizando um alicate meia-cana, como mostrado.

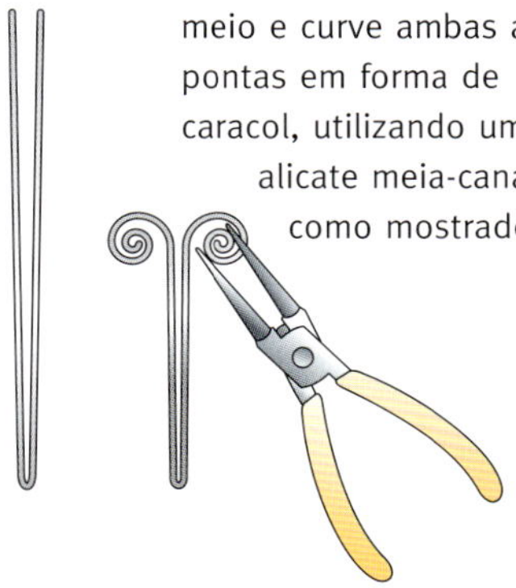

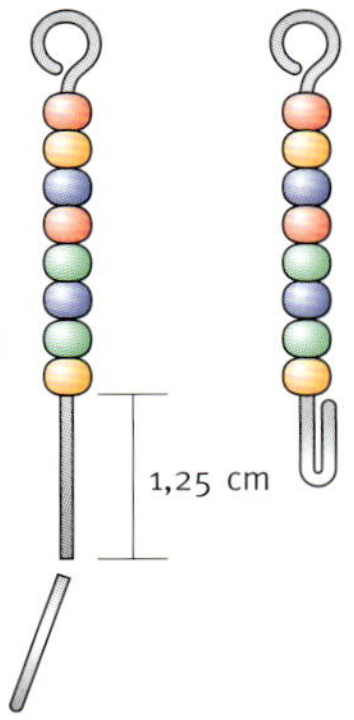

2 Coloque oito miçangas em um alfinete contrapino. Corte a parte inferior deste alfinete, deixando exposto cerca de 1,25 cm. Utilize o alicate meia-cana para dobrar ao meio a parte de baixo do alfinete.

3 Utilizando cola epóxi, prenda a base das antenas e o alfinete contrapino no centro da parte de trás da borboleta.

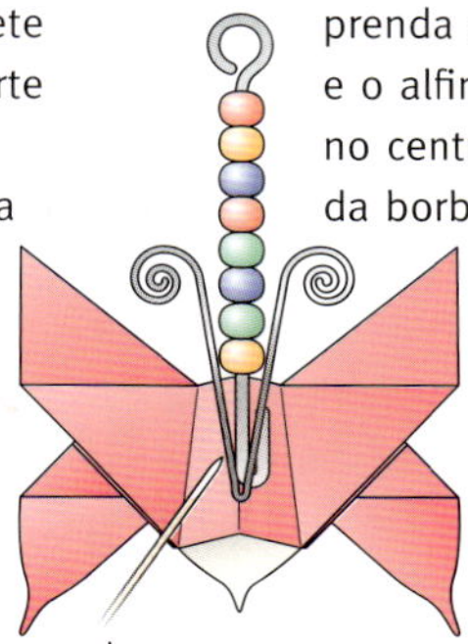

4 Utilizando cola epóxi, fixe o retângulo de papel de 2 x 1 cm na parte de trás da borboleta para encobrir os fios e cubra-o com revestimento.

5 Amarre o fio de náilon a um fecho. Passe o esmalte transparente nas pontas amarradas para obter maior resistência. Passe as miçangas por 10 cm do fio.

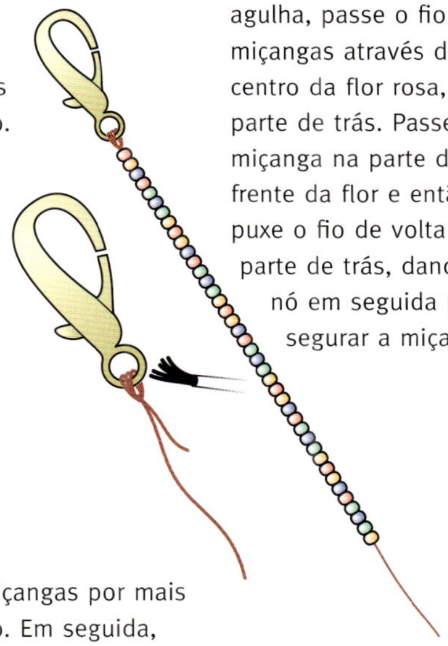

6 Com o auxílio da agulha, passe o fio com miçangas através do centro da flor rosa, pela parte de trás. Passe uma miçanga na parte da frente da flor e então puxe o fio de volta para a parte de trás, dando um nó em seguida para segurar a miçanga.

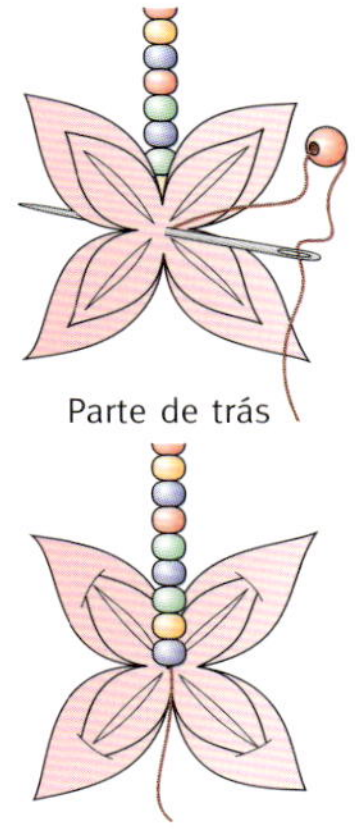

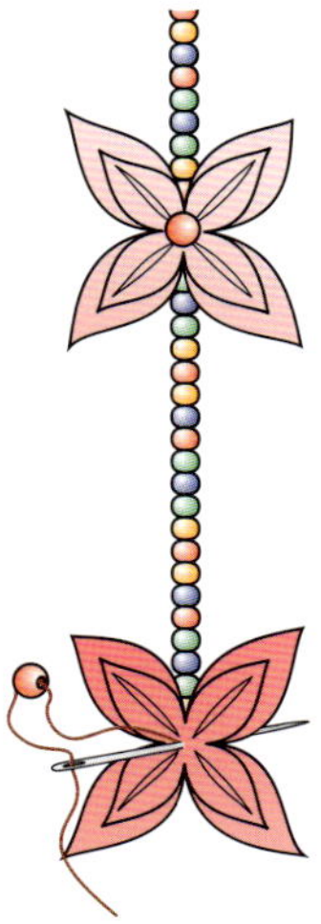

7 Passe mais miçangas em 2,5 cm de fio e repita o último passo utilizando uma flor pink. Repita o processo, passando miçangas por mais 2,5 cm e coloque uma flor rosa.

8 Passe miçangas por mais 4 cm de fio. Em seguida, passe pelo fio o aro do alfinete contrapino fixado à borboleta. Passe miçangas por mais 4 cm de fio e repita o passo 6, com uma flor rosa, e o passo 7, com as flores pink e rosa restantes. Por fim, passe miçangas por 10 cm de fio.

9 Para concluir o colar, amarre a ponta do fio à argola. Passe esmalte transparente nas pontas amarradas.

Broche e brincos de peixinho

Nível de dificuldade:

broche ❖ brincos ❖ ❖

Uma das minhas mais vivas memórias de infância é ter trazido orgulhosamente para casa o peixe-dourado que ganhei em um festival de verão. Nunca me cansei de ver peixinhos nadarem em aquários. Não há razão para restringir as cores dos peixinhos, então dê vida à sua imaginação!

MATERIAL NECESSÁRIO

Broche

- 1 quadrado de papel *yuzen washi* de 7,5 cm
- 1 quadrado de papel *washi* de cor sólida de 7,5 cm
- 1 folha de plástico de 2,5 x 4 cm
- 1 base de broche de 3 cm
- fibra de poliéster
- cola em bastão
- cola epóxi
- material de revestimento e pincel
- palito de dente para aplicar cola
- tesoura
- sovela ou agulha
- alicate meia-cana
- alicate de corte

Brincos

- 2 quadrados de papel *yuzen washi* de 4 cm
- 2 quadrados de papel *washi* de cor sólida de 4 cm
- 14 miçangas transparentes
- 14 miçangas azuis
- 2 cristais Swarovski transparentes
- 2 alfinetes contrapinos de 4 cm
- 2 anzóis para brincos

PREPARAÇÃO

Antes de começar, cole os versos dos papéis *yuzen washi* e de cor sólida um no outro, utilizando a cola em bastão. Deixe a cola secar por completo antes de dobrar. Para laterais exatas, utilize folhas de papel um pouco maiores do que o recomendado e apare depois da colagem até o tamanho ideal.

COMO DOBRAR O PEIXE

1 Dobre ao meio, na diagonal, para formar um triângulo.

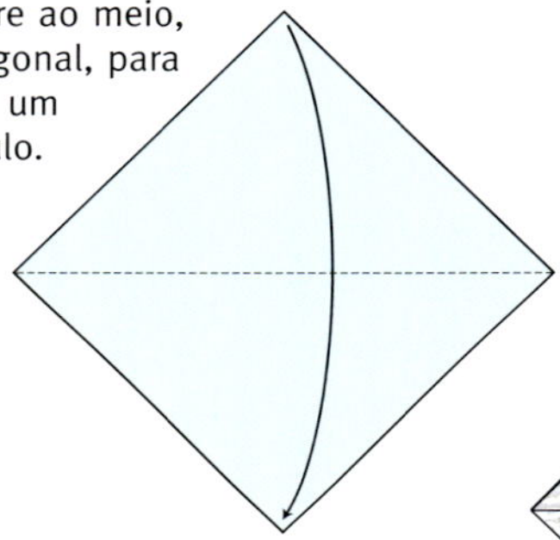

2 Dobre as duas pontas laterais, juntando-as à ponta inferior.

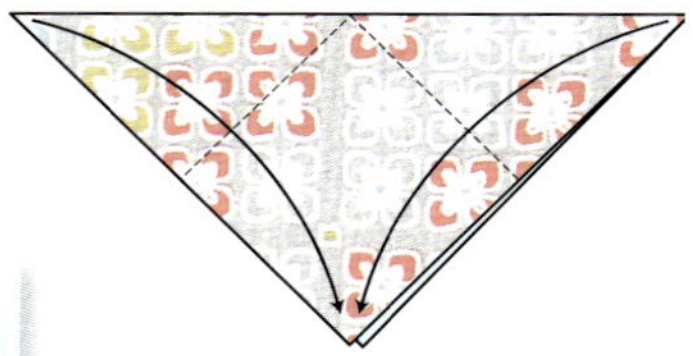

3 Dobre para cima as pontas laterais da camada de cima que ficaram para baixo, juntando-as na ponta superior.

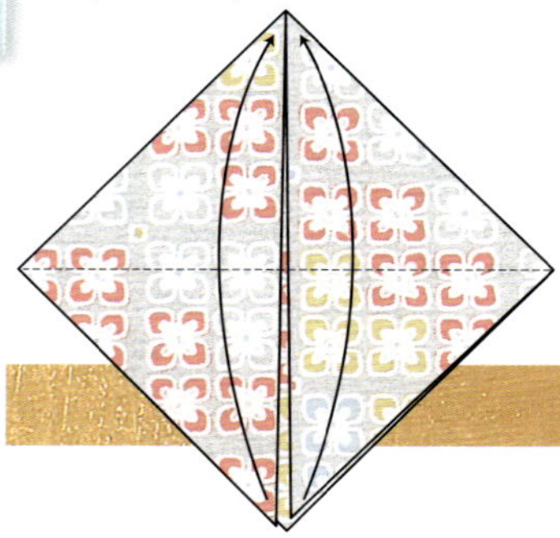

4 Dobre essas pontas para fora, deixando-as um pouco além das bordas laterais.

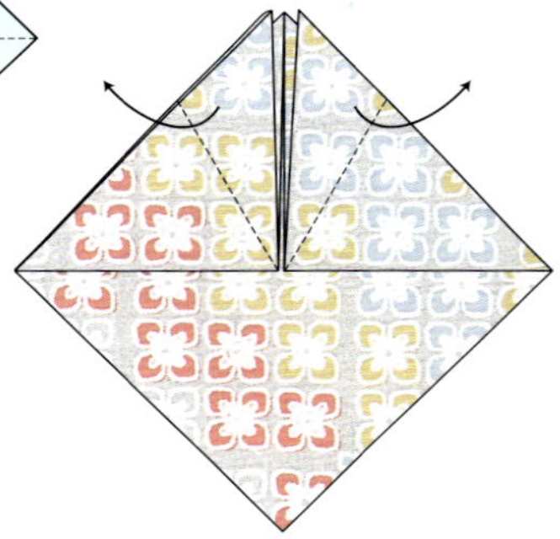

5 Dobre a camada de cima do triângulo inferior cerca de dois terços para cima.

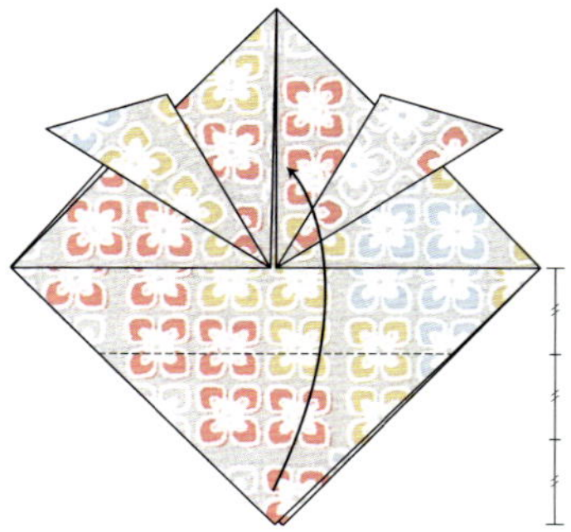

CONTINUA NA PÁGINA 64 ▶

Fios ondulados de bolhas formadas por miçangas transparentes sustentam os graciosos peixinhos.

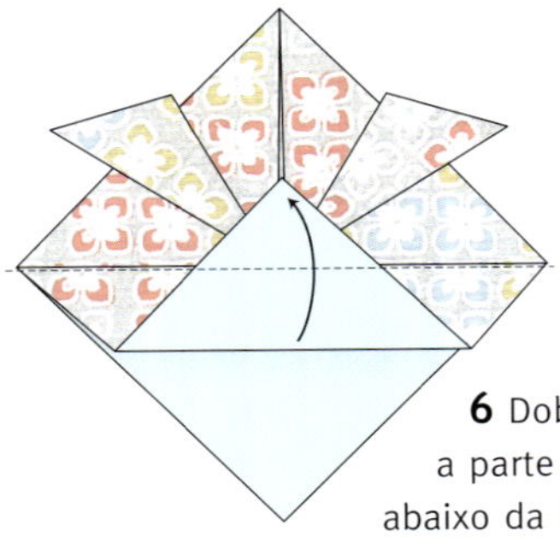

6 Dobre para cima a parte que ficou abaixo da linha central.

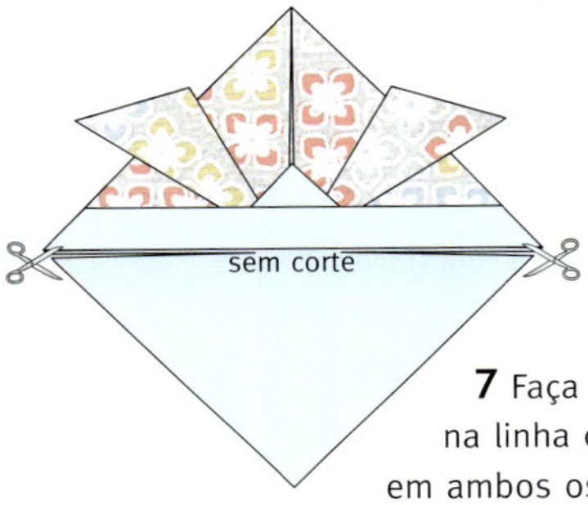

7 Faça um corte na linha central em ambos os lados, deixando o centro sem corte, como mostra a figura.

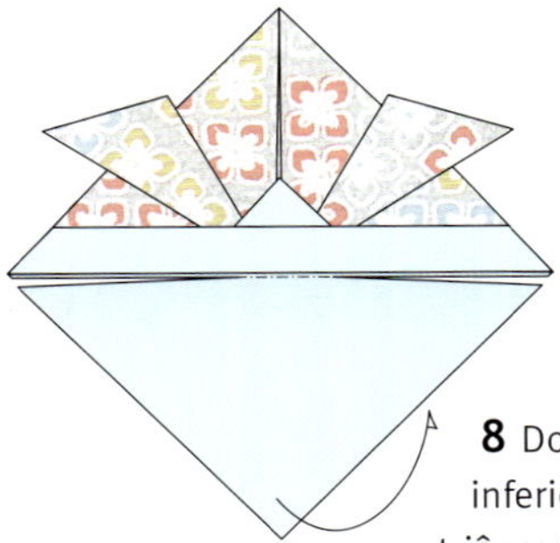

8 Dobre o triângulo inferior para trás do triângulo superior.

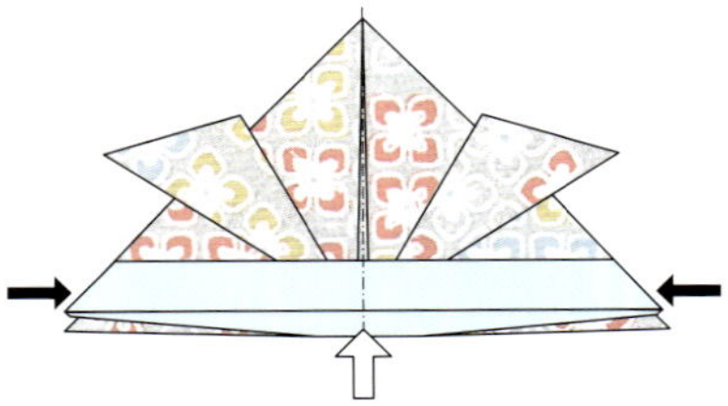

9 Abra a peça na parte inferior e junte as pontas laterais.

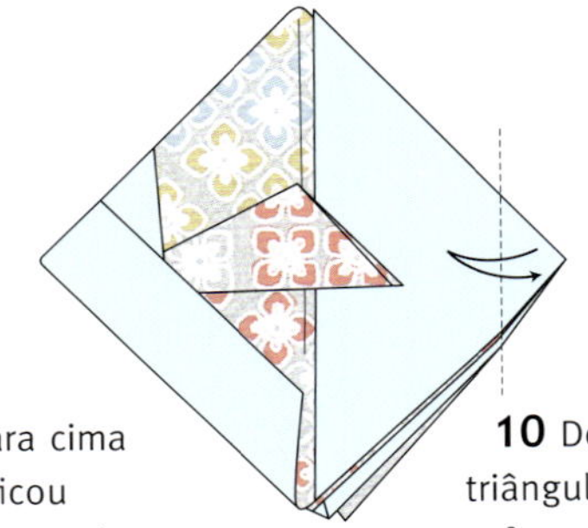

10 Dobre a ponta do triângulo lateral direito para fazer um vinco, e depois desdobre.

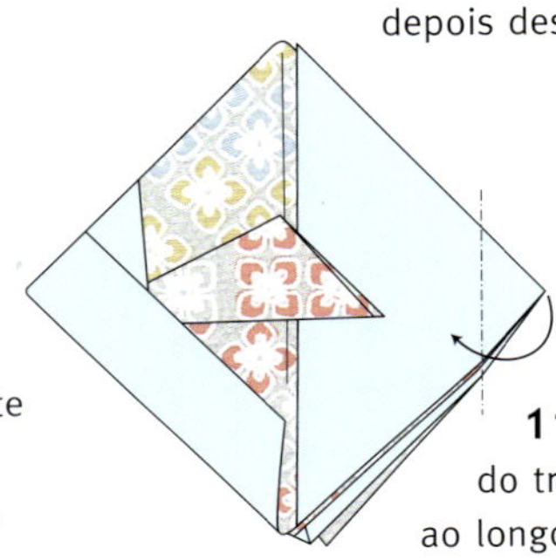

11 Empurre a ponta do triângulo para dentro ao longo do vinco feito no passo 10.

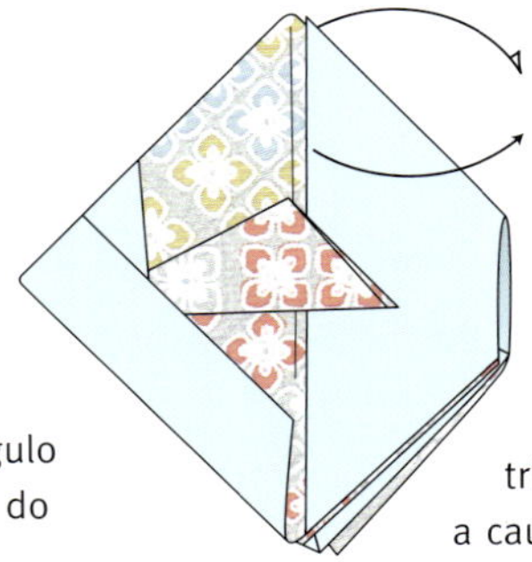

12 Vire para fora a camada de cima do triângulo para formar a cauda do peixe.

13 O peixinho está pronto.

COMO MONTAR O BROCHE

1 Após o passo 6, passe a cola epóxi na região mostrada na figura e, em seguida, termine a dobradura.

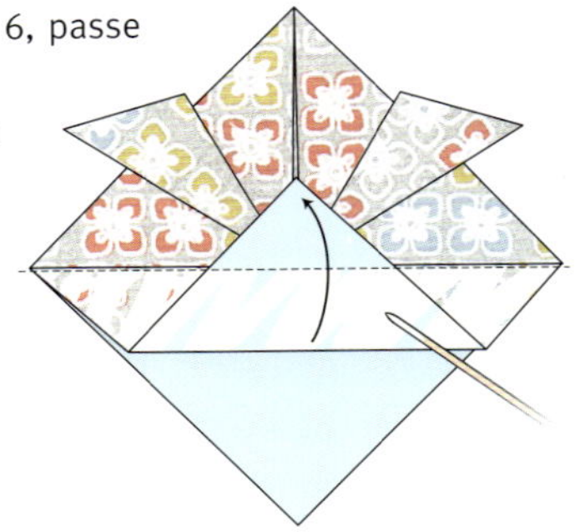

2 Passe cola epóxi na parte interna da cauda, deixe secar e, em seguida, recorte a extremidade da cauda, como mostra a figura.

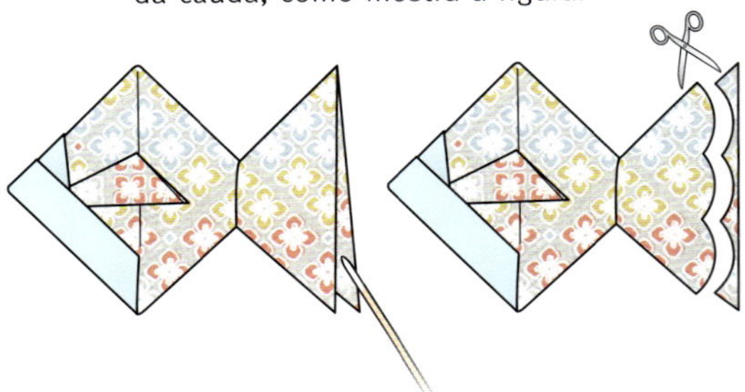

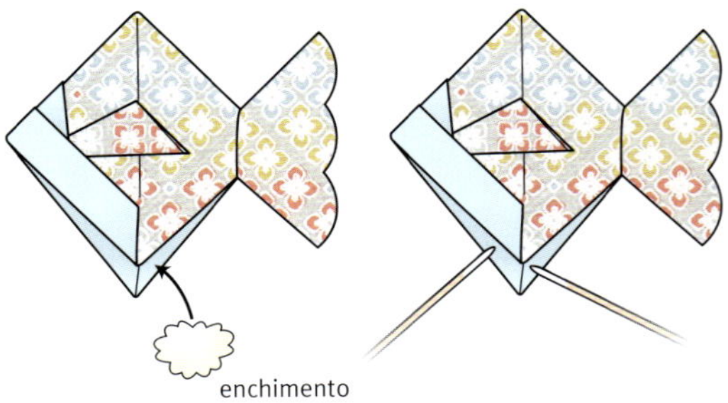

3 Preencha o corpo do peixe com fibra de poliéster e cole a abertura com a cola epóxi. Cubra com revestimento e deixe secar por completo. Corte um pedaço de folha de plástico no mesmo formato do peixe, porém um pouco menor, cole no verso do peixinho e, em seguida, cole a base de broche no plástico utilizando cola epóxi.

COMO MONTAR OS BRINCOS

1 Faça duas peças e siga os passos 1 e 2 para o broche. Cubra com revestimento e deixe secar por completo. Fure o topo dos peixes pela parte de dentro com uma sovela.

2 Insira um alfinete contrapino por baixo. Passe cola epóxi no aro do alfinete antes de puxá-lo para cima. Deixe a cola secar dentro do peixe.

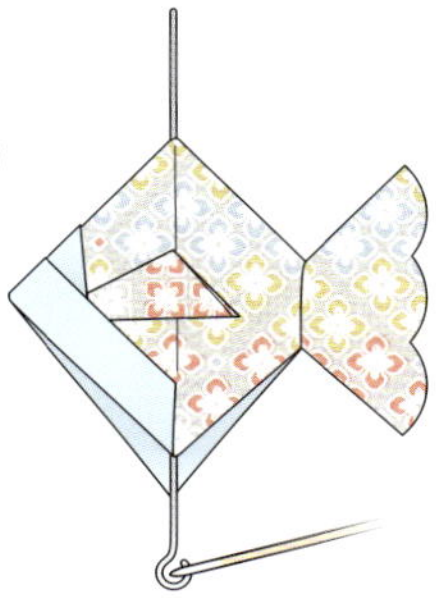

3 Cole as pontas abertas do peixe com cola epóxi.

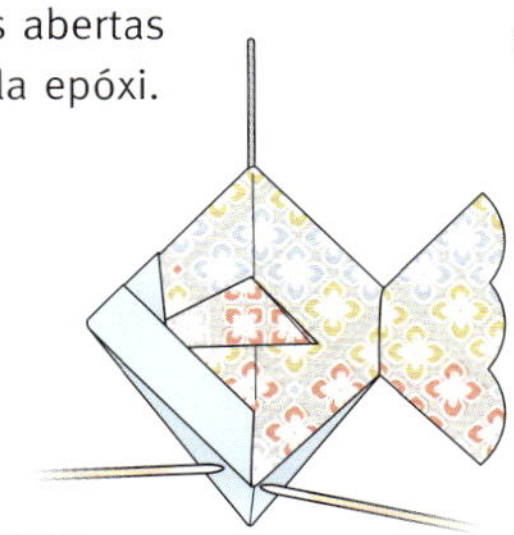

Variações de cores
Estampas tradicionais japonesas dão ao peixe uma aparência divertida.

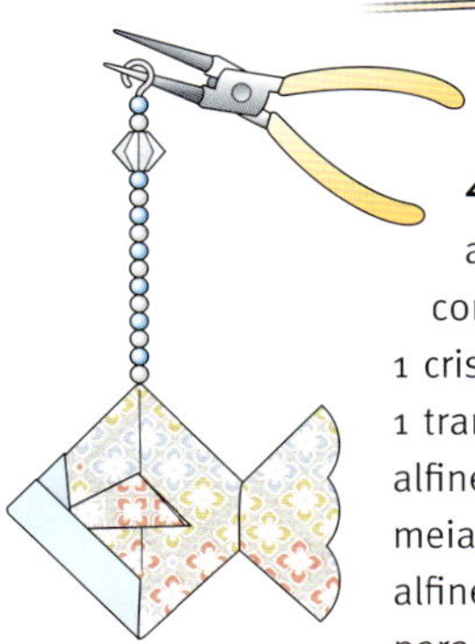

4 Passe 12 miçangas pelo alfinete, alternando entre 1 azul e 1 transparente, começando pela transparente. Passe então 1 cristal Swarovski, e depois 1 miçanga azul e 1 transparente, na ordem que preferir. Corte o alfinete, deixando 1 cm exposto. Use um alicate meia-cana para dobrar a porção exposta do alfinete em um ângulo reto, depois curve-o para formar um aro.

5 Faça cuidadosamente ondulações no alfinete contrapino com as miçangas. Prenda os anzóis para concluir os brincos.

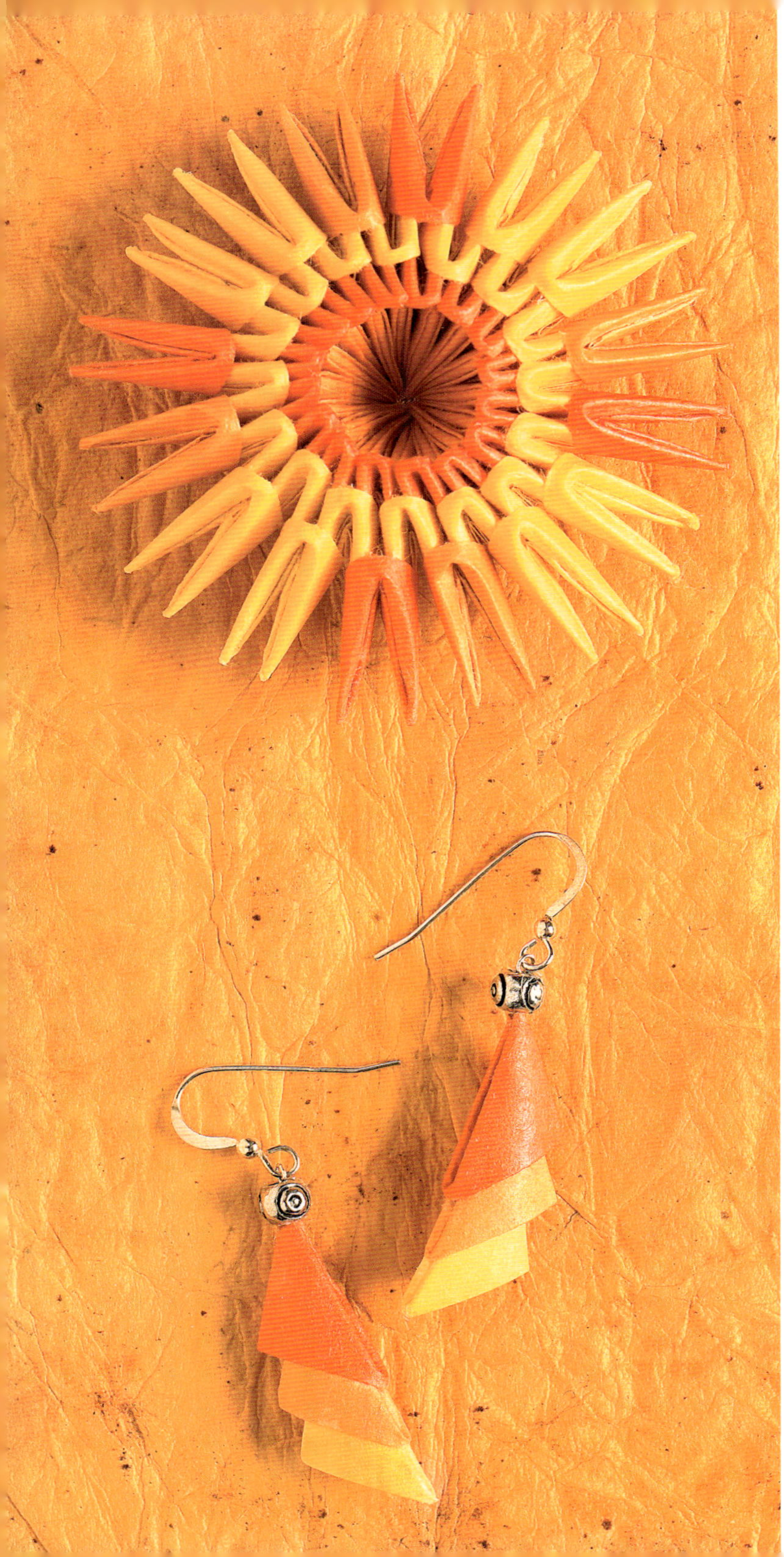

Broche e brincos de raios de sol

Nível de dificuldade:

broche ❖ ❖

brincos ❖

Este lindo broche parece complicado, mas foi feito com peças modulares de origami baseadas em dobras surpreendentemente simples. No total, 64 peças são habilmente combinadas e transformadas em um sol radiante.

MATERIAL NECESSÁRIO

Broche

- 64 retângulos de papel *washi* de cor sólida de 3 x 5 cm
  - 24 da cor **a**
  - 20 da cor **b**
  - 20 da cor **c**
- 1 disco de plástico de 4 cm
- 1 base de broche de 2,5 cm

Brincos

- 6 retângulos de papel *washi* de cor sólida de 3 x 5 cm, 2 de cada cor **a**, **b** e **c**
- 2 contas
- 2 alfinetes contrapinos de 2,5 cm
- 2 anzóis para brincos

- cola em bastão
- cola epóxi
- material de revestimento e pincel
- palito de dente para aplicar cola
- alicate de corte
- alicate meia-cana

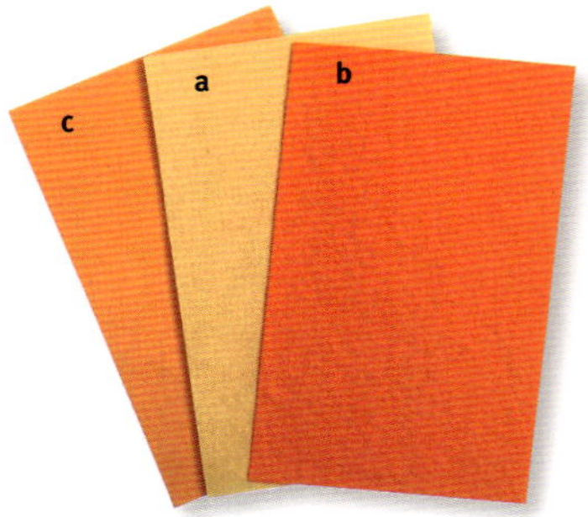

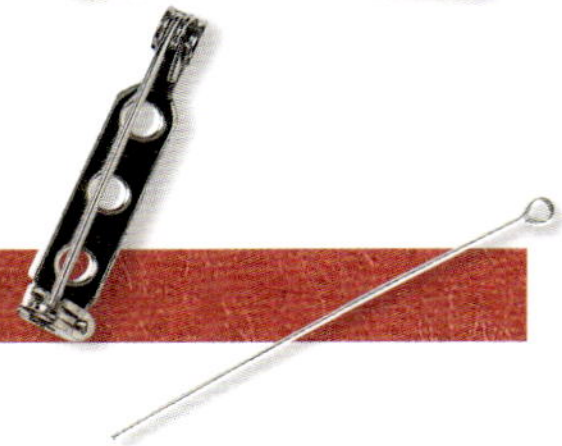

Um par de brincos em cores complementares simples, mas encantador, leva apenas alguns minutos para ser feito.

INSTRUÇÕES PARA A DOBRADURA

Para o broche, faça 16 peças modulares A: 8 na cor **a**, 4 na cor **b** e 4 na cor **c**. Faça peças modulares B com todas as 48 folhas restantes. As peças modulares A, com pontas mais espessas e duráveis, são usadas para a fileira externa, e as peças modulares B são usadas para a fileira interna, pois as pontas são mais finas e mais fáceis de inserir nas outras peças. Para os brincos, dobre 6 peças modulares A. Siga as instruções de dobradura para peças modulares (ver p. 25).

COMO MONTAR O BROCHE

1 Desdobre as abas triangulares de todas as peças A, passe cola na parte de trás das abas e dobre novamente. Esse passo é opcional para as peças B.

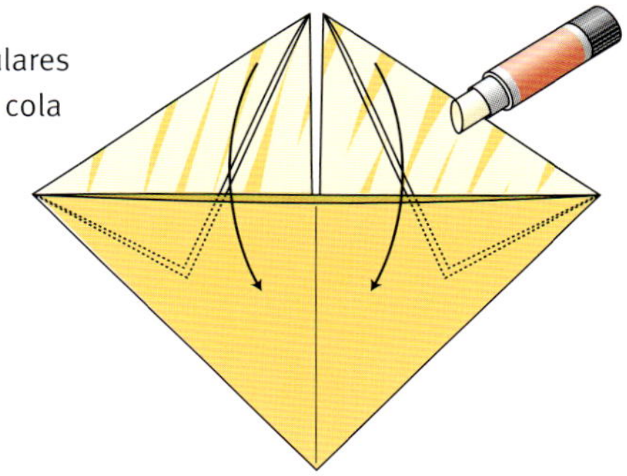

2 Dobre todas as peças (A e B) ao meio. Separe 16 peças B feitas com a cor **c** para a fileira 1.

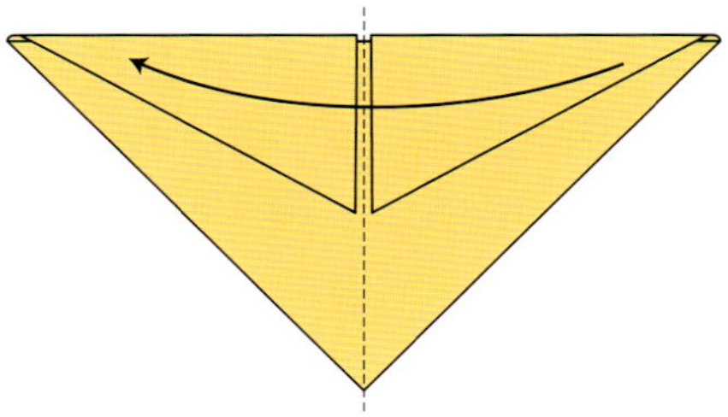

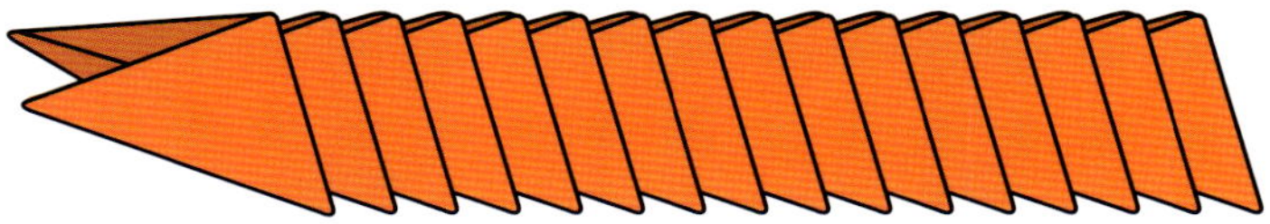

3 Reúna 16 peças B feitas com a cor **b**. Junte as peças inserindo um braço direito em um bolso direito e um braço esquerdo em um bolso esquerdo. Essas peças são para a fileira 2.

4 Junte 16 peças B feitas com a cor **a**, como no passo 3. Essas são para a fileira 3.

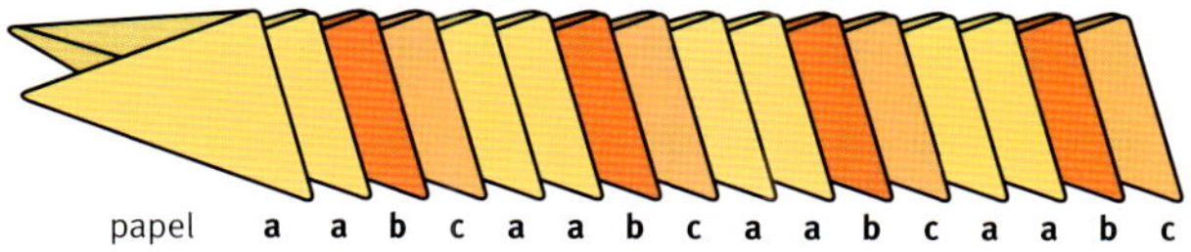

5 Reúna 16 peças A, quatro feitas com a cor **a**, quatro com a cor **b** e quatro com a cor **c**. Junte-as na ordem de cores **aabc**, como mostrado. Essas são para a fileira 4, a fileira externa.

6 Comece a montar as peças. Posicione todas as peças da fileira 2 com as abas triangulares para baixo. Pegue uma peça da fileira 1 e insira seu braço esquerdo no bolso esquerdo da primeira peça da fileira 2. Depois, insira o braço direito da mesma peça da fileira 1 no bolso direito da segunda peça da fileira 2. Antes de inserir as peças, passe um pouco de cola epóxi na ponta dos braços.

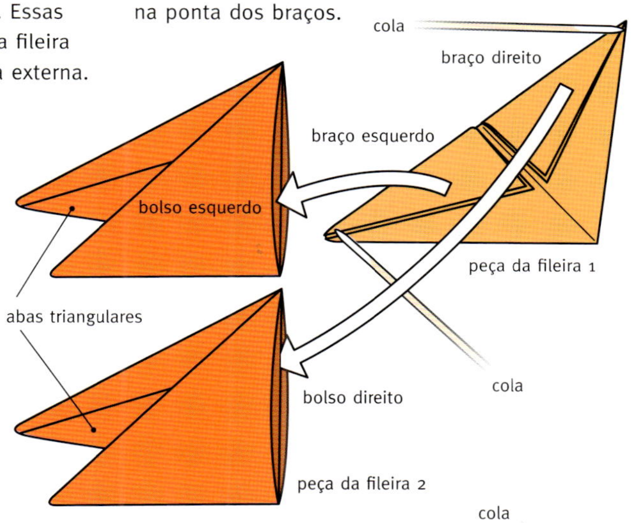

7 Depois, pegue outra peça da fileira 1 e insira seu braço esquerdo no bolso esquerdo da segunda peça da fileira 2 e seu braço direito no bolso direito da terceira peça da fileira 2. Novamente, passe um pouco de cola epóxi na ponta dos braços antes de inserir as peças.

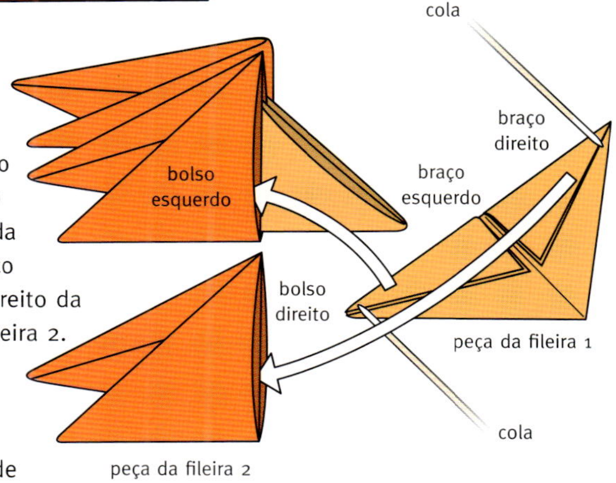

CONTINUA NA PRÓXIMA PÁGINA ▶

8 Repita o passo 7 até que todas as peças da fileira 1 e da fileira 2 estejam ligadas. Ao final, insira o braço direito da última peça da fileira 1 no bolso direito da primeira peça da fileira 2, para formar um círculo.

9 Agora, junte as peças da fileira 3: posicione-as com as abas triangulares para baixo. Use os bolsos de cada peça da fileira 3 para unir duas peças da fileira 2, inserindo o braço direito de uma peça da fileira 2 no bolso esquerdo e o braço esquerdo da peça seguinte no bolso direito. Use um palito de dente para passar um pouco de cola epóxi dentro dos bolsos, antes de inserir os braços. Repita esse procedimento com todas as peças da fileira 3.

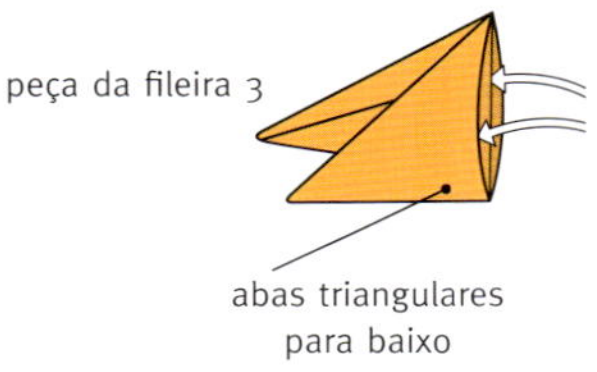

10 Repita o passo 9 para ligar as peças da fileira 4.

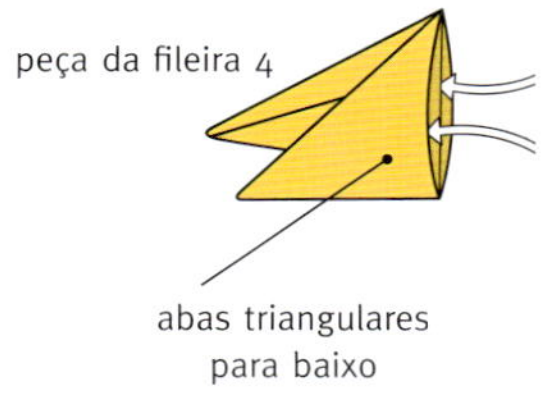

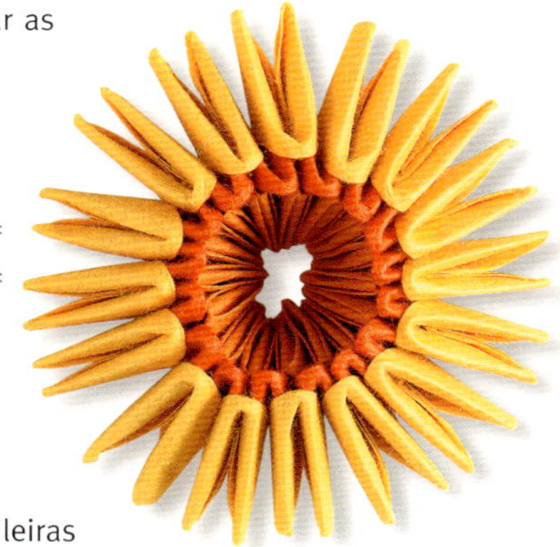

11 Quando todas as quatro fileiras estiverem ligadas, o origami estará pronto. Cubra com revestimento e deixe secar por completo.

12 Usando cola epóxi, fixe um disco de plástico na parte de trás do broche e cole a base do broche no plástico.

Variações de cores
Experimente diferentes tipos e cores de papel. As peças acabadas criarão efeitos totalmente diferentes.

COMO MONTAR OS BRINCOS

1 Coloque a peça de cor **b** com as abas triangulares para o lado direito. Curve a ponta de um alfinete contrapino e prenda-o na aba triangular, como mostrado na figura. Depois, curve o alfinete no ponto em que este sai da aba. Passe cola epóxi sob a aba que cobre o alfinete e também em toda a aba superior para fixar os braços direito e esquerdo juntos.

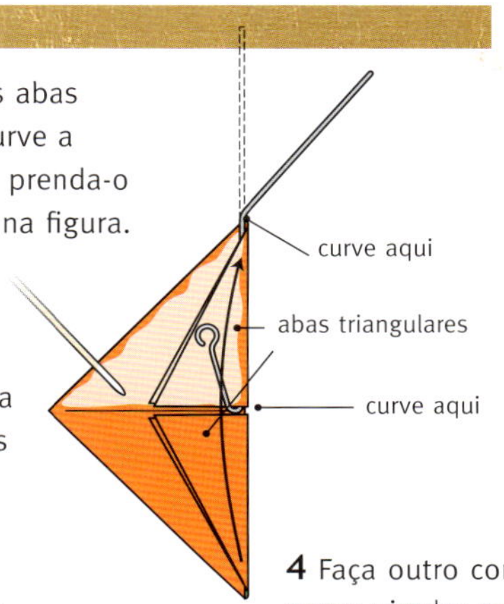

2 Dobre uma peça de cor **c** e uma de cor **a** ao meio, posicionando-as com as abas triangulares para o lado direito.

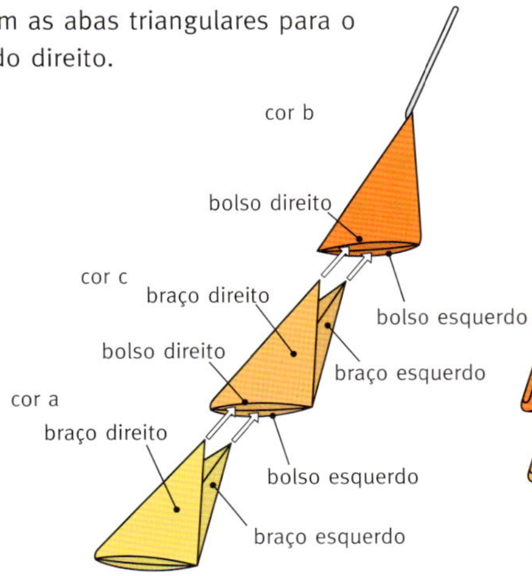

3 Ligue a peça de cor **c** à peça de cor **b** inserindo o braço direito no bolso direito e o braço esquerdo no bolso esquerdo. Passe um pouco de cola epóxi nos bolsos antes de inserir os braços. Repita esse passo para ligar a peça de cor **a** à peça de cor **c**.

4 Faça outro conjunto com as peças viradas para o outro lado, colocando as abas triangulares para o lado esquerdo. Cubra os dois conjuntos com revestimento e deixe secar por completo.

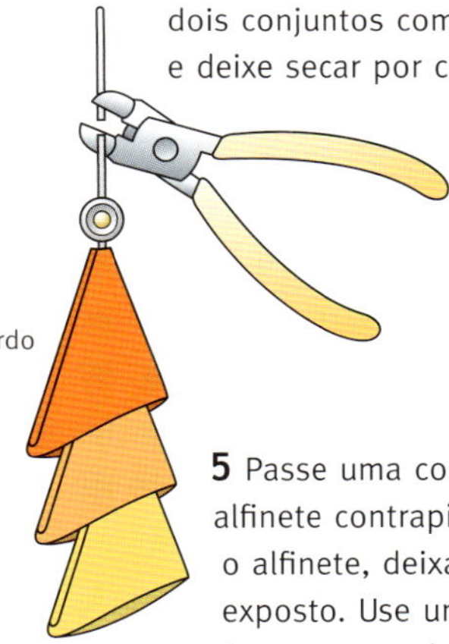

5 Passe uma conta pelo alfinete contrapino. Corte o alfinete, deixando 1 cm exposto. Use um alicate meia-cana para dobrar a ponta do alfinete em um ângulo reto e depois curve para formar um aro.

6 Prenda os anzóis para concluir os brincos (ver p. 39).

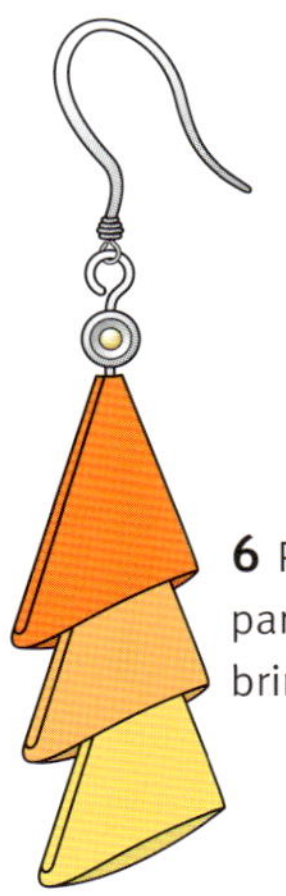

Variação A do brinco

Siga os passos 1, 4, 5 e 6 para o par de brincos, passando uma miçanga, um cristal Swarovski e uma miçanga no alfinete contrapino.

Variação B do brinco

Siga os passos 1 a 6 para o par de brincos, colocando a segunda peça com as abas triangulares para o lado esquerdo.

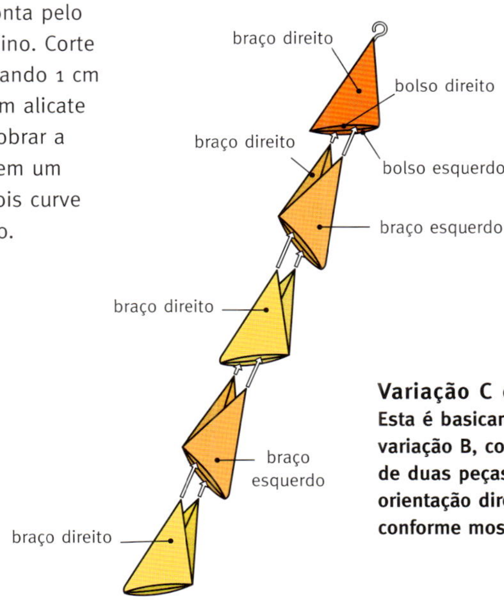

Variação C do brinco

Esta é basicamente igual à variação B, com o acréscimo de duas peças, alternando a orientação direita-esquerda conforme mostrado.

Colar, pulseira e brincos em *candy colors*

Nível de dificuldade: ❖ ❖ ❖

Qual é o sabor do seu doce favorito – morango, laranja, limão, menta ou mirtilo? É difícil escolher apenas um! Do mesmo modo, neste alegre projeto em *candy color*, também será difícil escolher apenas uma cor para os brincos!

O colar e a pulseira consistem basicamente na mesma peça – a variação está no tamanho e na quantidade de contas usadas.

MATERIAL NECESSÁRIO

Colar

- 11 quadrados de papel *washi* de cor sólida de 4,5 cm, sendo 2 azuis, 2 azuis-claros, 2 verdes, 2 amarelos, 2 laranjas e 1 rosa
- 38 contas redondas brancas de 4 mm
- 12 contas redondas brancas de 8 mm
- cerca de 60 cm de arame de alumínio fino
- 1 fecho T

Pulseira

- 11 quadrados de papel *washi* de cor sólida de 4,5 cm, sendo 2 azuis, 2 azuis-claros, 2 verdes, 2 amarelos, 2 laranjas e 1 rosa
- 6 contas redondas brancas de 3 mm
- 12 contas redondas brancas de 6 mm
- cerca de 30 cm de arame de alumínio fino
- 1 fecho T

Brincos

- 2 quadrados de papel *washi* de cor sólida de 4,5 cm (cor de sua preferência)
- 3 contas redondas brancas de 3 mm
- 3 contas redondas coloridas de 3 mm (cor de sua preferência)
- 2 alfinetes de 4 cm com cabeça
- 2 anzóis para brincos

- fibra de poliéster
- cola epóxi
- material de revestimento e pincel
- palito de dente para aplicar cola
- sovela
- agulha para colocar miçangas
- esmalte de unhas transparente
- alicate meia-cana
- alicate de corte

INSTRUÇÕES PARA A DOBRADURA

Este projeto usa balões (ver p. 30). Faça as contas usando os materiais mencionados aqui.

COMO MONTAR O COLAR

1 Cubra todos os balões com revestimento. Antes de secarem, enquanto ainda estiverem maleáveis, role cada um entre seus dedos para arredondá-los.

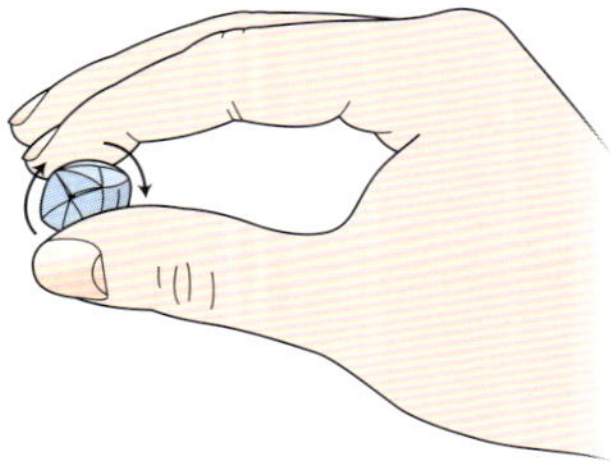

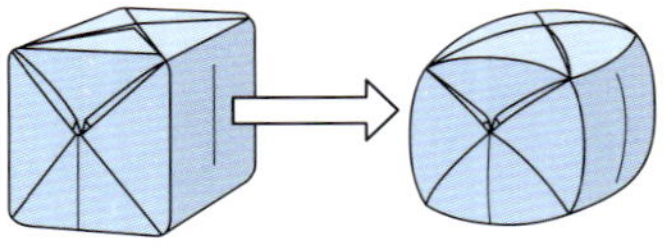

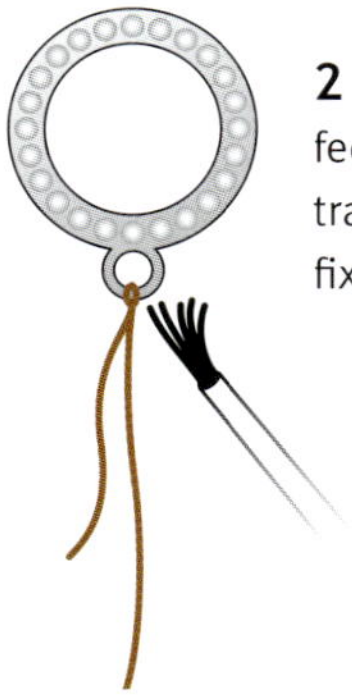

2 Prenda o arame de alumínio ao fecho T. Passe esmalte de unhas transparente no arame para ajudar na fixação da ponta.

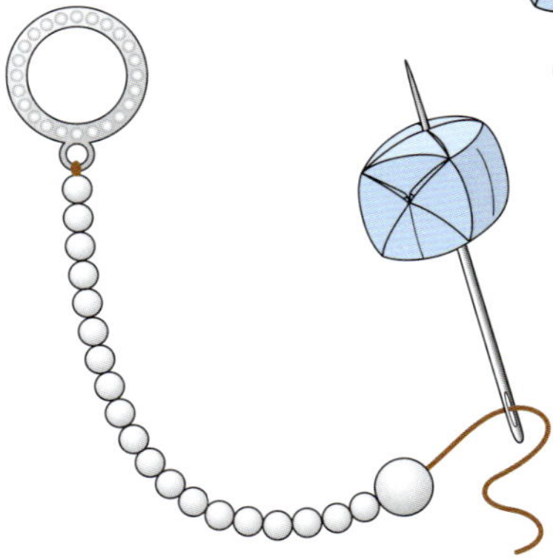

3 Passe 19 contas redondas de 4 mm, depois uma conta redonda de 8 mm.

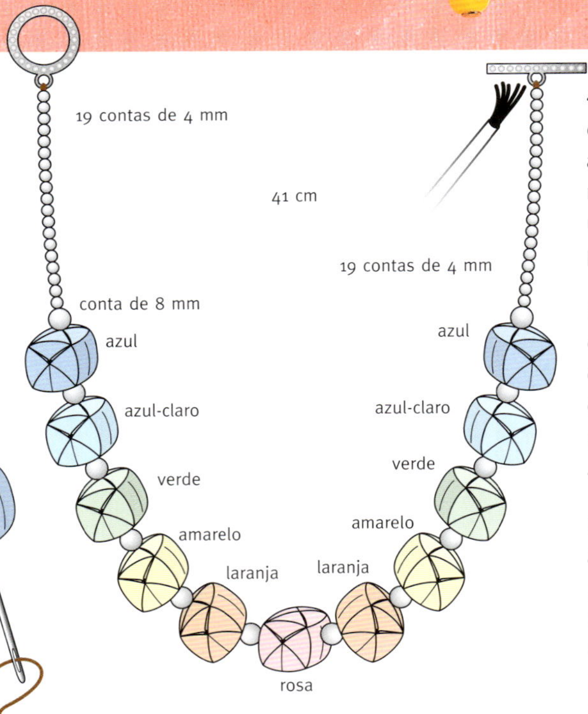

4 Passe o arame pelo centro de um balão azul, inserindo a agulha pelo pequeno furo na parte de baixo. Passe uma conta redonda de 8 mm pelo arame.

5 Repita o passo 4 na ordem de cores mostrada até que todos os balões sejam colocados no arame. Depois, passe 19 contas redondas de 4 mm pelo arame.

6 Prenda a ponta do arame à barra em "T" do fecho e passe a ponta que sobrou do arame por algumas contas. Passe esmalte de unhas transparente no ponto em que o arame está atado.

Se for difícil escolher apenas uma cor, vá em frente e faça com todas!

COMO MONTAR OS BRINCOS

1 Siga o passo 1 do colar. Faça duas peças.

2 Passe uma conta colorida e em seguida uma conta branca por um alfinete com cabeça.

3 Perfure o centro de um balão com uma sovela e insira o alfinete com cabeça de baixo para cima através do furo.

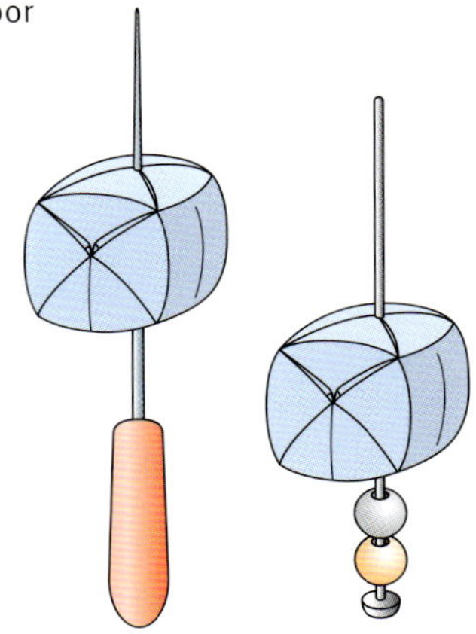

4 Passe uma conta branca, uma colorida, uma branca e outra colorida no alfinete, e depois corte-o, deixando 1 cm exposto.

5 Use o alicate meia-cana para dobrar a parte exposta do alfinete em um ângulo reto, depois curve para formar um aro. Prenda os anzóis para concluir os brincos (ver p. 39).

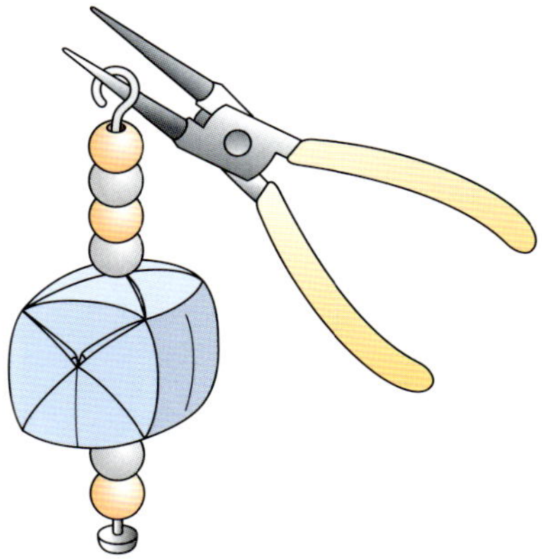

COMO MONTAR A PULSEIRA

1 A pulseira é feita da mesma forma que o colar, usando três contas redondas de 3 mm para as duas pontas, e contas redondas de 6 mm entre as contas grandes.

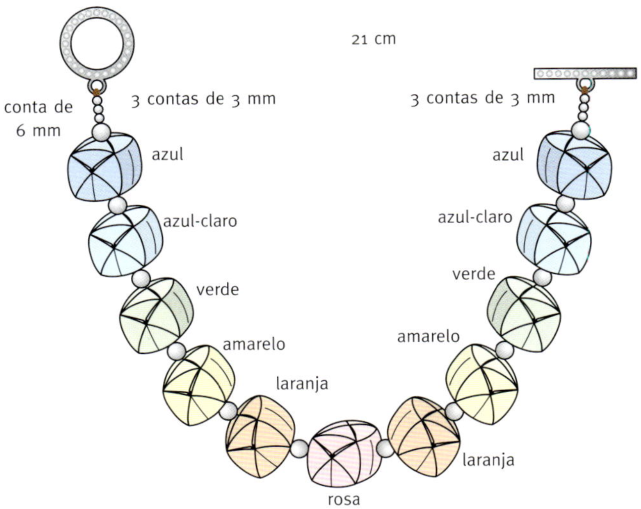

Broche e brincos de caranguejo

Nível de dificuldade:
broche ❖ ❖ ❖
brincos ❖ ❖ ❖

Mesmo em dias nublados e melancólicos, usar estes charmosos caranguejos trará um sorriso ao seu rosto e fará com que você se sinta como se estivesse na praia.

MATERIAL NECESSÁRIO

Broche

- 1 quadrado de papel *yuzen washi* de 15 cm
- 1 folha de plástico de aproximadamente 2 x 2,5 cm
- 1 base de broche de 2,5 cm

Brincos

- 2 quadrados de papel *yuzen washi* de 7,5 cm
- 4 miçangas pretas
- 2 contas redondas de 5 mm
- 2 *tips*
- fio de náilon ou linha de costura
- 2 alfinetes contrapinos de 2,5 cm
- 2 anzóis para brincos

- cola em bastão
- cola epóxi
- material de revestimento e pincel
- palito de dente para aplicar cola
- tesoura
- caneta permanente
- agulha de costura
- alicate meia-cana
- alicate de corte
- alicate de friso

Estes caranguejos adoráveis chamarão a atenção de seus amigos! Se preferir, use miçangas para os olhos, como mostrado nos brincos.

COMO DOBRAR O CARANGUEJO

1 Comece com a base da flor (ver p. 24).

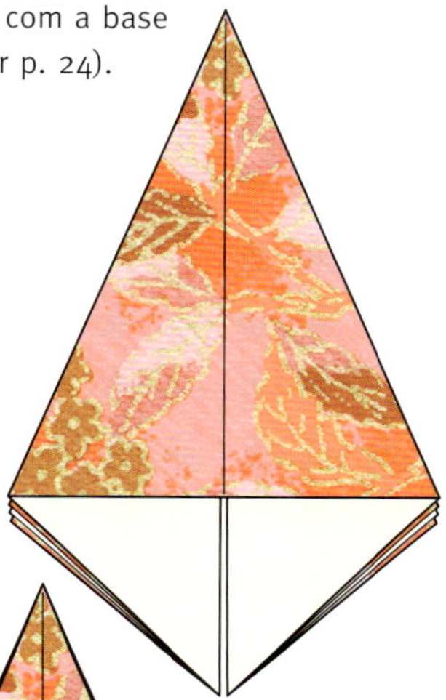

2 Dobre ao meio no sentido do comprimento, e depois desdobre. Dobre as bordas direita e esquerda inferiores da camada de cima de modo que se encontrem no centro, e depois desdobre.

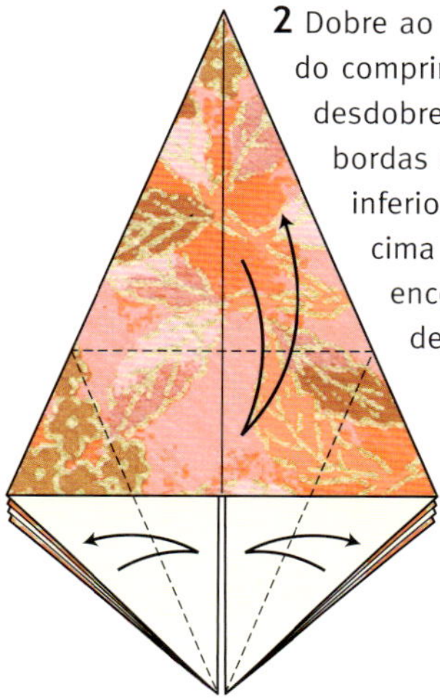

3 Levante a parte de baixo do triângulo, formando uma abertura.

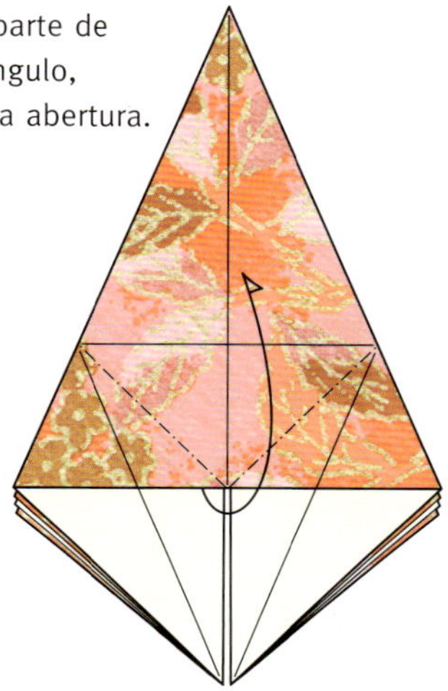

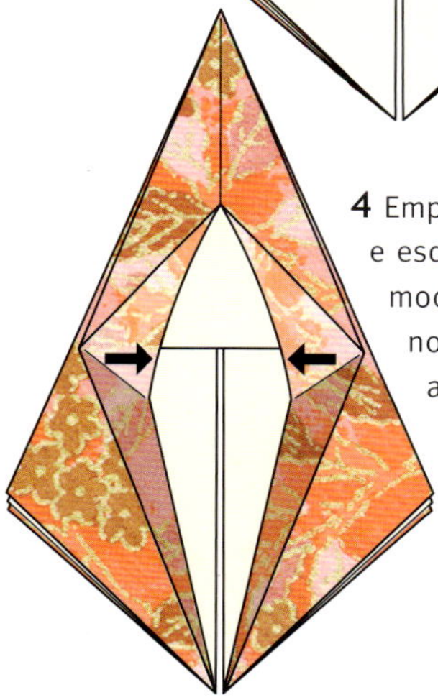

4 Empurre os cantos direito e esquerdo para dentro, de modo que se encontrem no centro, e então abaixe-os.

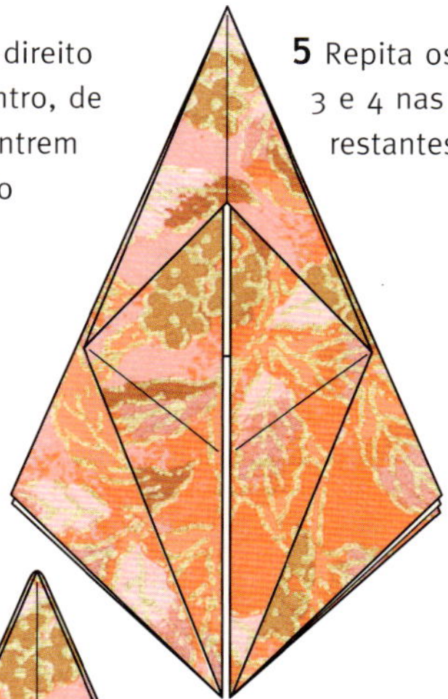

5 Repita os passos 2, 3 e 4 nas três faces restantes.

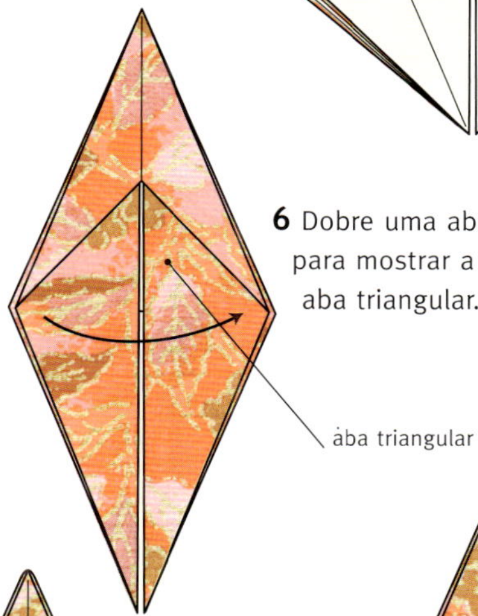

6 Dobre uma aba para o lado, para mostrar a face sem a aba triangular.

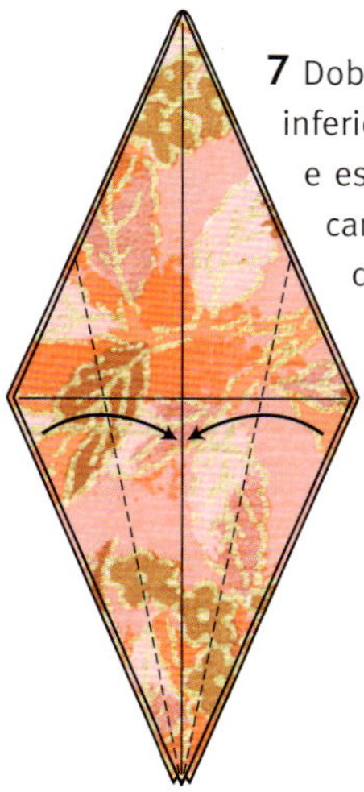

7 Dobre as bordas inferiores direita e esquerda da camada de cima de modo que se encontrem no centro.

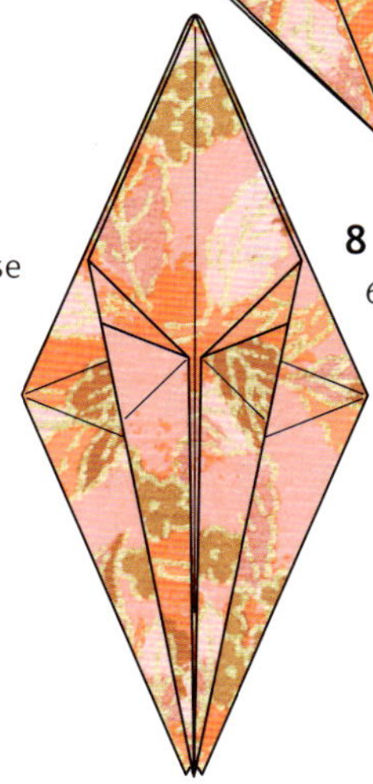

8 Repita os passos 6 e 7 nas três faces restantes.

9 Dobre uma aba para o lado para mostrar a face com a aba triangular.

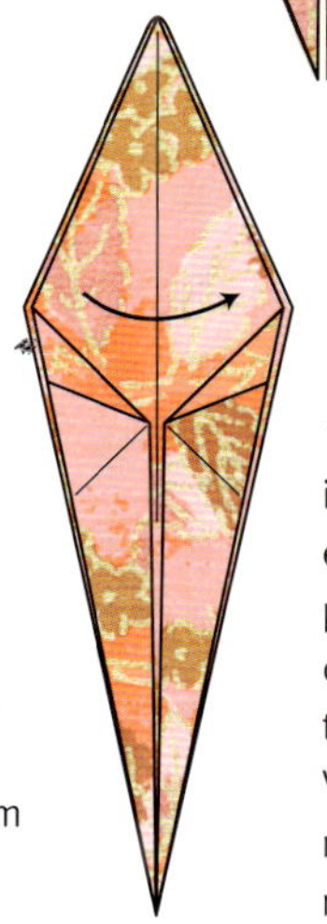

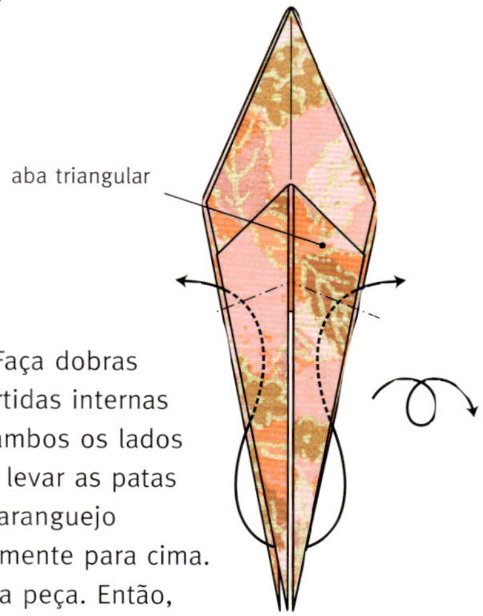

10 Faça dobras invertidas internas em ambos os lados para levar as patas do caranguejo totalmente para cima. Vire a peça. Então, repita os passos 9 e 10 no outro lado.

CONTINUA NA PRÓXIMA PÁGINA ▶

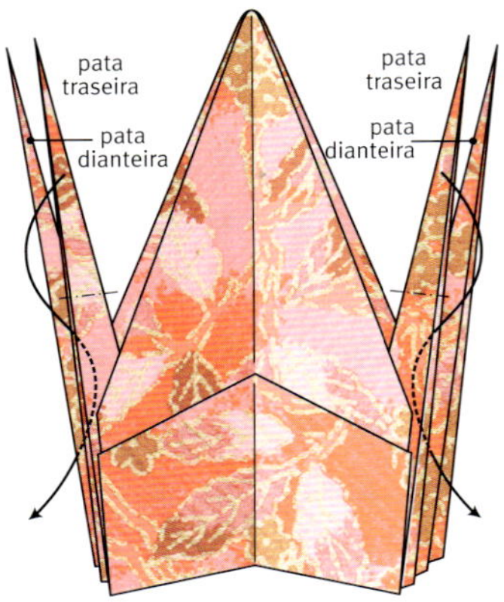

11 Faça dobras invertidas internas nas duas patas traseiras, para dobrá-las ao meio.

12 Dobre para baixo o triângulo superior.

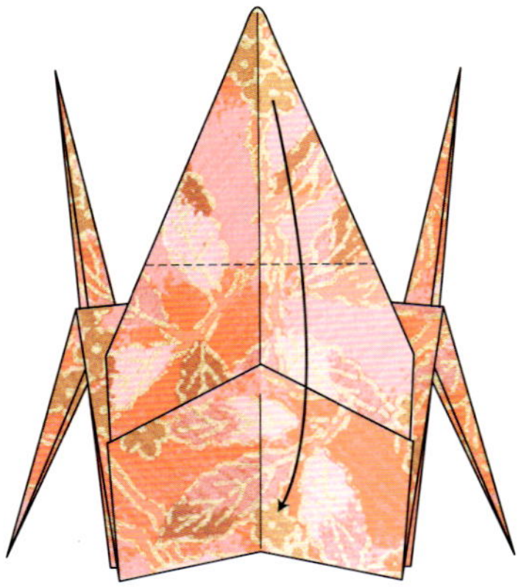

13 Faça dobras invertidas externas em ambas as patas dianteiras.

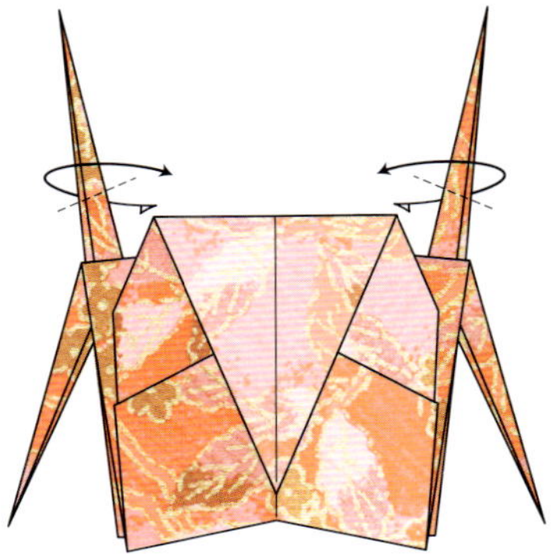

14 Faça um corte até mais ou menos metade da linha central da ponta do triângulo dobrado para baixo no passo 12, depois dobre as pontas do triângulo e coloque-as para dentro das camadas.

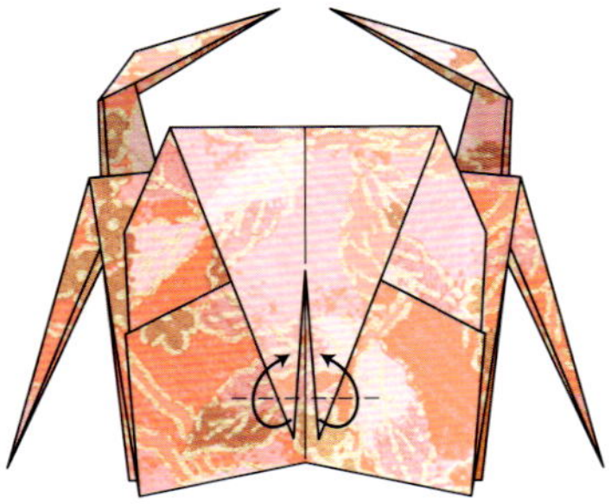

15 Dobre o triângulo para cima de modo que as pontas fiquem para fora do corpo; essas pontas serão os olhos do caranguejo. Vire o origami.

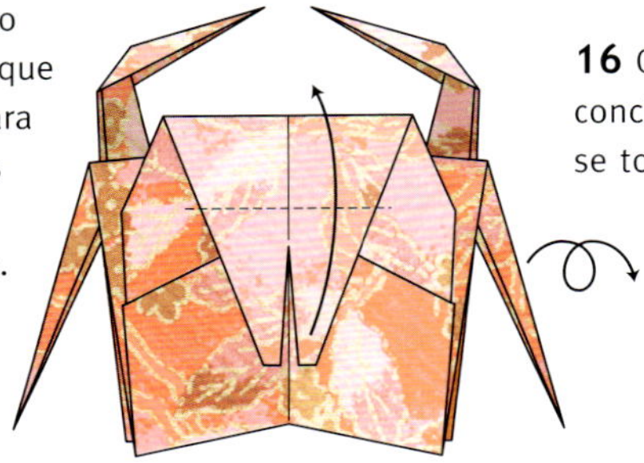

16 O caranguejo está concluído, pronto para se tornar uma bijuteria.

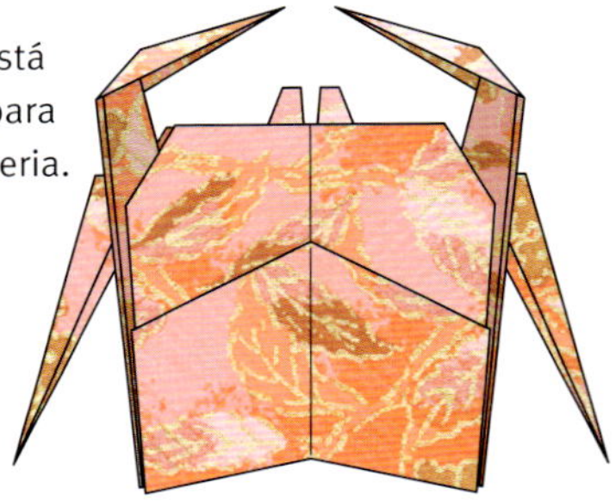

COMO MONTAR O BROCHE

1 Conclua a dobradura até o passo 5, depois abra a metade inferior e passe cola em bastão na parte de dentro. Faça o mesmo em todas as quatro faces. Complete a dobradura.

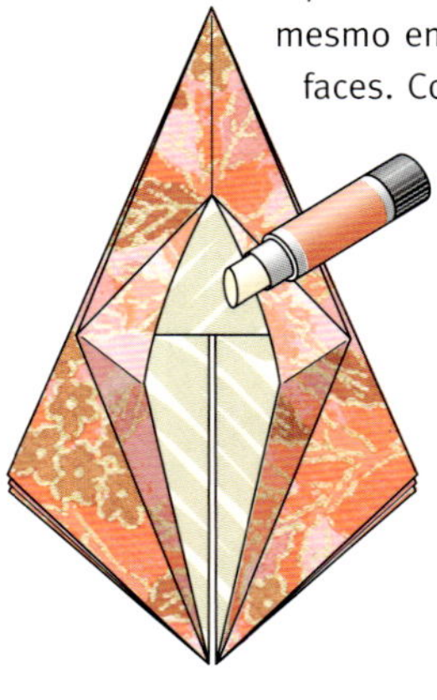

2 Usando cola epóxi, cole a aba triangular ao corpo do caranguejo. Passe um pouco de cola epóxi, com a ajuda de um palito de dente, entre as camadas das pontas dos olhos. Quando a cola secar, cubra a peça com revestimento. Deixe secar por completo.

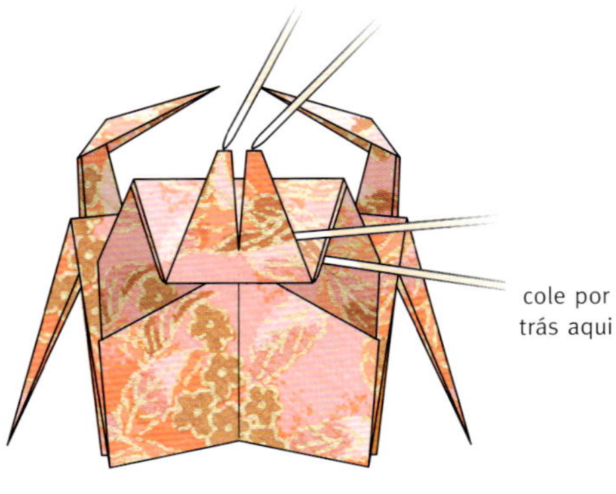

3 Desenhe os olhos com caneta permanente preta. Corte um pedaço de folha de plástico no mesmo formato do corpo do caranguejo, mas um pouco menor, e cole na parte de trás do caranguejo. Então, use cola epóxi para fixar a base de broche no plástico, concluindo assim o acessório.

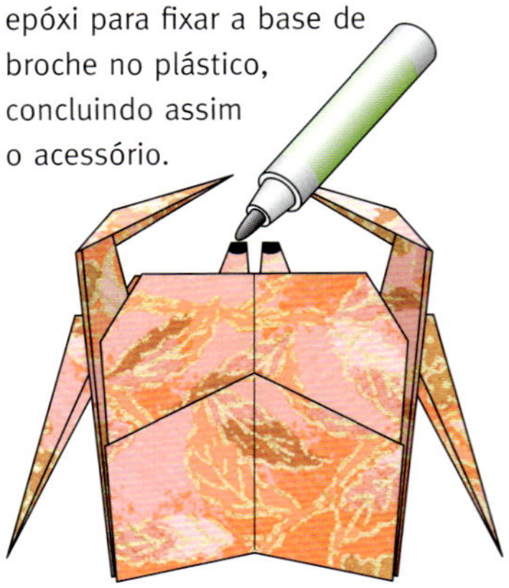

COMO MONTAR OS BRINCOS

1 Siga o passo 1 para o broche. Conclua a dobradura até o passo 13. Faça duas peças.

2 Cubra com revestimento e deixe secar por completo.

3 Levante a aba triangular e costure duas miçangas pretas no topo do corpo do caranguejo. Amarre a linha atrás da aba triangular.

4 Passe uma conta redonda em um alfinete contrapino, depois acrescente um *tip* e prenda-o logo abaixo da conta.

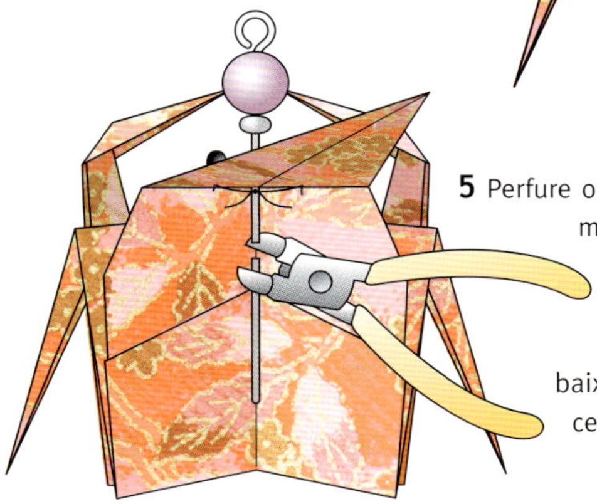

5 Perfure o caranguejo entre as duas miçangas pretas. Insira o alfinete contrapino pelo topo através do furo. Corte a parte de baixo do alfinete, deixando cerca de 5 mm expostos.

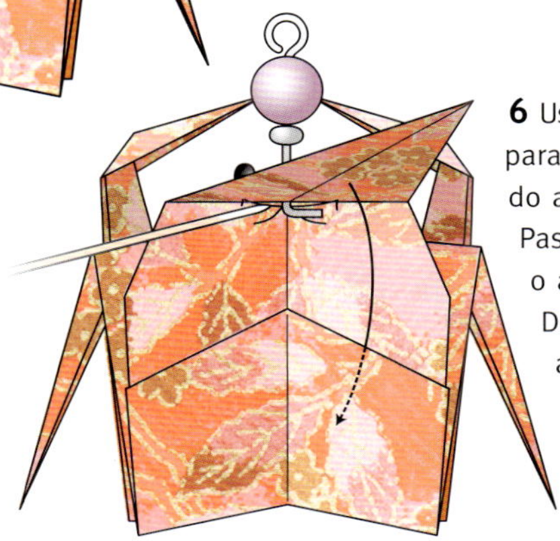

6 Use um alicate meia-cana para dobrar a parte de baixo do alfinete contrapino. Passe cola epóxi para fixar o alfinete e o fio no lugar. Depois, dobre para baixo a aba triangular e coloque-a dentro do bolso da parte inferior do caranguejo.

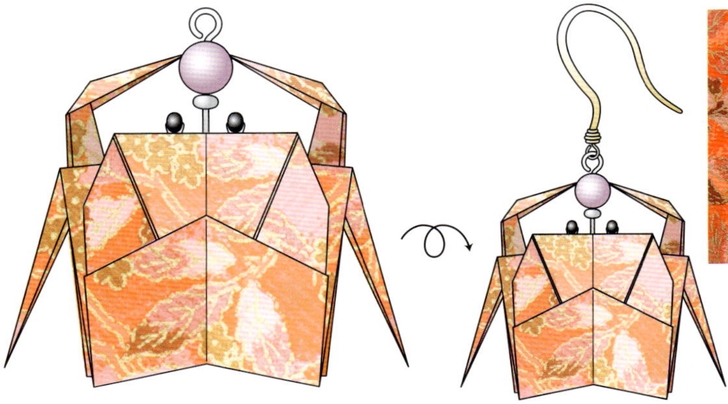

7 Vire o origami. Prenda os anzóis para concluir os brincos (ver p. 39).

Variações de cores

O papel washi vermelho vivo é uma opção incrível para este projeto e confere um pouco de textura à peça quando amassado à mão.

Broche, colar e brincos de conchinha

Nível de dificuldade:

broche ❖

colar ❖

brincos ❖ ❖

Encontre conchinhas do mar em qualquer época do ano! Aumente seu valor acrescentando pequenas pérolas ou contas brilhantes.

MATERIAL NECESSÁRIO

Broche

- 1 quadrado de papel granito de 11,5 cm
- 1 conta redonda de vidro ou pérola plástica de 1,5 cm
- 1 folha de plástico de aproximadamente 2 x 4 cm
- 1 base de broche de 2,5 cm

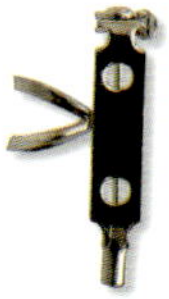

Colar

- 1 quadrado de papel granito de 11,5 cm
- 1 conta redonda de vidro ou pérola plástica de 10 mm
- cerca de 10 cm de fio de prata de calibre 22
- 2,1 m de fio de cânhamo

Brincos

- 2 quadrados de papel granito de 4,5 cm
- 2 contas redondas de vidro ou pérolas plásticas de 6 mm
- 2 *tips*
- 2 alfinetes contrapinos de 5 cm
- 2 anzóis para brincos

- cola em bastão
- cola epóxi
- material de revestimento e pincel
- palito de dente para aplicar cola
- tesoura
- alicate de corte
- alicate meia-cana
- alicate de friso
- sovela

O papel granito, que faz lembrar areia, e o fio de cânhamo dão uma aparência natural.

COMO DOBRAR A CONCHINHA

1 Comece com a base do envelope (ver p. 21).

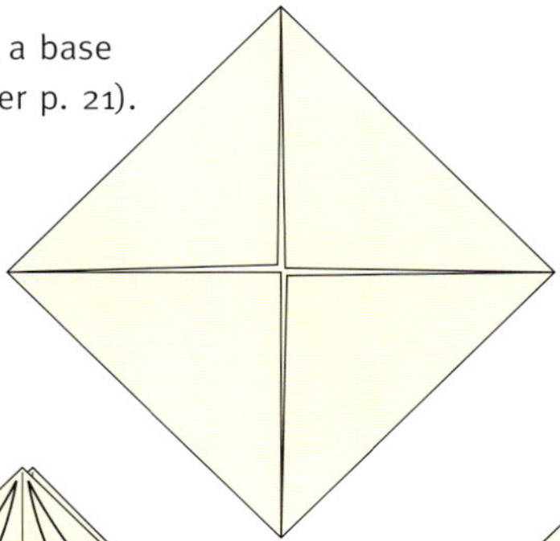

2 Posicione a base na diagonal e junte as pontas laterais dobrando ao meio, e depois desdobre.

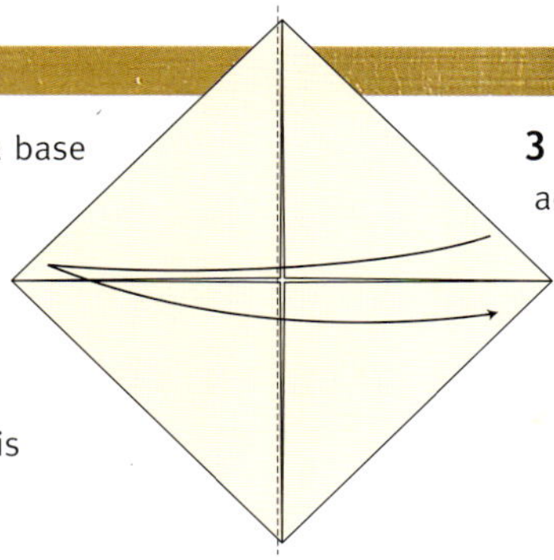

3 Dobre para cima ao meio.

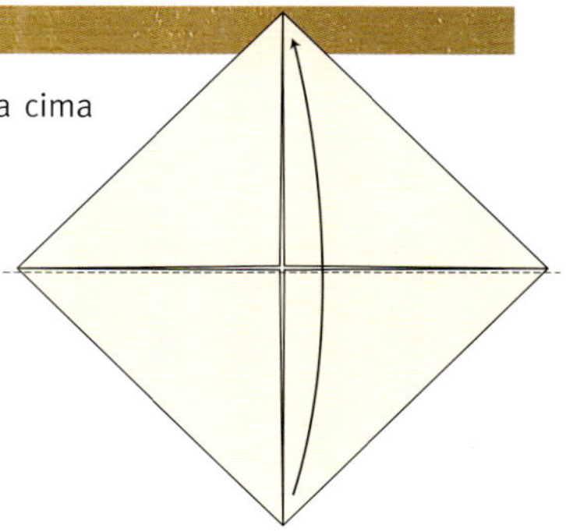

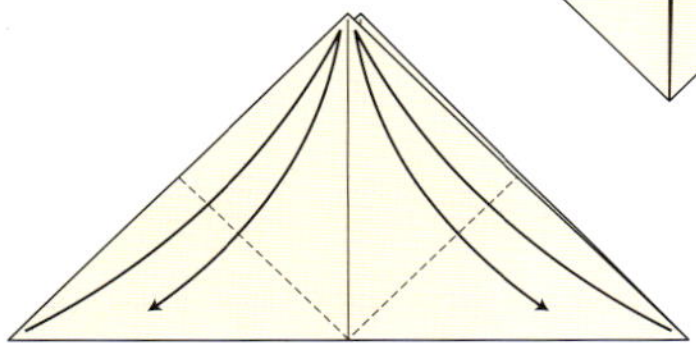

4 Dobre as pontas esquerda e direita inferiores até a ponta superior, e depois desdobre.

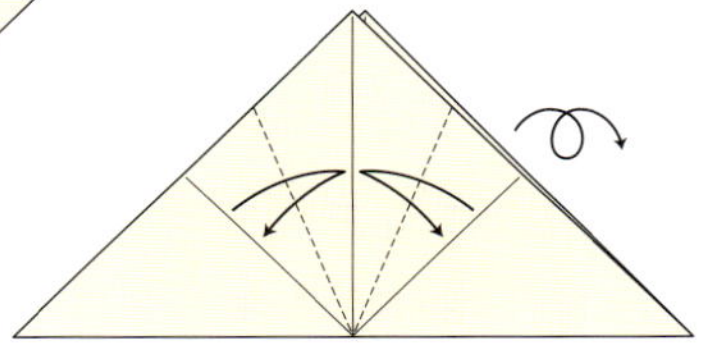

5 Dobre de modo que os vincos feitos no passo 4 se encontrem na linha central. Depois, vire o origami.

6 Certifique-se de que todos os vincos já feitos foram marcados com dobras para trás (em montanha). Depois, faça as seguintes dobras em vale, conforme mostrado no diagrama. Dobre A-B para A-D, depois desdobre. Dobre A-D para A-F, depois desdobre. Dobre A-C para A-E, depois desdobre. Dobre A-E para A-F, depois desdobre.

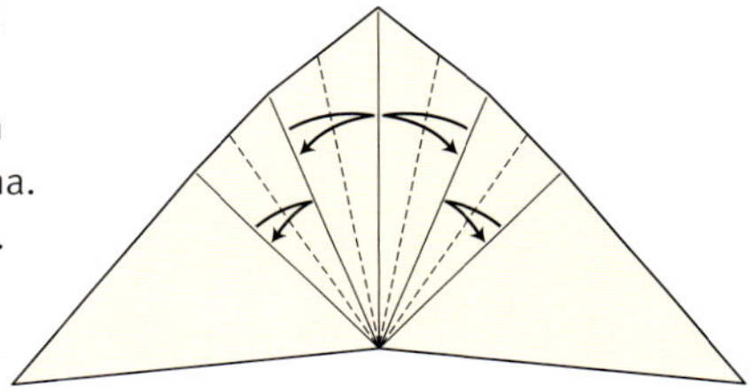

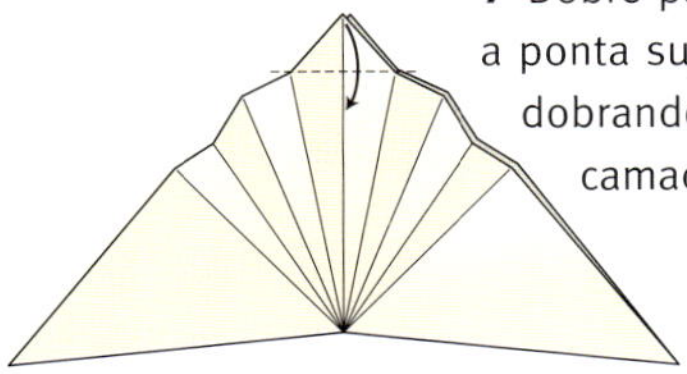

7 Dobre para baixo a ponta superior, dobrando as duas camadas juntas.

8 Separe levemente as duas camadas e dobre as pontas para dentro. Feche as camadas e vire o origami.

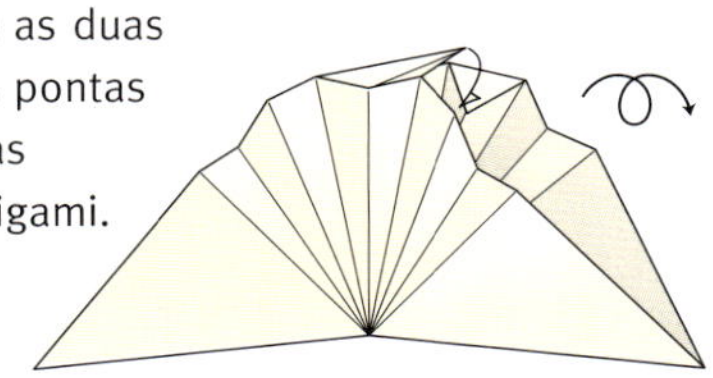

9 Dobre as bordas inferiores para cima, para que se encontrem no centro.

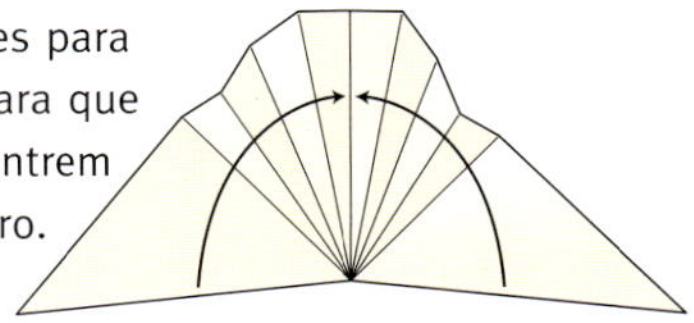

10 Faça a dobra invertida interna nas pontas, de modo que elas fiquem para dentro.

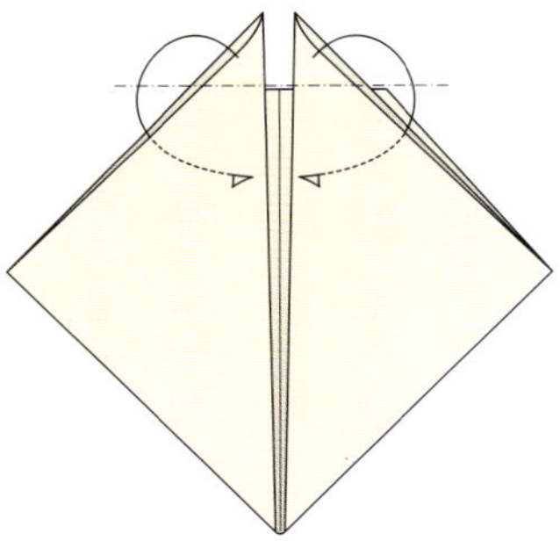

11 Dobre as abas para baixo em um ângulo levemente para fora, de modo que fiquem um pouco expostas nas laterais.

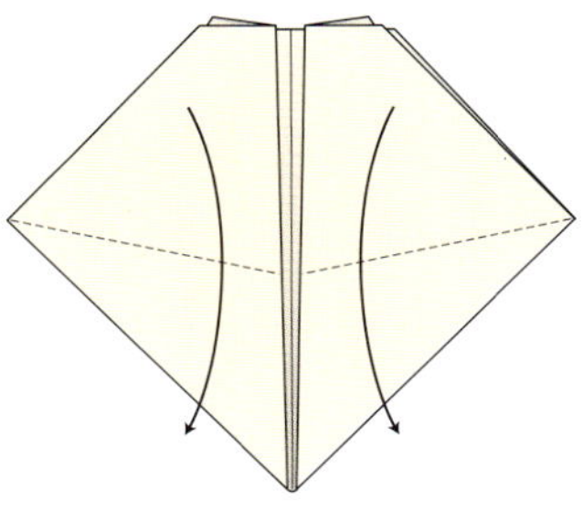

12 Dobre a ponta inferior para cima a fim de alinhá-la com a parte de baixo das abas.

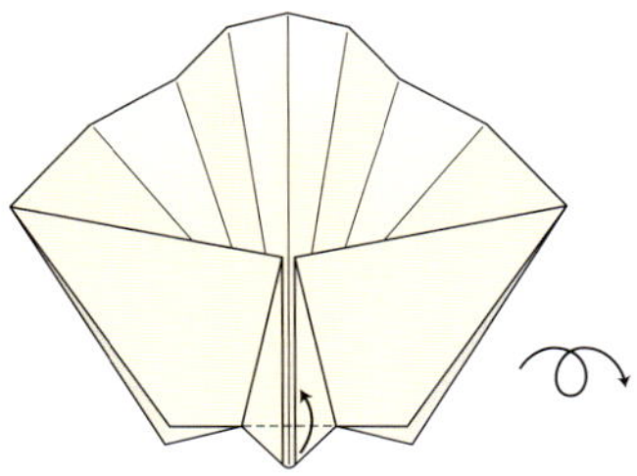

13 Vire, e a conchinha está pronta.

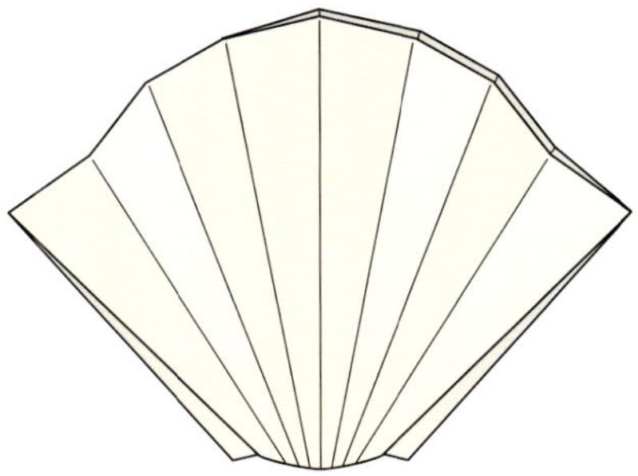

COMO MONTAR O BROCHE

1 Faça a base do envelope, depois desdobre totalmente o papel. Usando cola em bastão, passe cola em todo o interior, e depois dobre novamente a base do envelope. Deixe a cola secar por completo. Continue dobrando até o passo 10.

2 Após a dobradura do passo 10, desdobre a peça de volta para a base do envelope, porém mantenha todas as quatro pontas dobradas, conforme mostra a figura. Passe cola em bastão nas áreas mostradas. Conclua a dobradura.

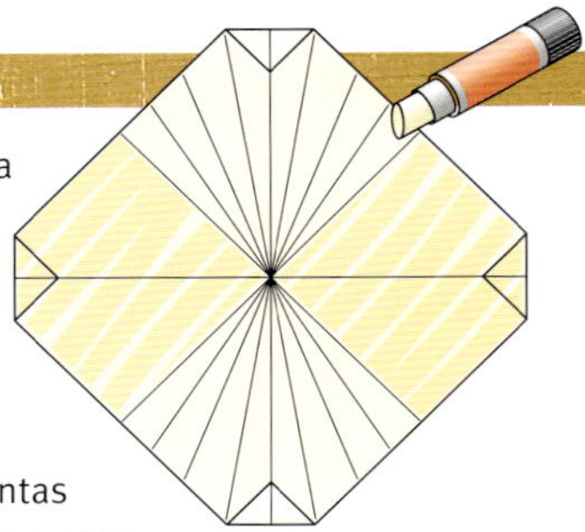

3 Na parte de trás da concha, levante as abas e passe cola epóxi nas áreas apontadas. Quando a cola estiver seca, cubra a peça com revestimento e deixe secar por completo.

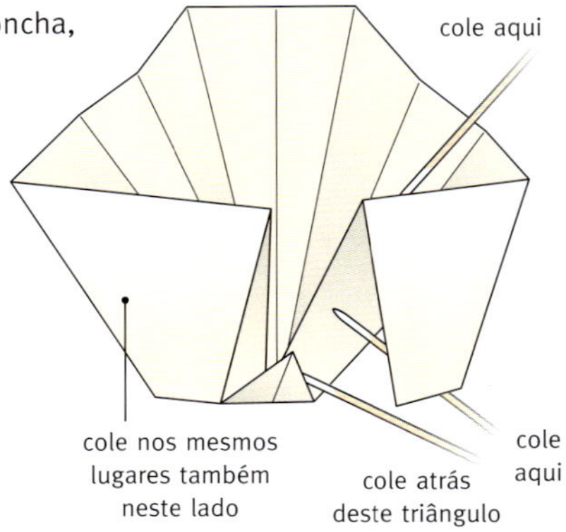

4 Após o revestimento, os vincos podem não ficar muito visíveis, então refaça os vincos da camada da frente.

5 Corte um pedaço da folha de plástico no formato mostrado, e use cola epóxi para fixá-lo na parte de trás da concha. Depois, cole a base do broche no plástico.

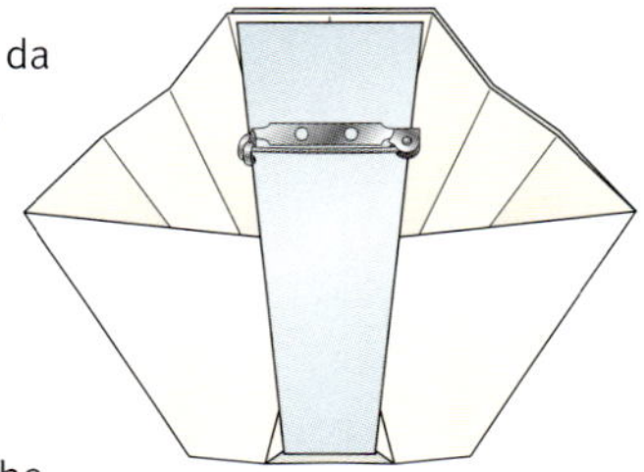

6 Cole uma conta nas pontas triangulares na abertura da concha para concluir o broche.

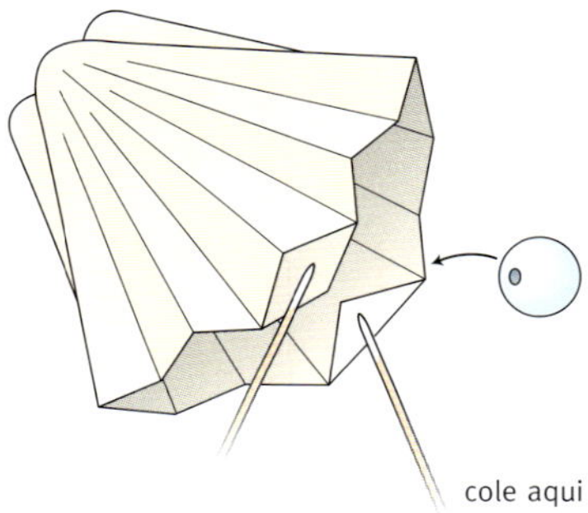

COMO MONTAR O COLAR

1 Siga os passos 1, 2 e 4 para o broche, cobrindo com revestimento após o passo 2 e deixando secar. (Pule o passo 3.)

2 Faça uma argola com diâmetro de 5 mm no meio do fio de prata. Para fazê-la, passe o fio sobre uma cavilha, chave de fenda, *hashi* ou lápis fino e torça-o para formar a argola.

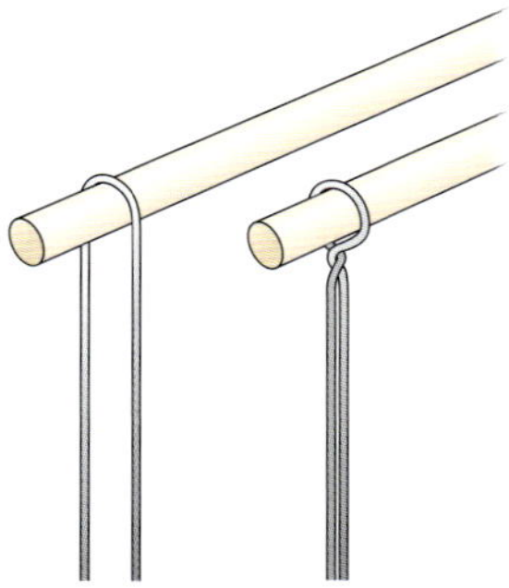

3 Passe uma conta redonda e, usando a ponta de um palito de dente, passe uma pequena quantidade de cola epóxi na parte inferior da conta para prendê-la ao fio.

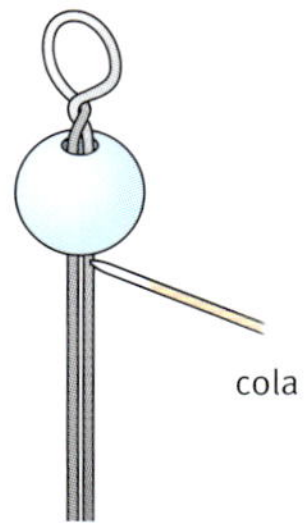

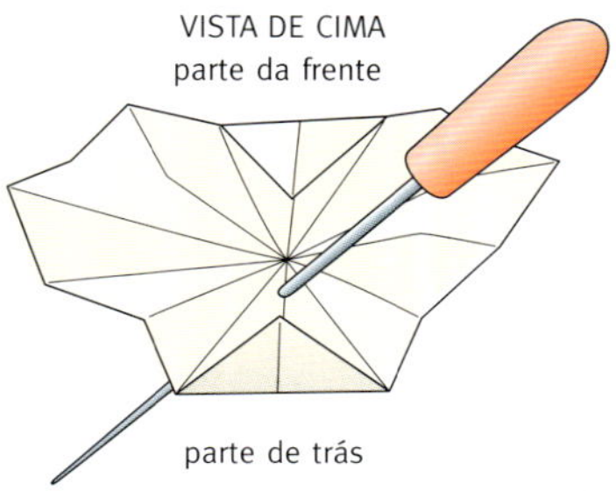

4 Use uma sovela para fazer um furo, pelo lado de dentro, no centro da parte de trás da concha.

5 Insira, pelo topo da peça, a extremidade do fio através do furo. Corte as pontas, deixando cerca de 1,25 cm exposto. Use um alicate meia-cana para curvar as pontas e esconda-as atrás das abas.

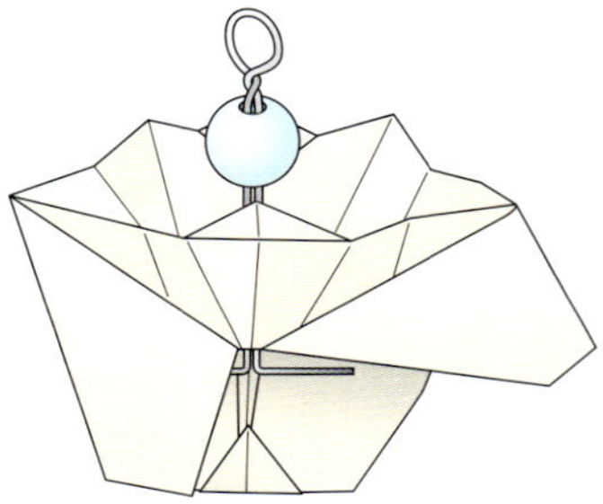

6 Atrás da concha, levante as abas e passe cola epóxi nas áreas mostradas. Passe cola também nas pontas do fio, na parte de trás da conta redonda para dar uma resistência maior à peça.

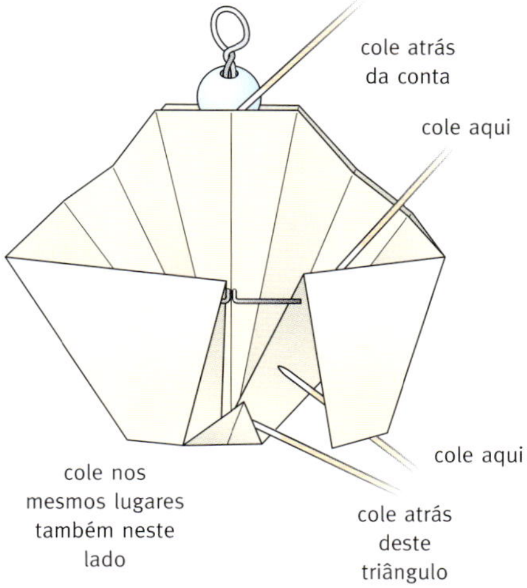

7 Corte o fio de cânhamo na metade. Segurando os dois fios juntos, dobre ao meio para marcar o centro. Faça um nó simples a 2,5 cm de distância do centro, em ambos os lados. Faça mais quatro nós em cada lado, em intervalos de 5 cm. Faça um nó simples em cada ponta do fio.

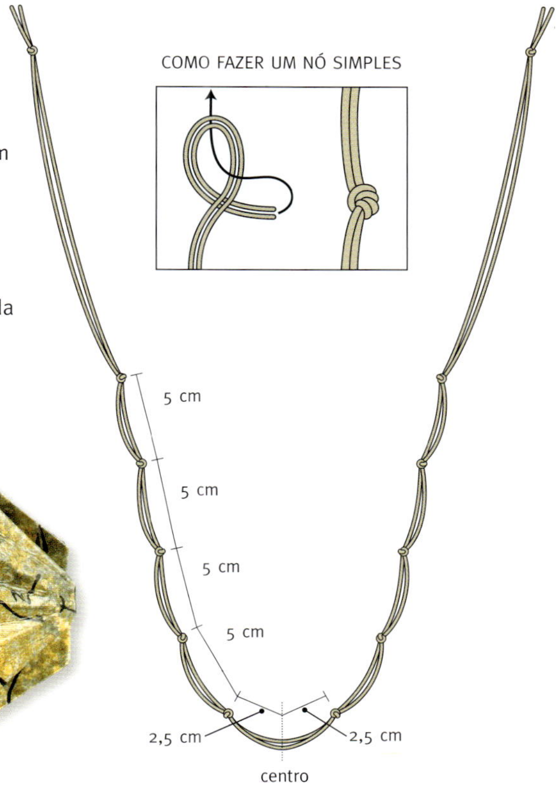

8 Amarre a argola no fio para prender a concha e concluir o colar. Amarre as pontas do fio de cânhamo juntas para fazer o colar com o comprimento necessário.

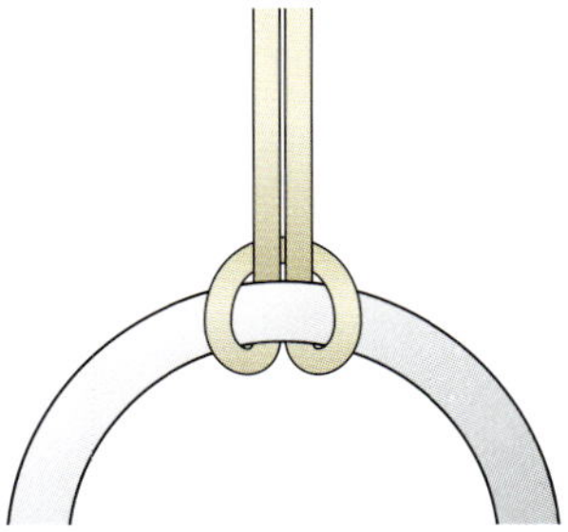

Variações de cores
Estampas de yuzen washi conferem uma aparência mais ousada – tente combiná-las com contas de cores vivas.

COMO MONTAR OS BRINCOS

1 Em vez de fazer a base do envelope, comece com o passo 2 da dobradura da concha. Faça duas peças.

2 Prossiga até o passo 10, depois desdobre totalmente a peça, exceto as quatro pontas. Passe cola conforme mostrado no passo 2 para o broche. Conclua a dobradura.

3 Cubra com revestimento, deixe secar e então siga o passo 4 para o broche.

4 Passe uma conta redonda e um *tip* em um alfinete contrapino. Aperte o *tip* para prender a conta redonda. Siga os passos 4, 5 e 6 para o colar, inserindo o alfinete em vez do fio.

5 Prenda os anzóis para concluir os brincos (ver p. 39).

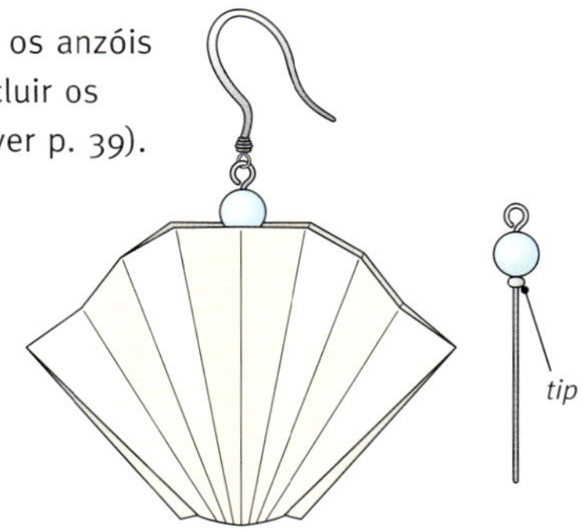

Broche e brincos de folha

Nível de dificuldade:
broche ❖
brincos ❖

O outono é a estação favorita de muitas pessoas. Folhas de tons vermelho, laranja e amarelo intensos são fonte de muita inspiração artística. O broche e os brincos de folha mostrados aqui são feitos com papel *mujizome* (cor sólida) *washi*, tingido de verde e vermelho. As duas cores se misturam com harmonia em uma folha de papel para reproduzir um belo matiz outonal.

MATERIAL NECESSÁRIO

Broche

- 1 retângulo de papel *washi* de cor sólida de 7,5 x 15 cm
- 1 folha de plástico com aproximadamente 2,5 x 6,5 cm
- 1 base de broche de 4 cm

Brincos

- 2 retângulos de papel *washi* de cor sólida de 4 x 8 cm
- 2 alfinetes contrapinos de 2,5 cm
- 2 anzóis para brincos

- cola em bastão
- cola epóxi
- material de revestimento e pincel
- palito de dente para aplicar cola
- tesoura
- alicate meia-cana
- alicate de corte
- sovela

Variações destes brincos
O simples acréscimo de pequenas contas torna estes brincos ainda mais elegantes.

COMO DOBRAR A FOLHA

1 Dobre ao meio, e depois desdobre.

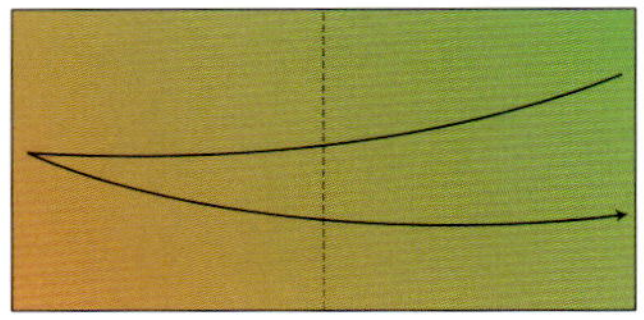

2 Dobre as pontas inferiores direita e esquerda para o meio da borda superior, de modo que as bordas inferiores se encontrem no meio.

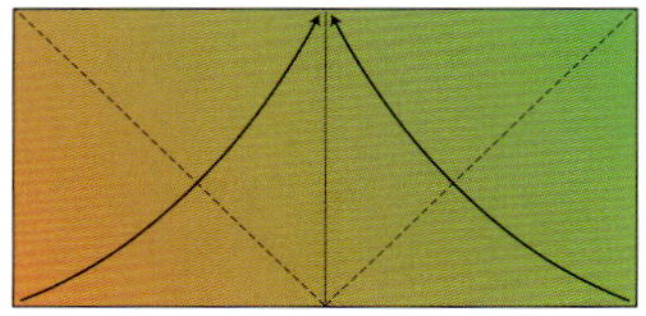

3 Dobre ao meio, no sentido do comprimento, e depois desdobre.

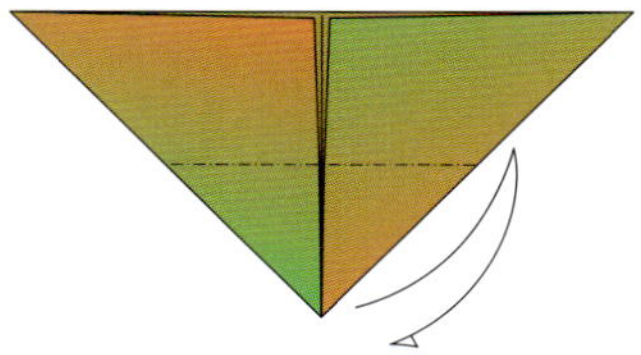

4 Dobre a base do triângulo para baixo até a linha feita no passo 3, e depois desdobre. Dobre a ponta do triângulo para cima até a linha feita no passo 3, e depois desdobre.

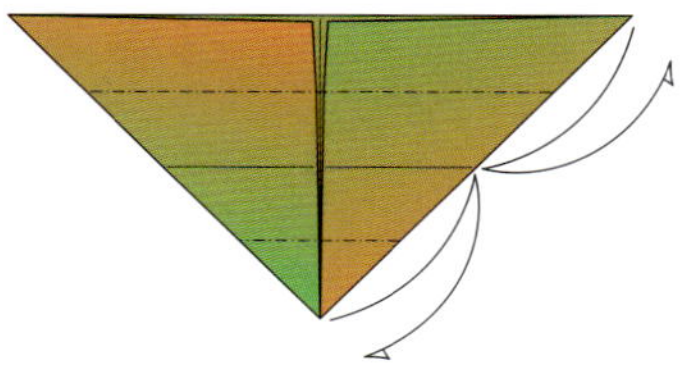

5 Dobre a parte inferior para cima até A-A_1.

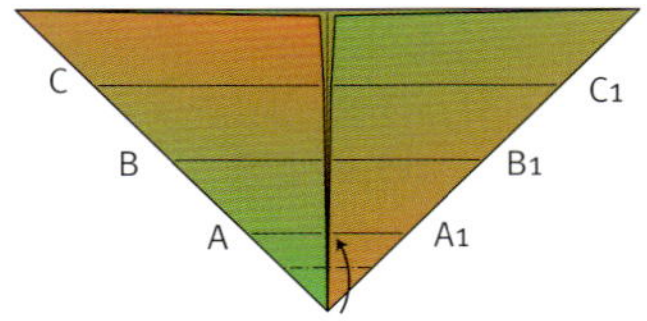

6 Dobre A-A_1 para encontrar B-B_1. Depois dobre B-B_1 para C-C_1, e C-C_1 para a borda superior, fazendo pregas.

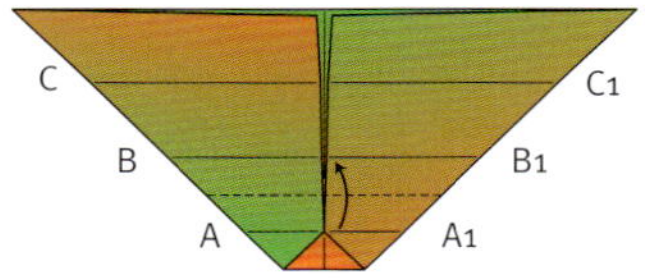

7 Dobre os triângulos das extremidades ao meio.

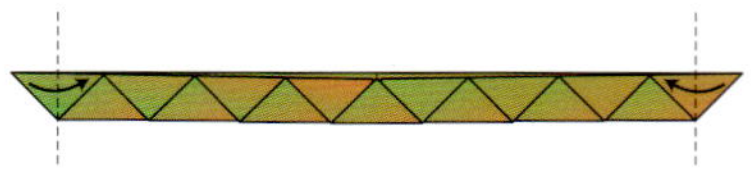

8 Depois, dobre o triângulo em cada ponta para baixo e coloque-o sob o próximo triângulo.

9 Dobre ao meio no sentido da largura.

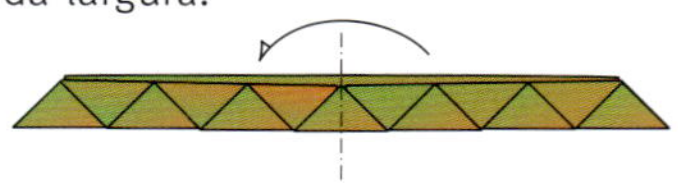

10 Para concluir a folha, cole os dois lados juntos com cola epóxi. Puxe o triângulo da base e aperte a ponta para formar uma haste. Se achar isso difícil, especialmente se você estiver fazendo uma peça pequena, deixe este passo para logo depois do revestimento – é mais fácil puxar o triângulo quando o papel está maleável. Além disso, o alicate meia-cana pode ser útil.

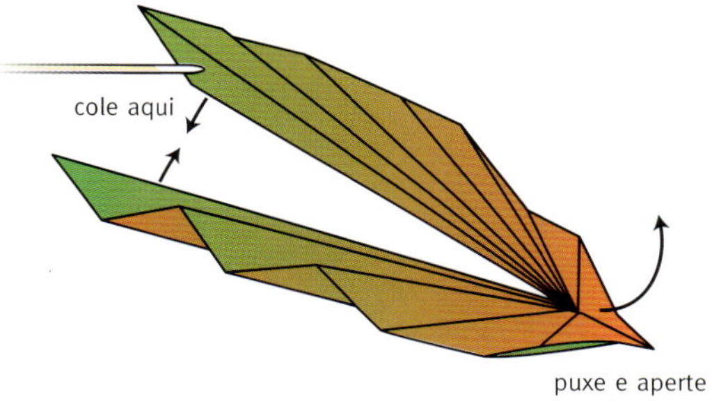

COMO MONTAR O BROCHE

1 Conclua os passos 1 e 2 de como dobrar a folha, e depois desdobre completamente o papel. Passe cola em bastão por toda a parte de dentro e dobre novamente a peça. Deixe secar por completo e, depois, continue até o fim do passo 8.

2 Desdobre os triângulos dobrados no passo 8, passe cole epóxi e torne a dobrá-los. Conclua a dobradura, incluindo a colagem do passo 10.

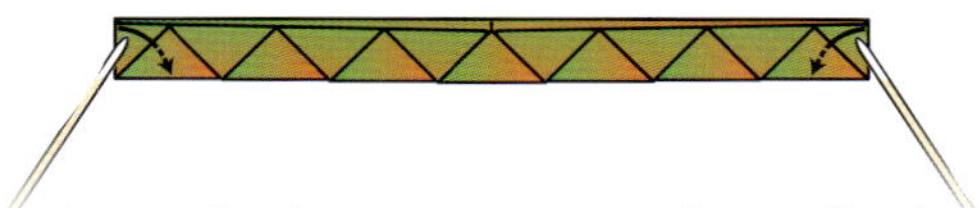

3 Cubra com revestimento e deixe secar por completo. Após o revestimento, as linhas vincadas não ficarão tão marcadas; mantenha-as assim suaves, em vez de refazer os vincos, para obter o formato mais arredondado da folha.

4 Corte um pedaço do plástico no formato da folha, mas um pouco menor, e utilize a cola epóxi para fixá-lo na parte de trás da folha. Depois, cole a base de broche no plástico.

COMO MONTAR OS BRINCOS

1 Siga os passos 1 e 2 para o broche. Antes de colar os dois lados juntos no final da dobradura, perfure o centro da folha com a sovela. Tome cuidado para não furar a haste (o pequeno triângulo apertado no passo 10 da dobradura). Faça duas peças.

2 Insira um alfinete contrapino através do furo e, em seguida, cole os dois lados juntos. Passe cola extra no aro do alfinete para prendê-lo. Deixe a cola secar, depois cubra com revestimento e deixe secar por completo.

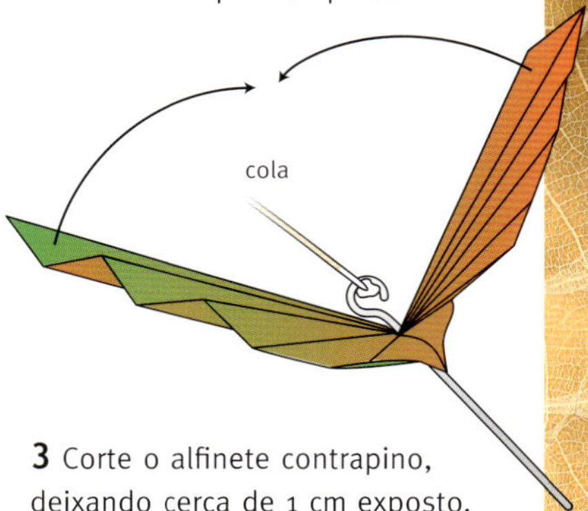

3 Corte o alfinete contrapino, deixando cerca de 1 cm exposto. Use o alicate meia-cana para dobrar a porção exposta do alfinete em um ângulo reto; depois, curve a ponta para formar um aro.

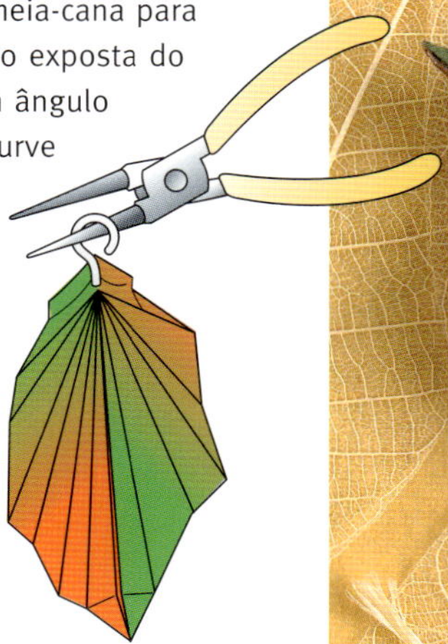

4 Prenda os anzóis para terminar os brincos (ver p. 39).

Estes brincos são o exemplo perfeito de como o papel *washi* de dois tons pode criar ricos matizes outonais.

Gargantilha e brincos de balões

Nível de dificuldade: ❖ ❖ ❖

Embora criem um efeito totalmente diferente, estas contas são as mesmas usadas para o colar em *candy colors* (ver p. 70). Uma combinação de papel *yuzen washi* artístico e tulipas cuidadosamente escolhidas transformam os balões em contas sofisticadas.

MATERIAL NECESSÁRIO

Gargantilha

- 7 quadrados de papel *yuzen washi* de 4 cm
- 7 tulipas de 1 cm
- 5 alfinetes de 4 cm com cabeça
- 2 alfinetes contrapinos de 4 cm
- 48 contas redondas de 8 mm
- cerca de 45 cm de arame de alumínio
- 1 fecho italiano
- 1 argola do tipo usado em chaveiros
- 2 *tips*

Brincos

- 2 quadrados de papel *yuzen washi* de 4 cm
- 2 tulipas de 1 cm
- 2 alfinetes de 4 cm com cabeça
- 2 anzóis para brincos

- fibra de poliéster
- cola epóxi
- material de revestimento e pincel
- palito de dente para aplicar cola
- sovela
- alicate de corte
- alicate meia-cana
- alicate de friso

Variações destes brincos
Substitua as tulipas por contas de sua preferência. Varie com diferentes tipos, estampas e cores de papel.

INSTRUÇÕES PARA A DOBRADURA

Faça as contas seguindo as instruções para balão (ver p. 30), usando os materiais mencionados aqui.

COMO MONTAR A GARGANTILHA

1 Cubra os balões com revestimento e deixe secar. Perfure o centro de cada balão com a sovela.

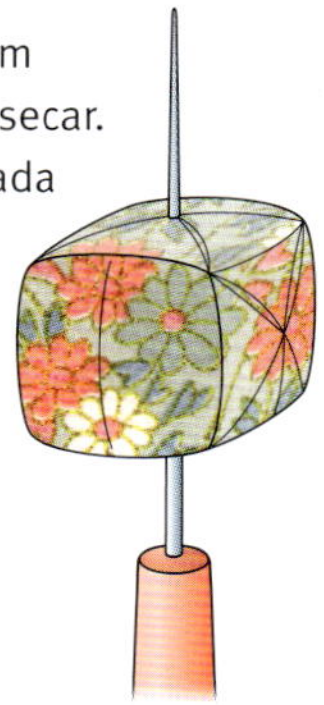

2 Insira um alfinete com cabeça por baixo através do furo. Passe uma tulipa no alfinete sobre o balão. Use a ponta de um palito de dente para passar um pouco de cola epóxi entre o alfinete e o balão e sob a tulipa. Corte o alfinete, deixando 1 cm exposto.

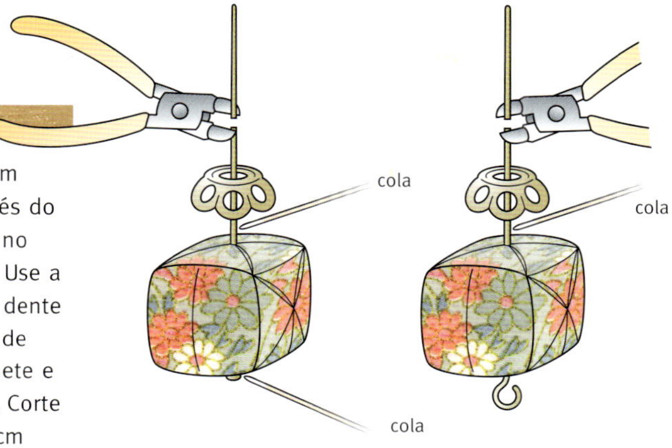

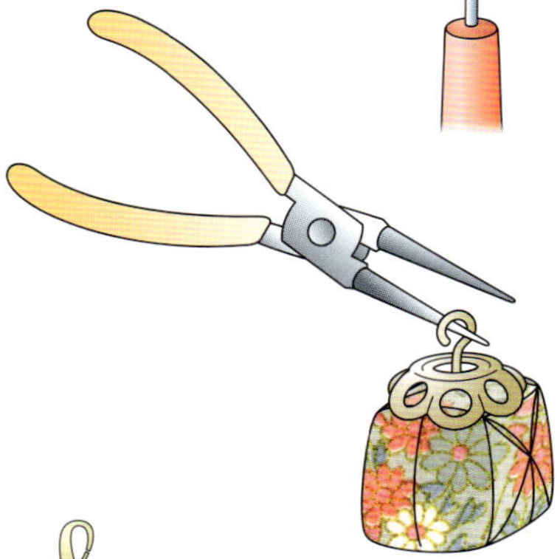

3 Use um alicate meia-cana para dobrar o pedaço exposto do alfinete em um ângulo reto; depois, curve a ponta para formar um aro.

4 Repita os passos 2 e 3 em mais quatro contas.

5 Repita os passos 2 e 3 em mais duas contas, usando um alfinete contrapino, em vez do alfinete com cabeça.

6 Junte os dois balões com alfinetes contrapinos verticalmente e um balão com alfinete com cabeça embaixo.

7 Passe 18 contas redondas no arame, depois coloque as contas deste modo: 1 balão com alfinete com cabeça, 3 contas redondas, 1 balão com alfinete com cabeça, 3 contas redondas, os 3 balões conectados, 3 contas redondas, 1 balão com alfinete com cabeça, 3 contas redondas, 1 balão com alfinete com cabeça, e 18 contas redondas.

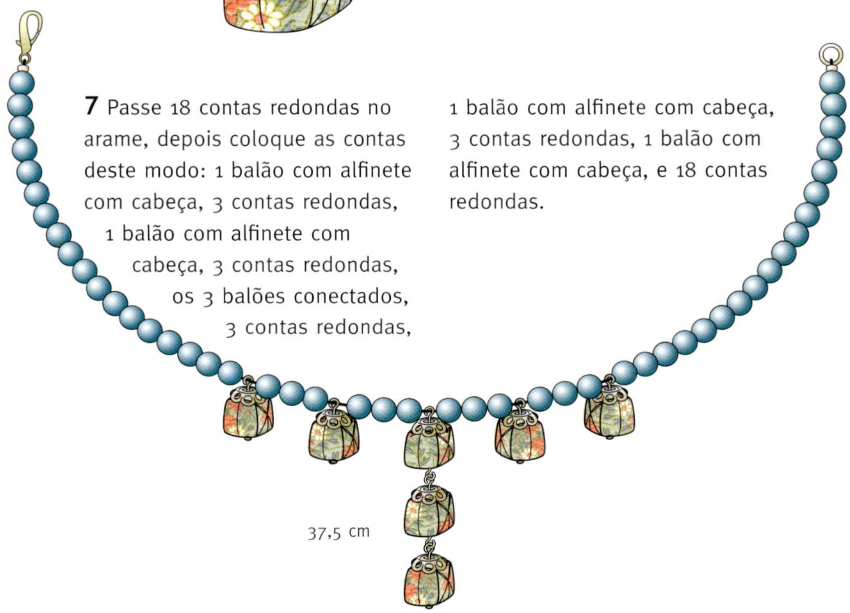

8 Prenda o fecho em uma das pontas do arame e a argola na outra ponta, utilizando *tips*.

COMO MONTAR OS BRINCOS

1 Siga os passos 1 a 3 para a gargantilha, preparando dois balões. Em seguida, prenda os anzóis para brincos (ver p. 39).

Colar e brincos em tons de outono

Nível de dificuldade: ❖

Selecione seus tons de outono favoritos para este colar, que é feito com peças modulares simples, facilmente interligadas, e fios de couro. Os brincos do conjunto levam apenas alguns minutos para serem feitos. Varie as cores para criar matizes de outra estação.

MATERIAL NECESSÁRIO

Colar

- 17 retângulos de papel *washi* de cor sólida de 3 x 5 cm
  5 de cada nas cores **a**, **b** e **c**
  1 peça de cada nas cores **d** e **e**
- 2 fios de couro de 12,5 cm de comprimento e 2 mm de diâmetro
- 1 fecho italiano
- 1 argola do tipo usado em chaveiros de 7 mm e 1 de 5 mm
- 2 terminais
- 3 alfinetes contrapinos de 2,5 cm

Brincos

- 6 retângulos de papel *washi* de cor sólida de 3 x 5 cm, sendo 2 de cada nas cores **a**, **b** e **c**
- 2 alfinetes contrapinos de 2,5 cm
- 2 anzóis para brincos

- cola epóxi
- material de revestimento e pincel
- palito de dente para aplicar cola
- alicate de corte
- alicate meia-cana

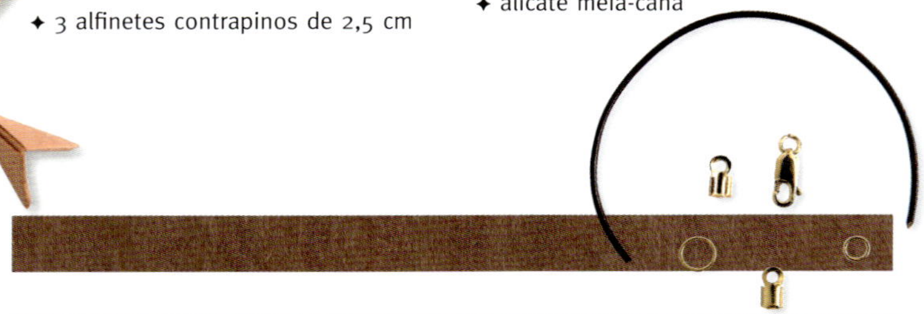

"Simples" e "elegante" são as palavras perfeitas para descrever este belíssimo colar.

INSTRUÇÕES PARA A DOBRADURA

São usadas para este projeto as peças modulares A (ver p. 25). O tamanho, a quantidade e as cores do papel são listados aqui.

COMO MONTAR O COLAR

1 Pegue uma peça da cor **a**, com as abas triangulares para o lado direito, e coloque um alfinete contrapino sob a aba superior, como mostrado na figura. Corte a ponta do alfinete, deixando 1 cm exposto.

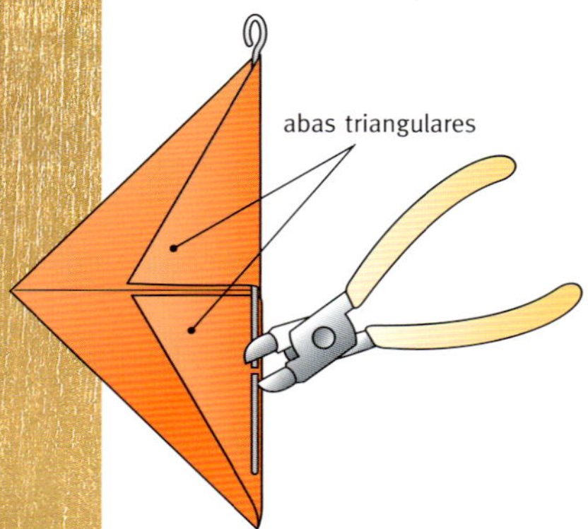

2 Use o alicate meia-cana para curvar a extremidade exposta do alfinete, e também para curvar logo abaixo do aro do alfinete. Passe cola epóxi sob a aba que cobre o alfinete. Passe cola também na parte de dentro da peça, para fixar os braços direito e esquerdo juntos.

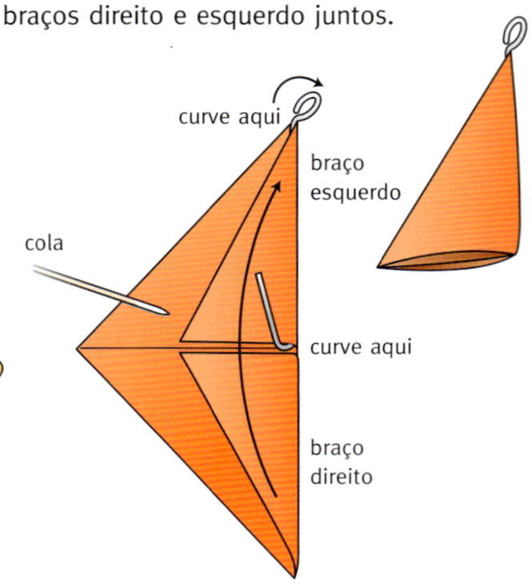

3 Pegue uma peça da cor **a**, duas da cor **b** e duas da cor **c**. Posicione-as com as abas triangulares para o lado direito e dobre-as ao meio.

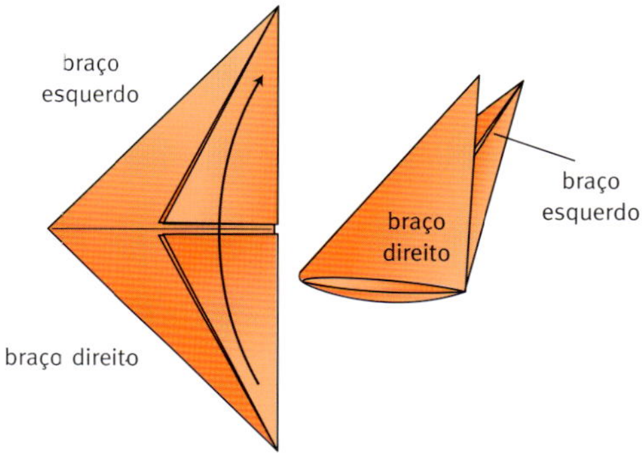

4 Com a ponta de um palito de dente, passe um pouco de cola epóxi dentro dos bolsos da peça com o alfinete contrapino. Então, insira o braço direito da peça de cor **b** dentro do bolso direito da peça com o alfinete, e o braço esquerdo dentro do bolso esquerdo. Insira apenas as pontas dos braços.

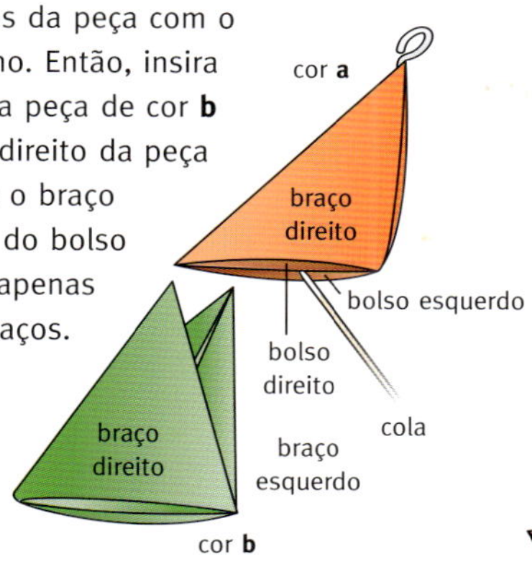

5 Repita o passo 4 com as outras quatro peças dobradas ao meio no passo 3, na ordem de cor mostrada na figura abaixo. Ao ligar as peças, incline um pouco cada uma para que a fileira fique levemente curvada.

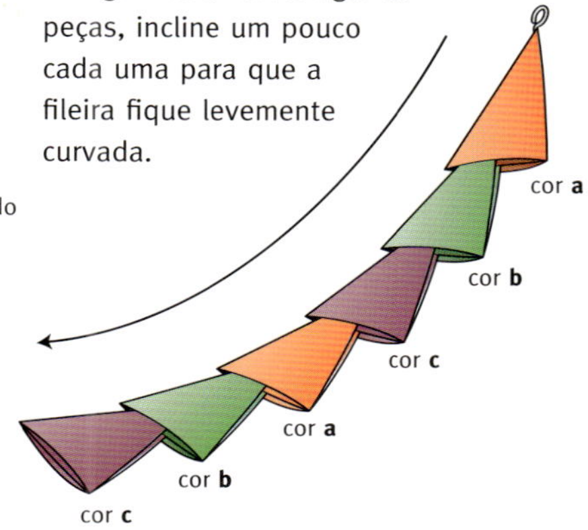

6 Repita os passos 1 a 5 para fazer outra fileira com o mesmo número e disposição de cores das peças, mas coloque todas as peças com as abas triangulares para o lado esquerdo.

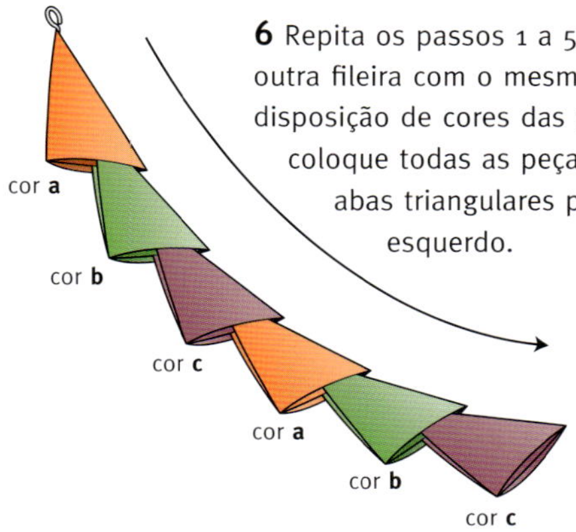

7 Usando as peças restantes (uma de cada cor), repita os passos 1 a 5 para fazer mais uma fileira. Coloque as peças com as abas triangulares para o lado esquerdo e ligue-as em linha reta.

8 Cubra com revestimento as três fileiras e deixe secar por completo. Prenda o alfinete contrapino de cada fileira a uma argola de 5 mm, como mostrado na figura.

9 Com um palito de dente, passe cola epóxi dentro dos bolsos das últimas peças das fileiras curvadas e insira as pontas dos fios de couro. Prenda o fecho e a argola nas outras pontas dos fios.

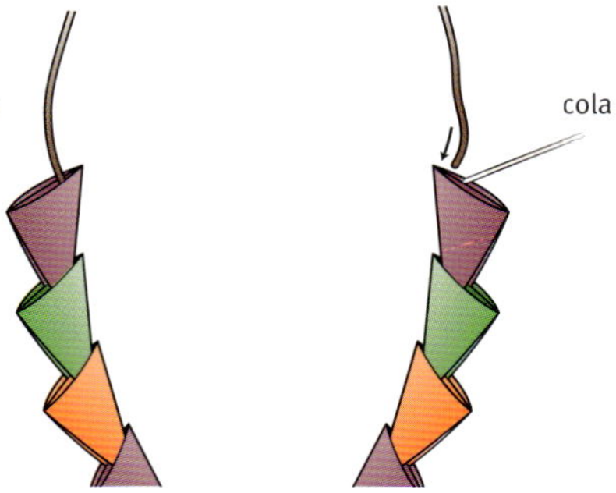

COMO MONTAR OS BRINCOS

1 Faça uma fileira, como aquela do passo 7 para o colar, usando três peças (em vez de cinco), como mostrado na figura ao lado.

2 Faça outra fileira com as peças viradas para o outro lado, deixando as abas triangulares para o lado direito. Cubra com revestimento e deixe secar por completo. Prenda os anzóis para concluir os brincos (ver p. 39).

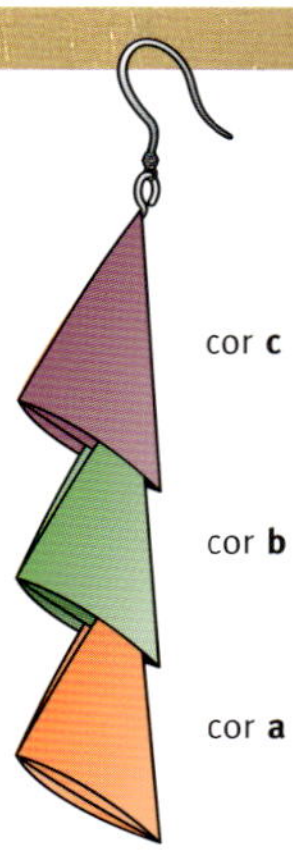

Broche de abóbora

Nível de dificuldade: ❖ ❖

Todas as partes da abóbora, inclusive a haste, são feitas com um único pedaço de papel, que envolve muitas dobras. Portanto, escolha um papel fino. O origami concluído mostrado aqui é feito de papel *muji-marazome* (de cor sólida e tingido de forma desigual) *washi* para dar profundidade. O fino papel *mulberry* também é uma excelente alternativa.

MATERIAL NECESSÁRIO

- 1 quadrado de papel *washi* de cor sólida de 12,5 cm
- 1 folha de plástico com cerca de 2,5 x 4 cm
- 1 base de broche de 4 cm

- cola epóxi
- material de revestimento e pincel
- palito de dente para aplicar cola

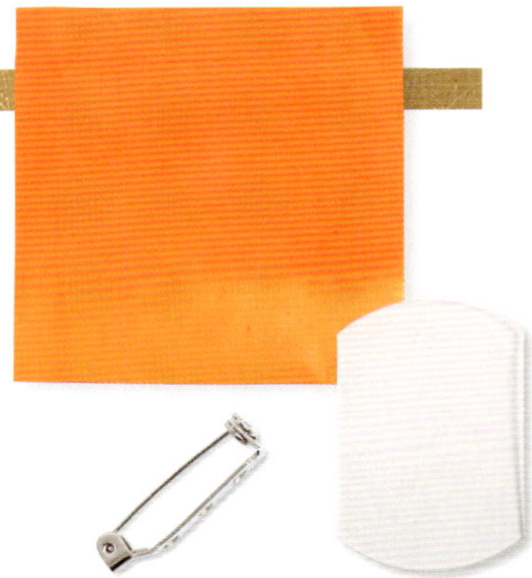

Para fazer uma abóbora de Halloween, cole recortes de papel preto antes de passar o revestimento.

COMO DOBRAR A ABÓBORA

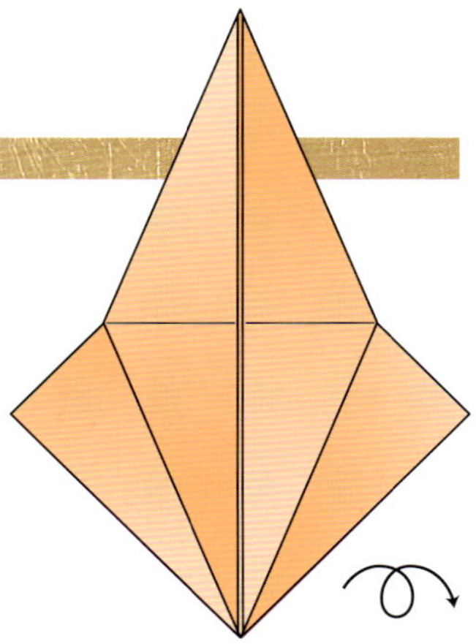

1 Faça a base do pássaro (ver p. 24), seguindo as instruções até o passo 5. Vire o origami.

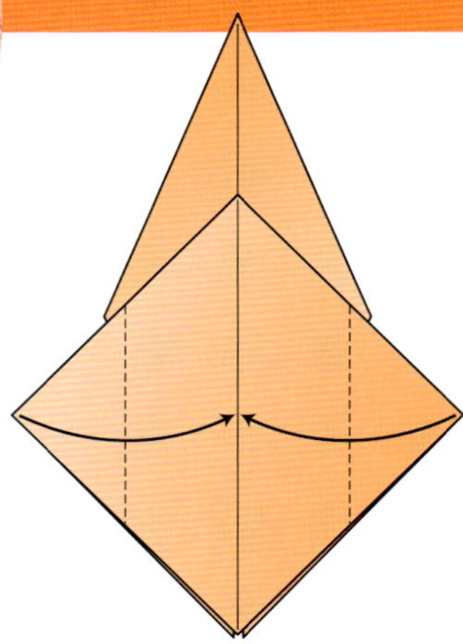

2 Dobre as pontas laterais de modo que se encontrem no centro.

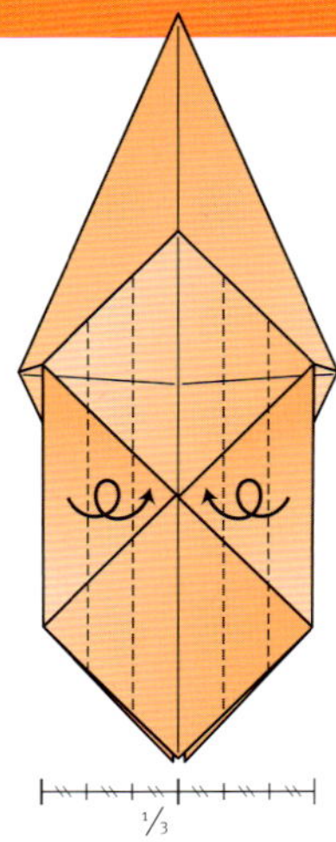

3 Dobre um terço da lateral e os dois terços seguintes como se estivesse enrolando a primeira dobra. Faça o mesmo na outra lateral.

4 Desfaça as dobras feitas nos passos 2 e 3.

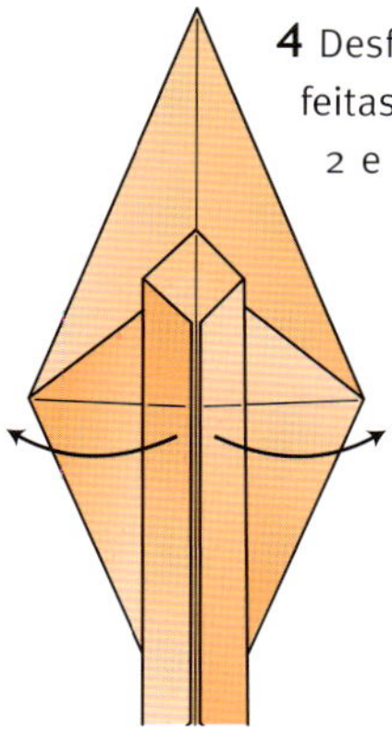

5 Você terá então 11 linhas vincadas verticais na área quadrada. Em seguida, faça as seguintes dobras:
dobre a linha A-A1 até a B-B1;
dobre a linha C-C1 até a D-D1; e
dobre para trás nas linhas E-E1.

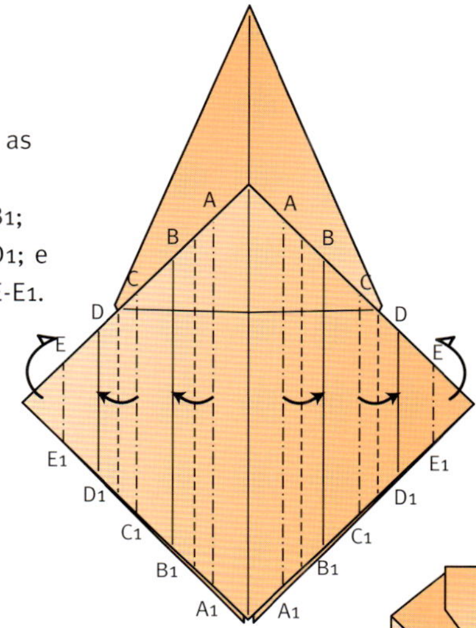

6 Vire o origami.

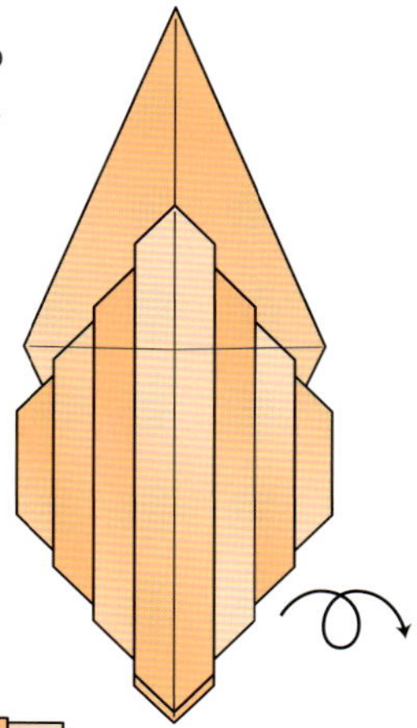

7 Dobre os dois lados de modo que se sobreponham. Dobre para cima a parte inferior, em direção ao centro.

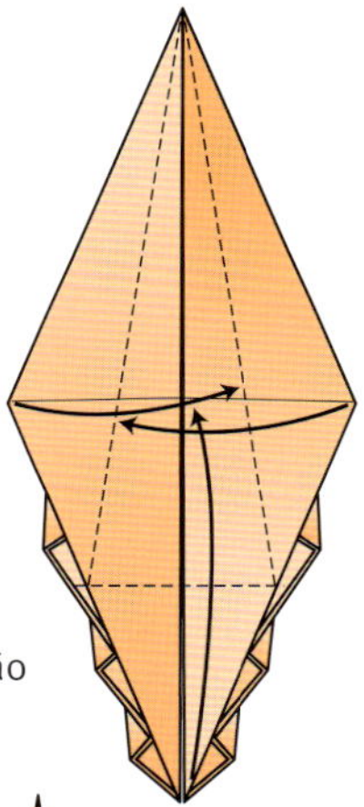

8 Dobre a parte de cima ao meio.

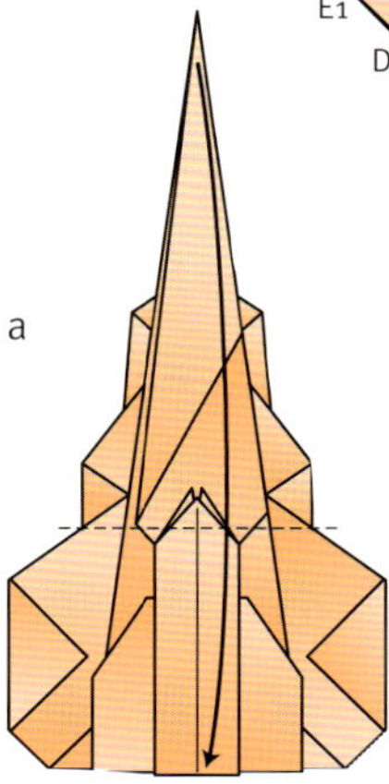

9 Dobre a parte triangular para cima.

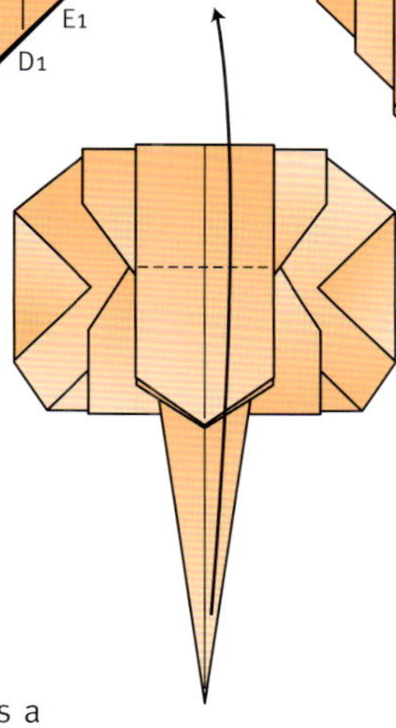

10 Dobre para baixo o triângulo, fazendo um ângulo para o lado.

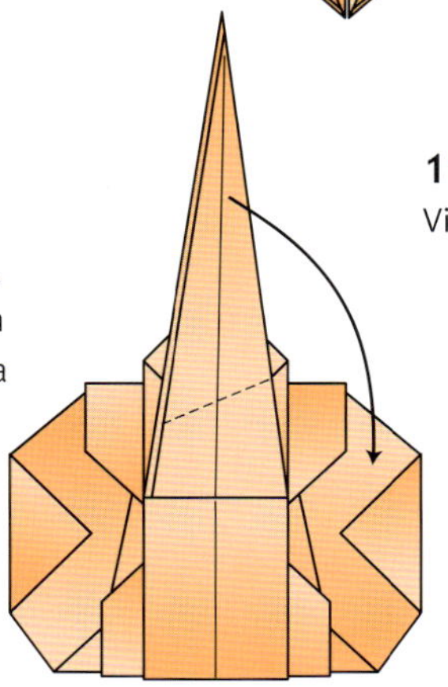

11 Torça o triângulo. Vire o origami.

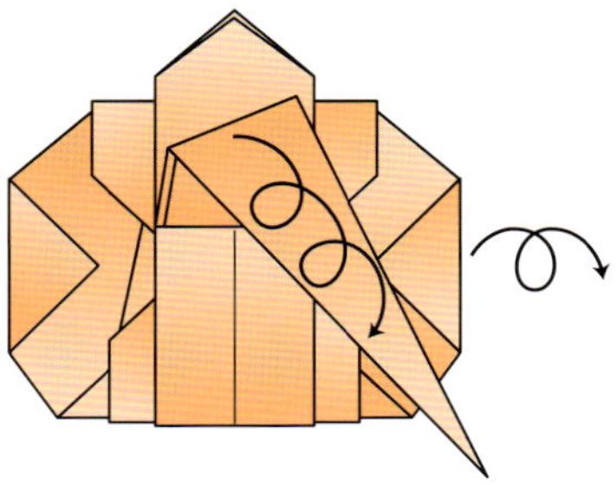

12 Dobre para trás a ponta superior e arrume o triângulo torcido para formar a haste da abóbora. Pode ser mais fácil torcer e retorcer o triângulo ao cobrir a peça com revestimento, quando o papel fica mais maleável.

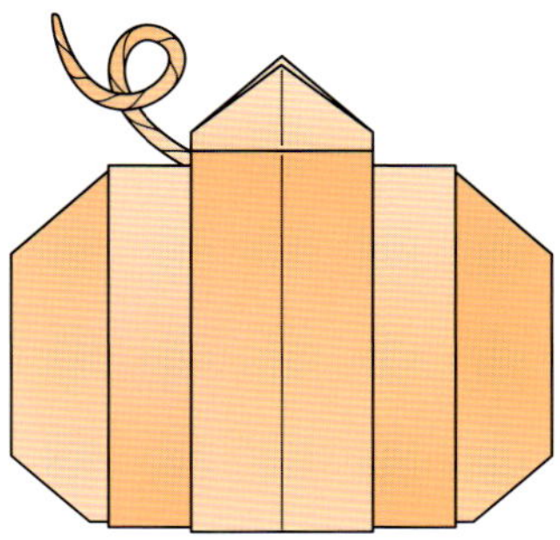

COMO MONTAR O BROCHE

1 Usando a ponta de um palito de dente, passe cola epóxi nas camadas soltas. Cubra com revestimento e deixe secar por completo.

2 Corte um pedaço da folha de plástico um pouco menor que o tamanho da abóbora. Cole na parte de trás da abóbora com cola epóxi, e depois cole a base de broche ao plástico.

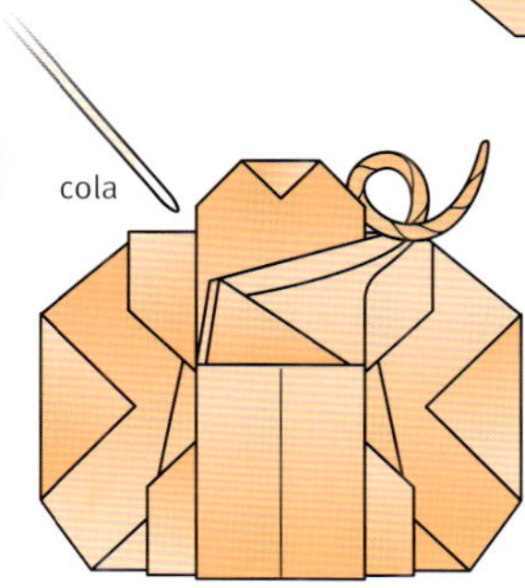

Colar e brincos de pinha

Nível de dificuldade:
colar ❖ ❖ ❖
brincos ❖ ❖ ❖

Graciosas pinhas, ressaltadas com contas de vidro e passadas por um fio de couro preto, criam uma harmonia singular de materiais e texturas neste lindo colar. O papel *yuzen washi* é o mais recomendado para esta peça, já que a maioria dos outros materiais não é fácil de dobrar no formato dessas contas pequenas e detalhadas. As estampas do *yuzen kimono* proporcionam um toque artístico à peça acabada.

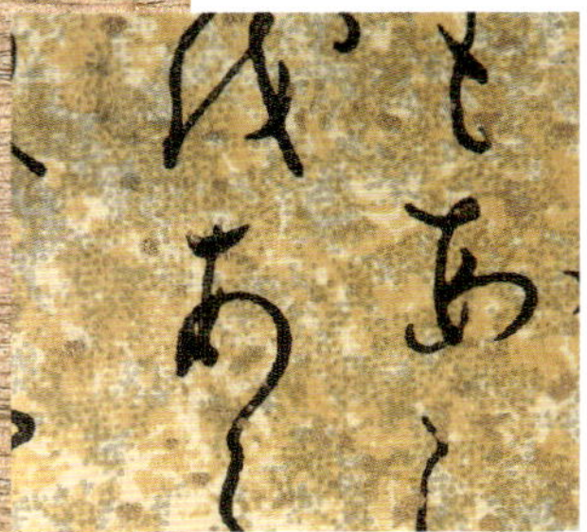

MATERIAL NECESSÁRIO

Colar

- papel *yuzen washi*
  8 quadrados de 4 cm
  1 quadrado de 5 cm
- 5 contas de vidro de 6 a 8 mm
- 1 alfinete de 5 cm com cabeça
- fio de couro de 1 mm de diâmetro e 76 cm de comprimento
- 1 fecho
- 1 argola pequena do tipo usado em chaveiros
- 2 terminais

Brincos

- 2 quadrados de papel *yuzen washi* de 4 cm
- 2 contas de vidro de 6 a 8 mm
- 2 alfinetes de 5 cm com cabeça
- 2 anzóis para brincos

- cola epóxi
- material de revestimento e pincel
- palito de dente para aplicar cola
- sovela
- alicate meia-cana
- tesoura
- alicate de corte

Este lindo e elegante colar é perfeito para ocasiões especiais.

INSTRUÇÕES PARA A DOBRADURA

Para este projeto, dobre as pinhas (ver p. 32) usando os materiais e as quantidades relacionados aqui.

COMO MONTAR O COLAR

1 Cubra as pinhas com revestimento e deixe secar.

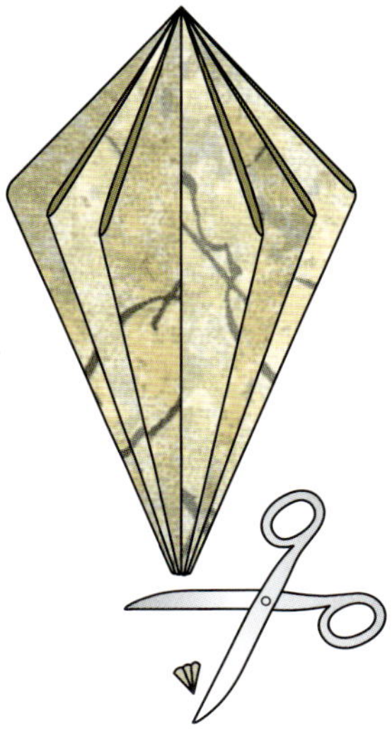

2 Faça um corte bem pequeno na ponta de cada uma das oito pinhas feitas com o papel quadrado de 4 cm. Estas serão as pinhas usadas no cordão.

3 Faça um pingente com a pinha feita com o papel quadrado de 5 cm. Perfure o centro da pinha com a sovela.

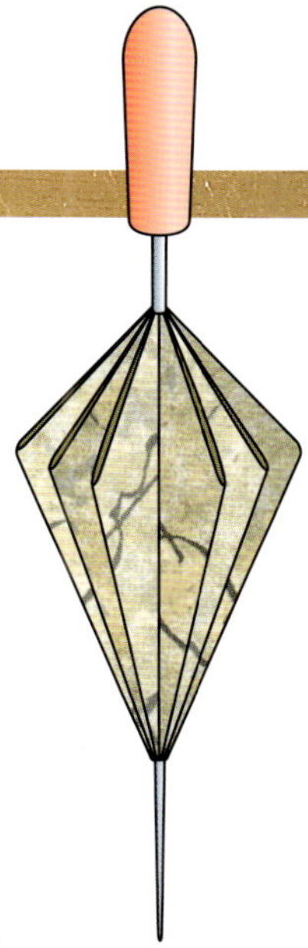

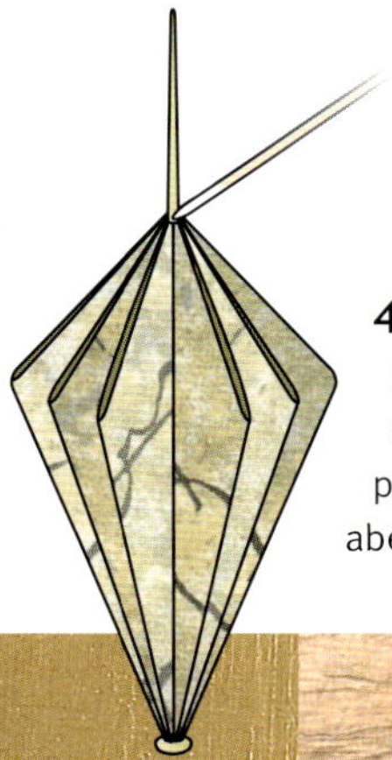

4 Insira o alfinete com cabeça a partir da parte de baixo. Usando a ponta de um palito de dente, passe um pouco de cola epóxi na pequena abertura do alto. Aperte e feche a abertura com os dedos para fixar o alfinete.

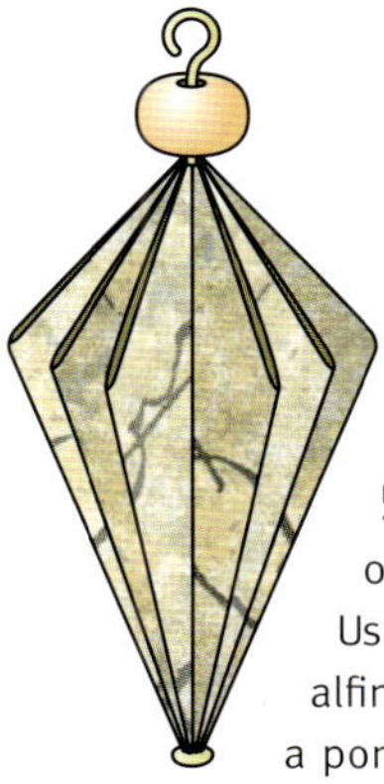

5 Passe uma conta de vidro e corte o alfinete, deixando 1 cm exposto. Usando o alicate meia-cana, dobre o alfinete em um ângulo reto e então curve a ponta para formar um aro.

Variações deste origami

As pinhas podem se transformar em lanternas de papel ou sombrinhas, apenas alterando seu tamanho e formato.

CONTINUA NA PRÓXIMA PÁGINA ▶

6 Passe as contas no fio de couro na seguinte sequência:
1 conta de origami
1 conta de vidro
1 conta de origami
o pingente de origami
1 conta de origami
1 conta de vidro
1 conta de origami

7 Centralize o conjunto de contas no fio de couro. Usando um palito de dente, passe um pouco de cola epóxi nas aberturas das contas de origami. Aperte e feche as aberturas com os dedos e deixe a cola secar.

8 Em um ponta do fio, passe uma conta de origami, uma conta de vidro e outra conta de origami. Posicione este conjunto de contas a cerca de 2,5 cm do conjunto central de contas. Passe um pouco de cola epóxi, como no passo 7, para mantê-las no lugar. Trabalhe o outro lado do colar da mesma forma.

9 Prenda os terminais, o fecho e a argola nas pontas do fio, para concluir o colar.

Variações de cores

O papel *yuzen washi* com fundo vermelho e as contas em tons de vermelho e verde transformam este colar em um acessório ideal para as celebrações de Natal.

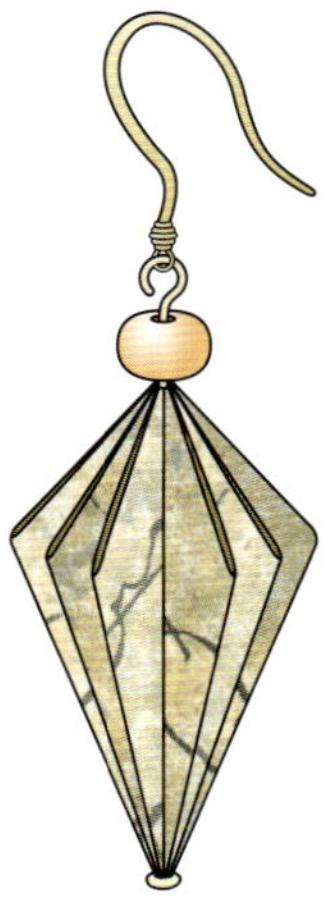

COMO MONTAR OS BRINCOS

1 Faça as duas pinhas, cubra com revestimento e deixe secar por completo.

2 Siga os passos 3 a 5 para o colar, para transformá-las em pingentes. Prenda anzóis para concluir os brincos (ver p. 39).

Broche, brincos e alfinete de árvore de Natal

Nível de dificuldade:

broche ❖

brincos ❖

alfinete ❖

Para espalhar um pouco do clima natalino de uma maneira divertida, basta confeccionar estas lindas bijuterias em forma de pinheiros, que são muito simples de fazer. Acrescentar uma conta com formato de estrela completa a árvore, ou você pode aplicar contas brilhantes para obter um acabamento mais gracioso.

MATERIAL NECESSÁRIO

Broche

- 7 retângulos de papel *washi* de cor sólida de 5 x 7,5 cm, sendo 6 verdes e 1 marrom
- 1 conta em forma de estrela
- fio de náilon ou linha de costura
- 1 folha de plástico de cerca de 2,5 x 5 cm
- 1 base de broche de 2,5 cm

Brincos

- 10 retângulos de papel *washi* de cor sólida de 3 x 5 cm, sendo 8 verdes e 2 marrons
- 2 contas em forma de estrela
- 2 alfinetes contrapinos de 2,5 cm
- 2 anzóis para brincos

Alfinete

- 15 retângulos de papel *washi* de cor sólida de 3 x 5 cm, sendo 8 verdes-claros, 4 verdes-escuros e 3 marrons
- 3 contas em forma de estrela
- 3 alfinetes contrapinos de 2,5 cm
- 2 alfinetes de 4 cm com cabeça
- 5 argolas simples de 5 mm
- 5 contas redondas verdes
- 5 contas redondas vermelhas
- 10 miçangas douradas
- 1 alfinete de segurança com 5 saídas

- cola epóxi
- material de revestimento e pincel
- palito de dente
- tesoura
- agulha de costura
- alicate de corte
- alicate meia-cana

Coloque no topo da árvore suas contas favoritas em forma de estrela para dar um toque festivo à peça acabada.

INSTRUÇÕES PARA A DOBRADURA

Neste projeto, são usadas peças modulares A. O tamanho, a quantidade e as cores do papel são relacionados aqui. Siga as instruções de dobradura para peças modulares (ver p. 25).

COMO MONTAR O BROCHE

1 Coloque três peças verdes com as abas triangulares para a direita e dobre ao meio. Estas serão a primeira, terceira e quinta peças. Posicione três outras peças verdes com as abas triangulares para a esquerda e dobre ao meio. Estas serão a segunda, quarta e sexta peças.

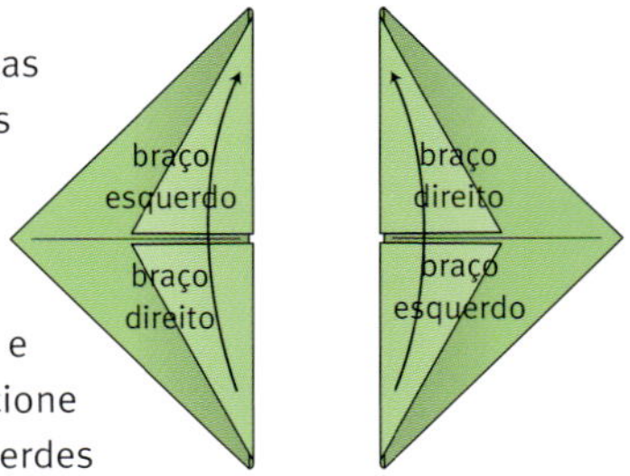

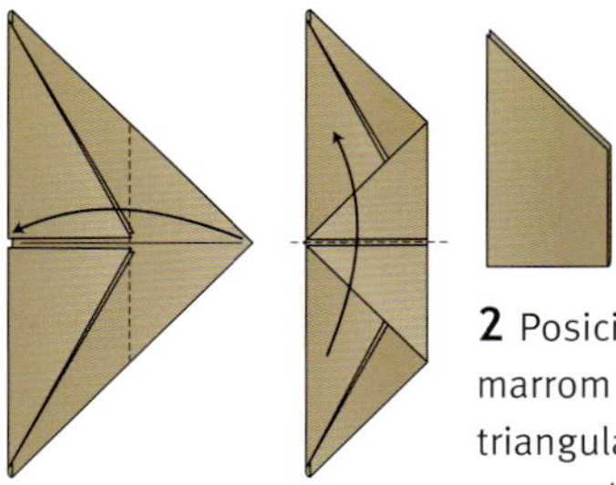

2 Posicione a peça marrom com as abas triangulares para a esquerda, dobre ao meio no sentido da largura e então dobre ao meio no sentido do comprimento.

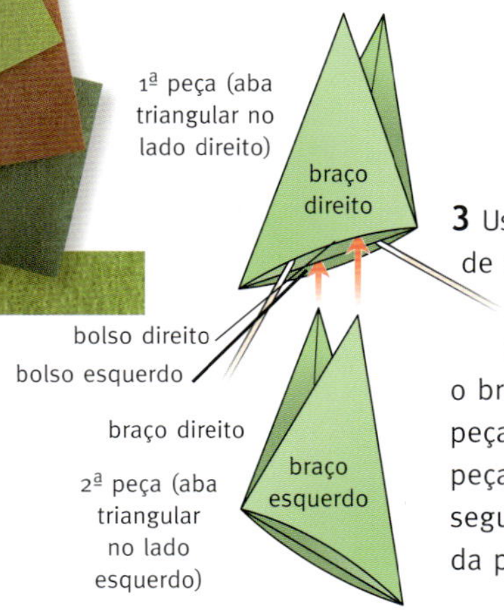

3 Usando a ponta de um palito de dente, passe um pouco de cola epóxi nos bolsos da primeira peça. Depois, insira o braço esquerdo da segunda peça no bolso direito da primeira peça e o braço direito da segunda peça no bolso esquerdo da primeira peça.

4 Repita o passo 3 com mais quatro peças verdes, alternando a orientação de direita e esquerda, como mostrado. Insira a peça marrom na última peça verde, usando primeiro um palito de dente para aplicar um pouco de cola epóxi nos bolsos.

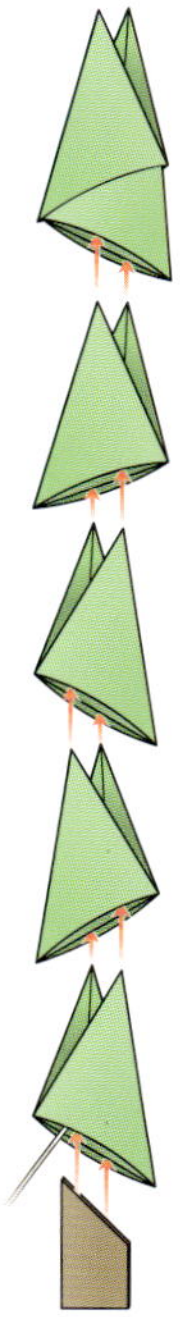

5 Cubra a peça com revestimento e deixe secar por completo.

6 Costure uma conta em forma de estrela no topo da árvore. Amarre as pontas do fio entre os braços direito e esquerdo da primeira peça. Cole os braços juntos com cola epóxi.

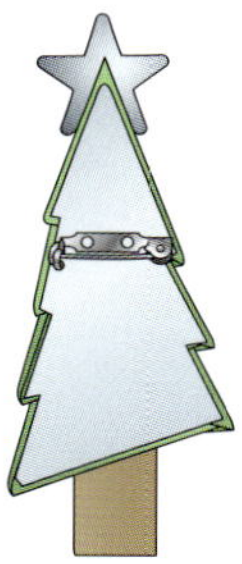

7 Corte um pedaço da folha de plástico no mesmo formato da árvore, mas um pouco menor, e utilize a cola epóxi para colá-lo na parte de trás. Depois, cole a base de broche no plástico.

COMO MONTAR OS BRINCOS

1 Faça duas árvores. Antes de montá-las, fixe um alfinete contrapino na primeira peça. Curve o topo do alfinete e introduza-o sob a aba triangular, conforme mostrado. Passe cola epóxi sob a aba triangular junto ao alfinete e dentro da peça para colar os braços esquerdo e direito juntos.

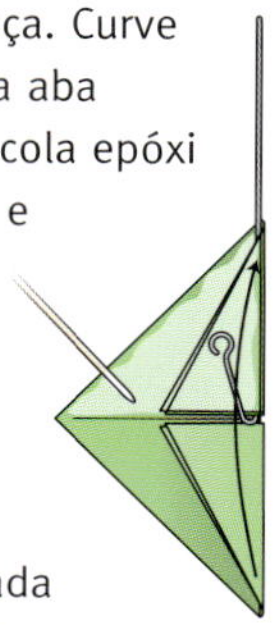

2 Monte as árvores assim como fez para o broche, usando apenas quatro peças verdes (em vez de seis) para cada árvore. Cubra com revestimento e deixe secar por completo.

3 Passe uma conta em forma de estrela pelo alfinete contrapino. Corte o alfinete deixando cerca de 1 cm exposto. Use o alicate meia-cana para dobrar a parte do alfinete exposta em um ângulo reto; depois, curve a ponta para formar um aro. Prenda os anzóis para concluir os brincos.

COMO MONTAR O ALFINETE

1 Faça três árvores, da mesma forma feita para o brinco: duas com papel verde-claro e uma com papel verde--escuro.

2 Passe 1 conta vermelha, 1 miçanga dourada, 1 conta verde e 1 miçanga dourada pelo alfinete com cabeça. Repita essa sequência mais uma vez, depois acrescente 1 conta vermelha e 1 miçanga dourada.

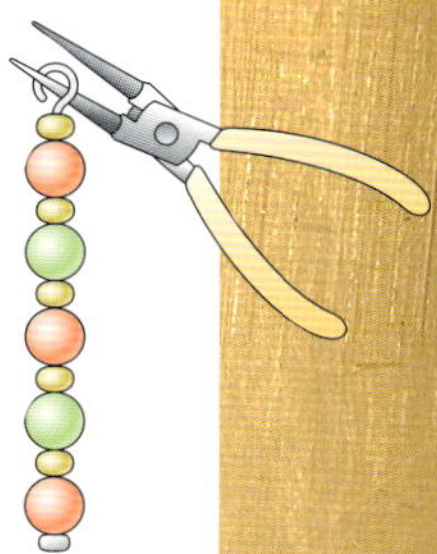

3 Corte o alfinete com cabeça, deixando 1 cm exposto. Use o alicate meia-cana para dobrar a parte do alfinete exposta em um ângulo reto; depois, curve a ponta para formar um aro.

4 Faça outro conjunto de contas, agora começando com uma verde, e usando três contas verdes e duas vermelhas.

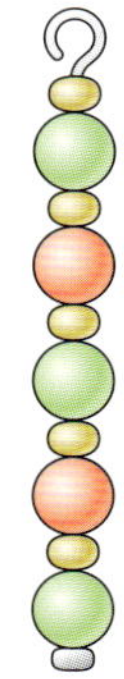

5 Prenda uma argola às árvores e aos dois alfinetes com contas. Prenda-os ao alfinete de segurança com saídas, conforme mostrado abaixo.

Estas peças são feitas com dois origamis de estrela de ninja, realçados com contas de estanho também em formato de estrela.

Broche e brincos de estrela

Nível de dificuldade:
broche ❖ ❖
brincos ❖ ❖

Deixe que estas estrelas iluminem o dia assim como as estrelas de verdade iluminam a noite. Papel branco e dourado, com o realce de uma conta em forma de estrela, torna tudo cintilante.

MATERIAL NECESSÁRIO

Broche

- papel *yuzen washi*
  2 quadrados de 10 cm
  2 quadrados de 7,5 cm
- 1 conta em forma de estrela
- fio de náilon ou linha de costura
- 1 disco de plástico de 2,5 cm
- 1 base de broche de 2,5 cm

Brincos

- 4 quadrados de papel *yuzen washi* de 5 cm
- 2 contas em forma de estrela
- fio de náilon ou linha de costura
- 2 alfinetes contrapinos de 2,5 cm
- 2 anzóis para brincos

- cola epóxi
- material de revestimento e pincel
- palito de dente para aplicar cola
- agulha de costura
- tesoura
- alicate meia-cana
- alicate de corte

COMO DOBRAR A ESTRELA

1 Pegue dois papéis do mesmo tamanho. Dobre-os ao meio no sentido da largura, e então desdobre.

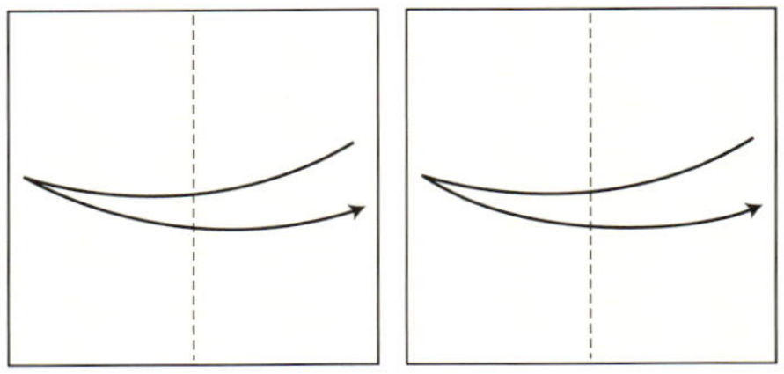

2 Dobre as duas laterais em direção ao vinco central.

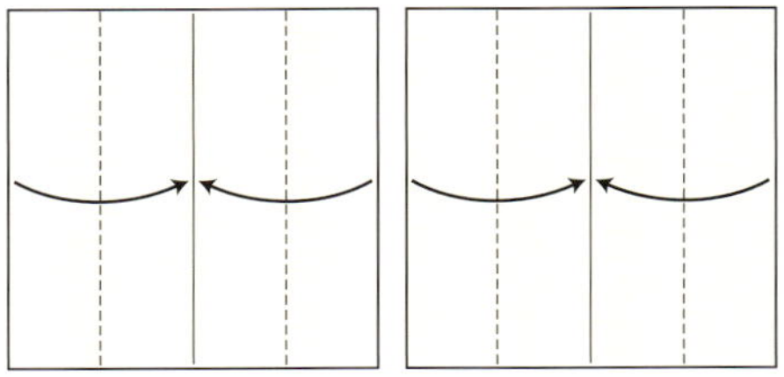

3 Dobre ao meio no sentido da largura.

4 Dobre os cantos superior e inferior em direções diferentes.

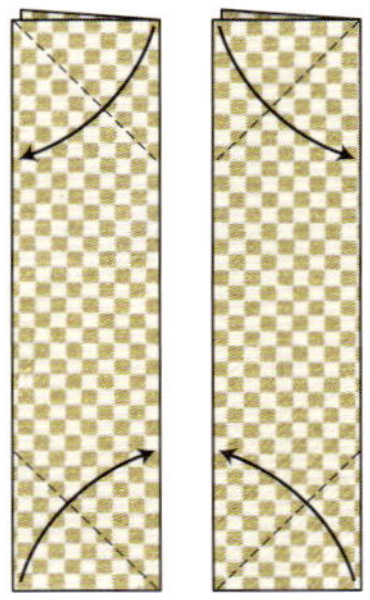

A B

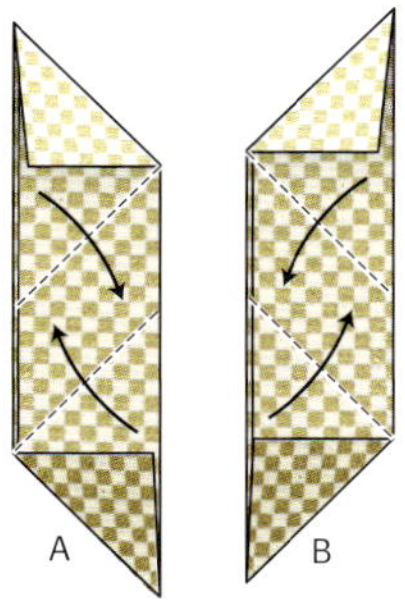

5 Dobre a metade superior para baixo e a metade inferior para cima de modo a formar dois triângulos, como mostrado no passo 6.

6 Vire a peça A, depois a gire no sentido horário. Gire a peça B no sentido anti-horário. Certifique-se de que as peças estão posicionadas como mostrado no passo 7.

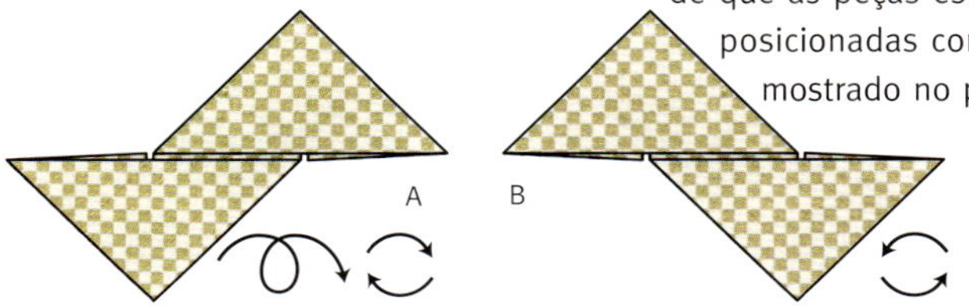

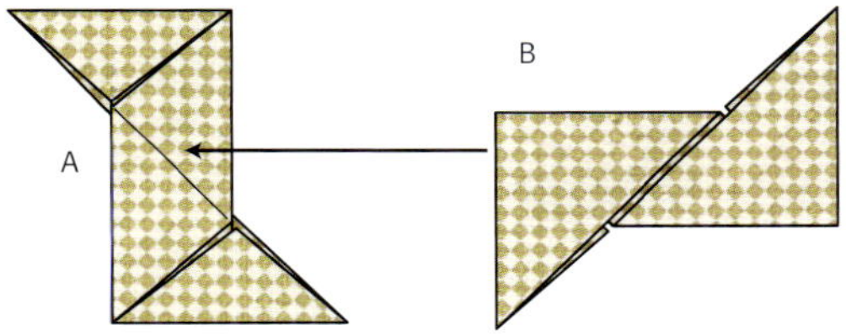

7 Coloque a peça B sobre a peça A.

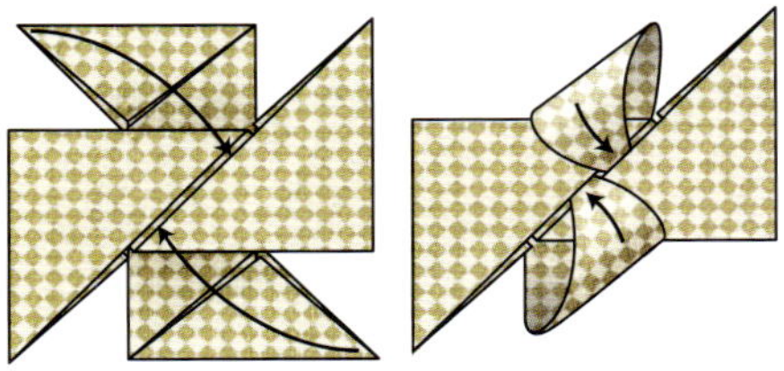

8 Dobre as pontas dos triângulos da peça A e insira-as na peça B.

9 Vire o origami.

10 Dobre as pontas dos triângulos da peça B e insira-as na peça A para concluir a estrela.

COMO MONTAR O BROCHE

1 Faça duas estrelas de dois tamanhos. Cubra com revestimento e deixe secar.

2 Coloque a estrela menor sobre a maior. Insira uma agulha com linha pela parte de trás da estrela maior, puxe a linha pelo centro, passe pela estrela menor e pela conta em forma de estrela e então leve de volta pelo centro das duas estrelas.

3 Passe cola epóxi entre a conta e a estrela menor e entre as estrelas menor e maior. Cole um disco plástico na parte de trás da estrela. Depois, cole a base de broche no plástico.

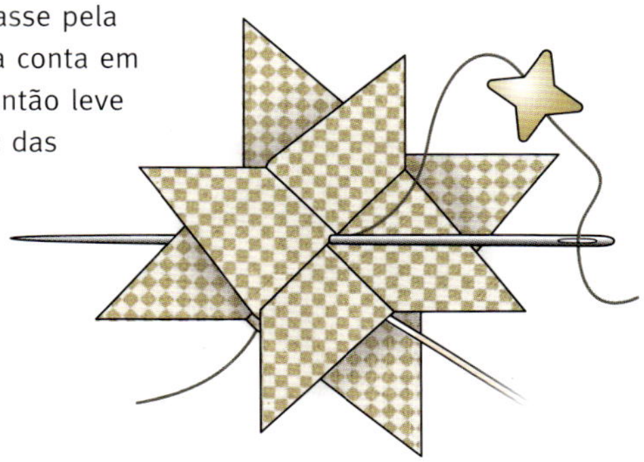

COMO MONTAR OS BRINCOS

1 Faça duas estrelas. No passo de dobradura 10, insira apenas uma ponta do triângulo. Cubra as peças com revestimento e deixe secar.

2 Siga o passo 2 de como montar o broche, usando apenas uma estrela para cada brinco.

3 Corte um alfinete contrapino para que fique com 2 cm. Dobre a parte de baixo até formar um ângulo reto e também curve um pouco abaixo do aro do alfinete.

4 Coloque o alfinete contrapino sob a aba triangular que não foi inserida no passo 1. Passe um pouco de cola epóxi na aba triangular e então insira a ponta na outra peça. Certifique-se de que as pontas da linha estão escondidas.

5 Prenda os anzóis para concluir os brincos.

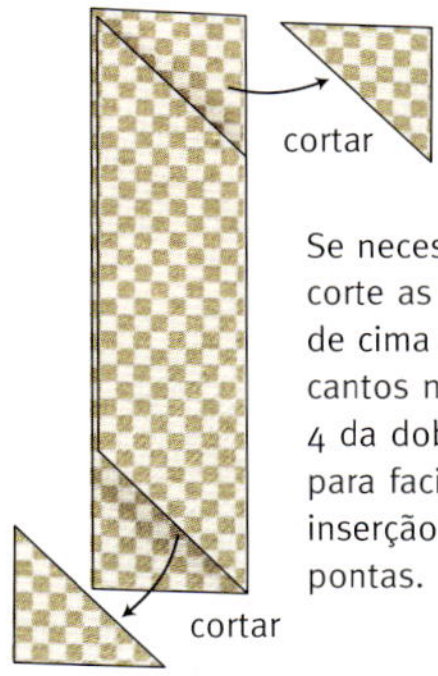

Se necessário, corte as camadas de cima dos cantos no passo 4 da dobradura para facilitar a inserção das pontas.

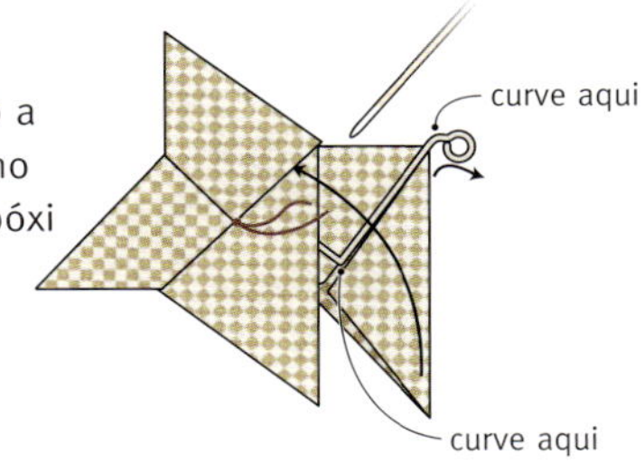

Colar e brincos festivos de papel laminado

Nível de dificuldade:

colar ❖ ❖

brincos ❖ ❖

Este colar é feito de pequenas contas redondas azuis e contas de papel laminado que são uma variação dos balões. O papel laminado dá uma aparência brilhante e festiva, mas sutil, complementada por pingentes semelhantes a flocos de neve feitos com papel opalescente. O papel laminado e o papel opalescente não são apropriados para revestimento, mas são relativamente duráveis.

MATERIAL NECESSÁRIO

Colar

- papel de origami laminado 14 quadrados de 4 cm 1 quadrado de 5 cm
- 1 quadrado de papel de origami opalescente de 5 cm
- 104 contas retangulares de vidro de 5 mm
- 55 contas redondas de vidro de 3 mm
- 1 alfinete de 5 cm com cabeça
- arame de alumínio (um de 60 cm e outro de 50 cm)
- 4 *tips*
- 2 fechos com cabide de duas saídas
- argola do tipo usado em chaveiros (1 de 5 mm e 1 de 8 mm)
- fecho lagosta

Brincos A

- 2 quadrados de papel de origami laminado de 4 cm
- 4 contas redondas de vidro de 3 mm
- 2 alfinetes de 4 cm com cabeça
- 2 anzóis para brincos

Brincos B

- 2 quadrados de papel de origami opalescente de 5 cm
- 4 contas retangulares de vidro de 5 mm
- 6 contas redondas de vidro de 3 mm
- 2 alfinetes contrapinos de 4 cm
- 2 anzóis para brincos

- cola em bastão
- cola epóxi
- palito de dente
- sovela
- alicate meia-cana
- alicate de friso
- alicate de corte

INSTRUÇÕES PARA A DOBRADURA

Neste projeto são usados balões não preenchidos com fibras de poliéster. Siga as instruções para a dobradura de balões até o passo 9 (ver p. 30).

Para o colar, faça 14 balões com quadrados de 4 cm e 1 com um quadrado de 5 cm de papel laminado. Você também precisará de um quadrado de papel opalescente de 5 cm para fazer o pingente.

Para os brincos A, você precisará fazer dois balões com os quadrados de papel laminado de 4 cm. Para o brinco B, você precisará fazer dois pingentes com os quadrados de papel opalescente de 5 cm.

COMO MONTAR O COLAR

1 Para fazer o pingente para a fileira mais longa, dobre um quadrado de papel opalescente de 5 cm para formar a base do barco (ver p. 23). Levante a aba triangular e deixe-a em pé.

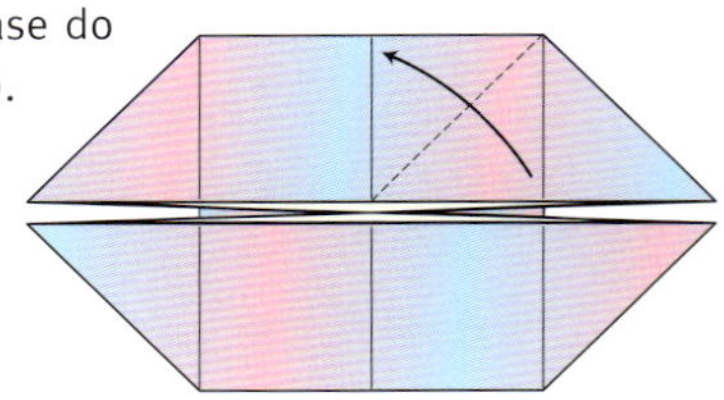

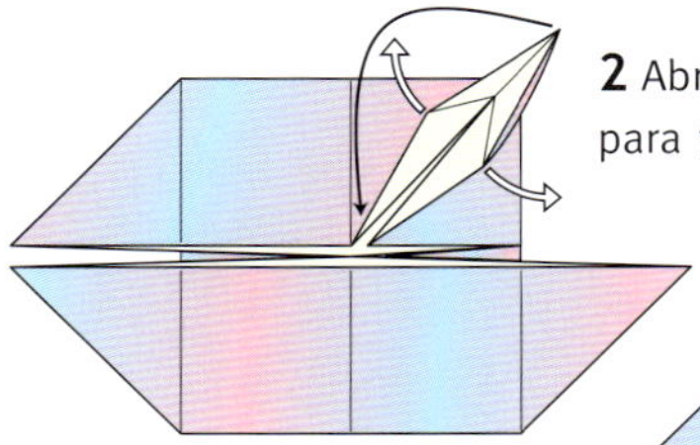

2 Abra e abaixe a aba triangular para formar uma aba quadrada.

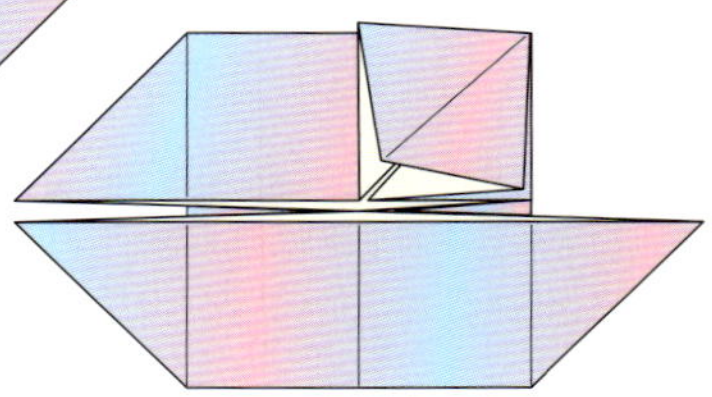

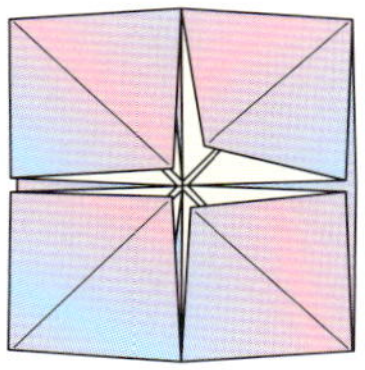

3 Faça o mesmo com as três outras abas triangulares para formar abas quadradas.

4 Desdobre a peça e passe cola em bastão nos quatro cantos, conforme mostrado. Depois, dobre novamente como no passo 3.

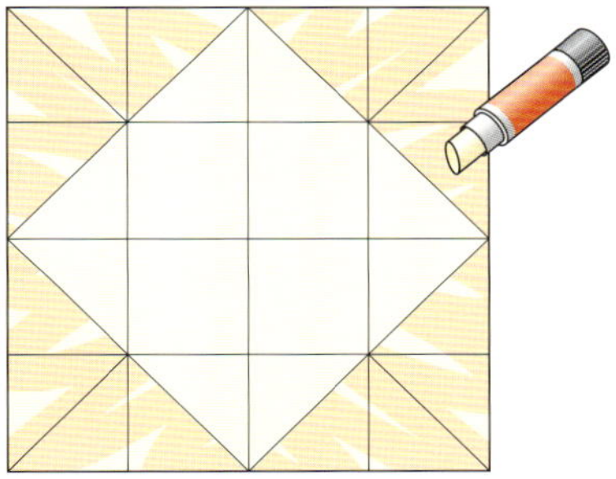

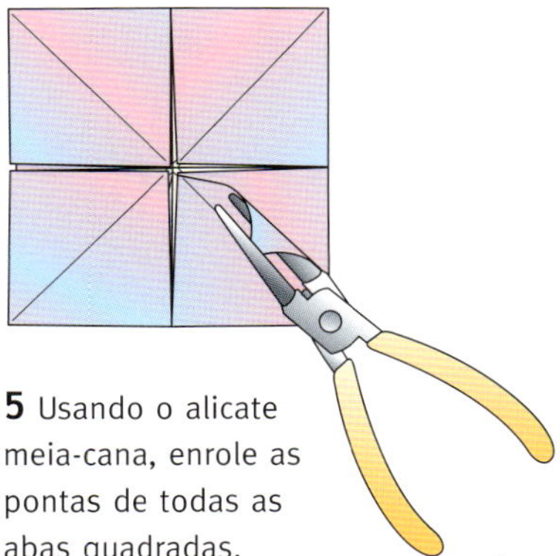

5 Usando o alicate meia-cana, enrole as pontas de todas as abas quadradas.

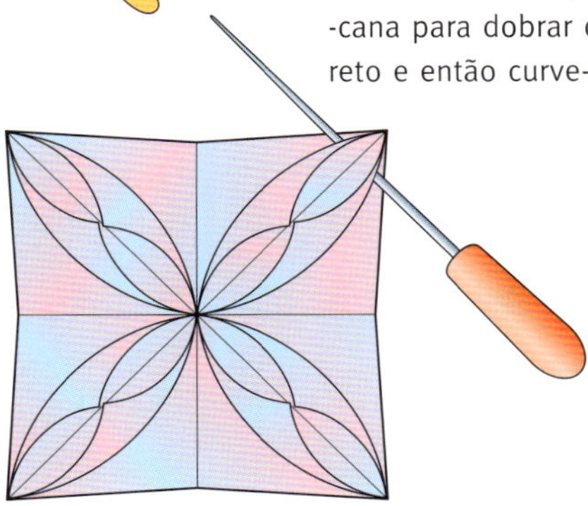

6 Usando uma sovela, perfure a parte de trás de um dos quadrados enrolados. O pingente está pronto.

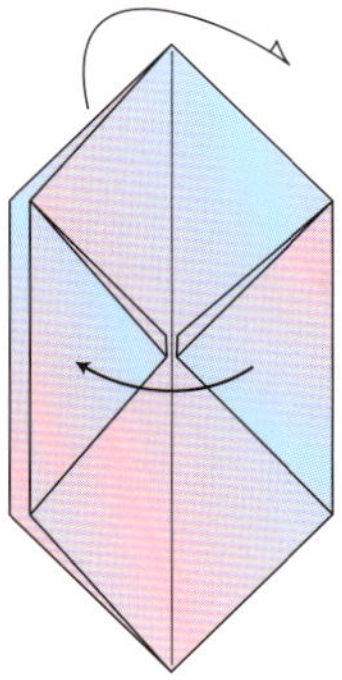

7 Faça balões (p. 30) com papel laminado de 4 cm, sem colocar o enchimento. Dobre as abas para o lado, a fim de mostrar a face sem bolsos triangulares.

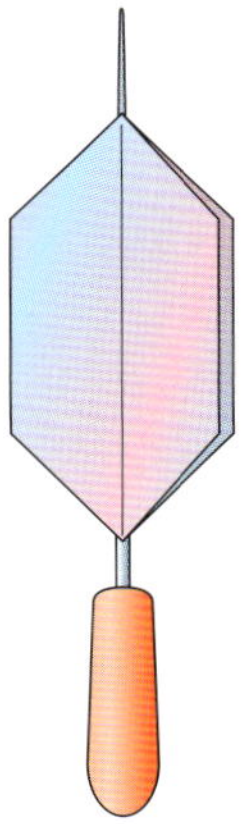

8 Com uma sovela, perfure o centro das contas a partir do pequeno orifício na parte inferior.

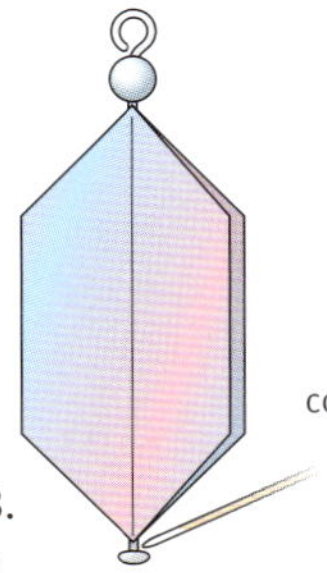

9 Para fazer o pingente para a fileira mais curta, faça um balão com papel laminado de 5 cm, seguindo os passos 7 e 8. Insira um alfinete com cabeça a partir do orifício na parte inferior. Passe um pouco de cola epóxi entre a cabeça do alfinete e o balão. Passe uma conta redonda pelo alfinete, e então corte-o deixando 1 cm exposto. Use o alicate meia--cana para dobrar o alfinete em um ângulo reto e então curve-o para formar um aro.

Este lindo colar é ideal para as celebrações de fim de ano. Veja na página seguinte os brincos do conjunto.

CONTINUA NA PRÓXIMA PÁGINA ▶

10 Passe as contas pelo arame de alumínio mais longo na seguinte sequência: 1 conta redonda, 2 contas retangulares, 1 redonda, 2 retangulares, 1 redonda e 1 retangular.

11 Depois, acrescente 1 conta de papel laminado, 1 conta retangular, 1 conta redonda, 2 retangulares, 1 redonda e 1 retangular. Repita esse passo mais três vezes.

12 Passe o pingente feito com papel opalescente a partir da outra extremidade do arame e o centralize. Repita os passos 10 e 11 no outro lado do colar, para que fique igual.

13 Coloque 1 conta retangular em ambas as pontas. Depois, passe por ambas as pontas novamente uma sequência de 1 conta redonda e 2 contas retangulares até que o colar tenha cerca de 50 cm (ou o comprimento que você desejar).

14 Passe pelo arame de alumínio mais curto 1 conta retangular, 1 conta redonda, 2 retangulares, 1 redonda, 1 retangular e 1 de papel laminado. Repita esse passo mais duas vezes.

15 Passe o pingente feito com o papel laminado pelo outro lado do fio e o centralize. Repita o passo 14 no outro lado do colar para que fique igual. Adicione 1 conta retangular e termine passando pelas pontas 1 conta redonda seguida por 2 contas retangulares até que o colar tenha cerca de 40 cm ou o comprimento que você desejar.

16 Prenda as pontas dos arames aos fechos com cabide de duas saídas, firmando-as com *tips*. Prenda o fecho em uma ponta e a argola na outra.

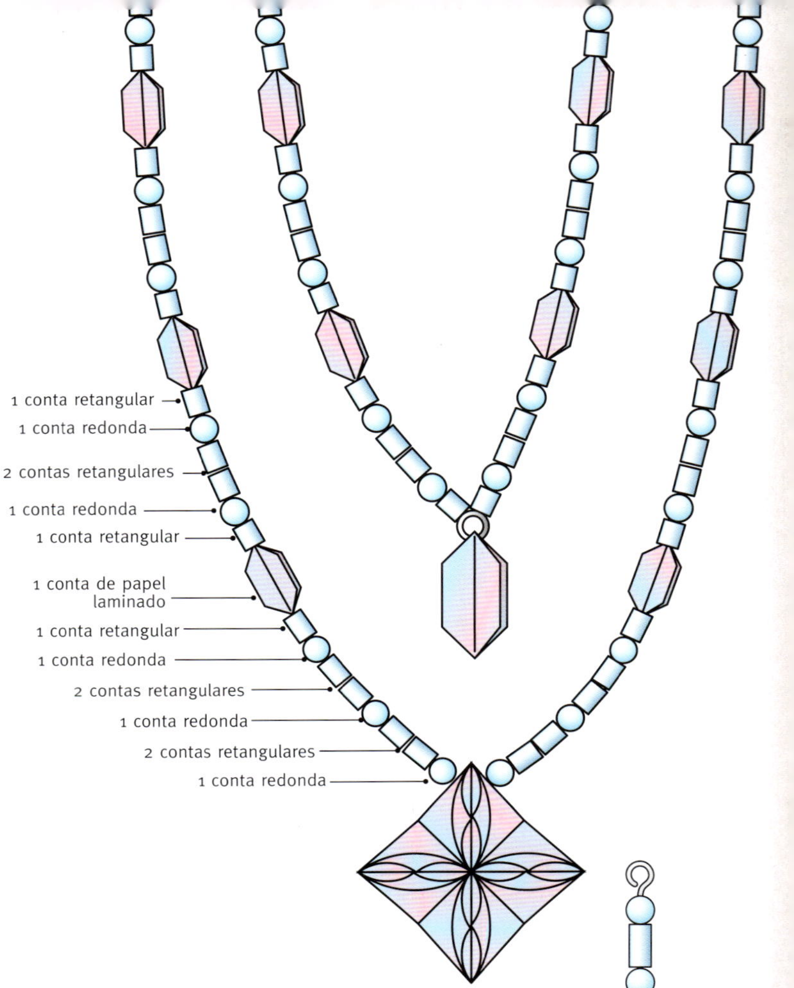

COMO MONTAR OS BRINCOS A

1 Faça duas contas de papel laminado. Siga os passos 7 a 9, mas sem colar o alfinete com cabeça na conta. Passe pelo alfinete uma conta redonda, a conta de papel laminado e mais uma conta redonda. Prenda os anzóis para concluir os brincos.

COMO MONTAR OS BRINCOS B

1 Faça duas peças, seguindo os passos 1 a 6 para montar o colar.

2 Passe cola epóxi na parte de trás da peça e cole a parte A na parte A1, B na B1, C na C1 e D na D1. Pressione-as uma contra a outra até a cola secar.

3 Insira o aro de um alfinete contrapino através do orifício feito no passo 6. Passe um pouco de cola epóxi na parte em que o alfinete contrapino está preso, para dar mais resistência.

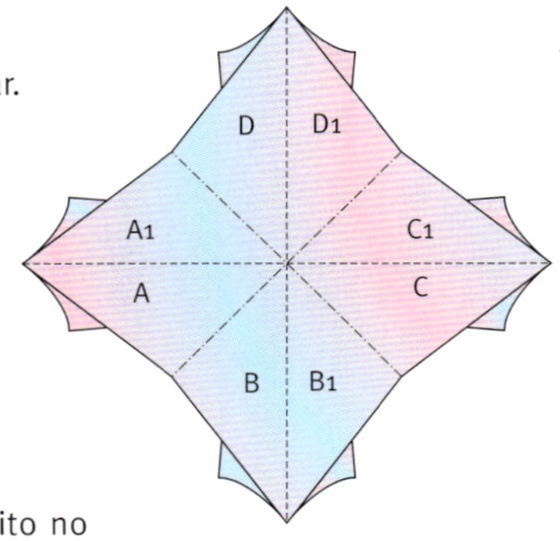

vista de trás

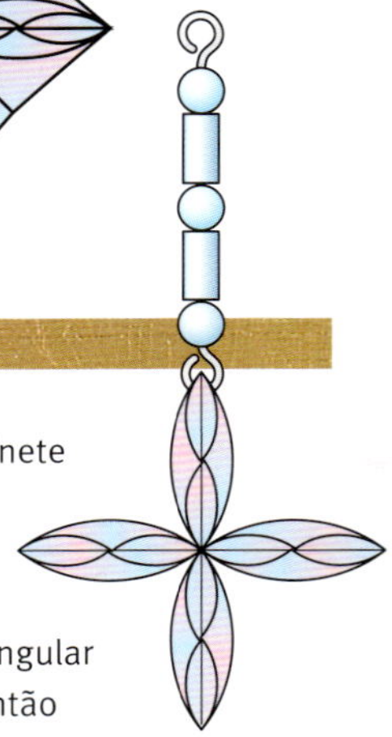

4 Passe pelo alfinete 1 conta redonda, 1 conta retangular, 1 redonda, 1 retangular e 1 redonda, e então corte-o deixando 1 cm exposto. Use o alicate meia-cana para dobrar a parte exposta do alfinete em um ângulo reto, depois curve para formar um aro. Prenda os anzóis para brincos.

O papel laminado dá brilho à bijuteria de origami, destacando-a e deixando-a ainda mais feminina.

Broche de guirlanda

Nível de dificuldade: ❖

Dobraduras e montagens simples podem resultar em um projeto belíssimo. Para esta guirlanda surpreendente, conecte peças modulares até que formem um círculo. Adicione um laço vermelho e uma estrela, para dar um toque festivo.

MATERIAL NECESSÁRIO

- 9 retângulos de papel *washi* verde-claro de 3 x 5 cm
- 9 retângulos de papel *washi* verde-escuro de 3 x 5 cm
- papel *washi* vermelho
  - 2 retângulos de 1,5 x 5 cm
  - 1 retângulo de 1,5 x 6,5 cm
  - 1 retângulo de 1,5 x 2,5 cm
- 1 folha de plástico com cerca de 1,5 x 2,5 cm
- 1 base de broche de 2,5 cm

- cola epóxi
- cola em bastão
- material de revestimento e pincel
- palito de dente para aplicar cola
- tesoura

INSTRUÇÕES PARA A DOBRADURA

Faça nove peças modulares A em verde-claro e nove em verde-escuro (ver p. 25).

COMO MONTAR A GUIRLANDA

1 Dobre todas as 18 peças modulares ao meio, com as abas triangulares no alto.

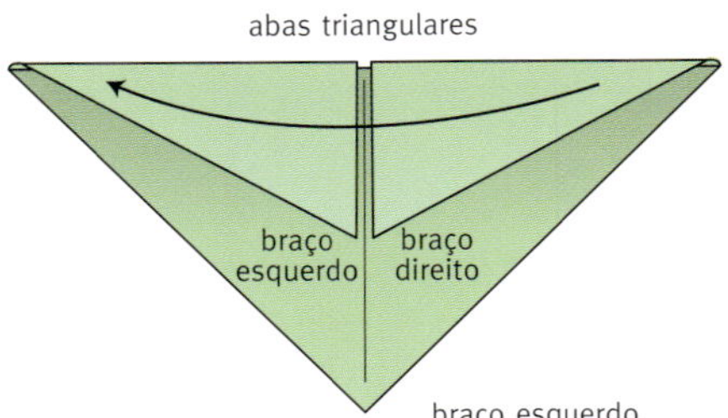

2 Usando a ponta de um palito de dente, insira um pouco de cola epóxi nos bolsos da primeira peça. Incline a segunda peça em um ângulo aproximado de 20°, depois insira o braço direito da segunda peça no bolso direito da primeira peça, e o braço esquerdo da segunda peça no bolso esquerdo da primeira peça.

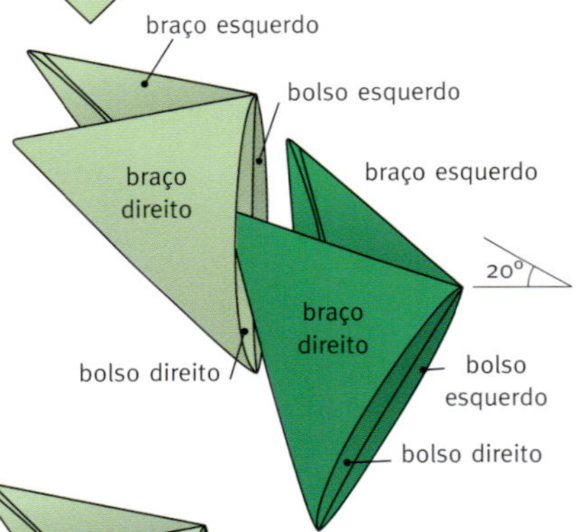

3 Repita o passo 2 com as outras 16 peças, alternando as verdes-claras e as verdes-escuras.

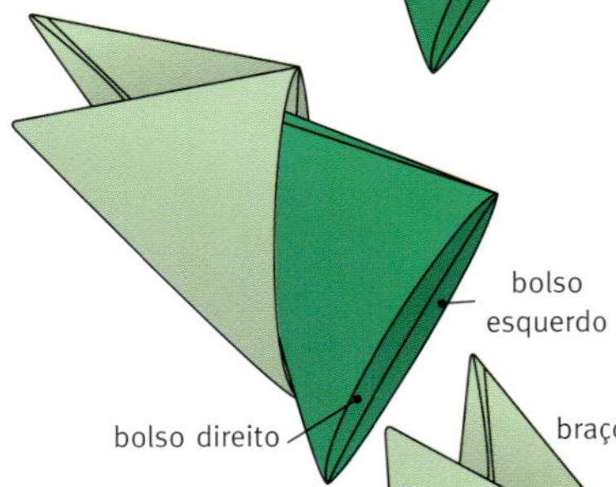

4 Após inserir a 18ª peça, coloque o braço direito da 1ª peça no bolso direito da 18ª peça, e o braço esquerdo da 1ª peça no bolso esquerdo da 18ª peça para formar um círculo.

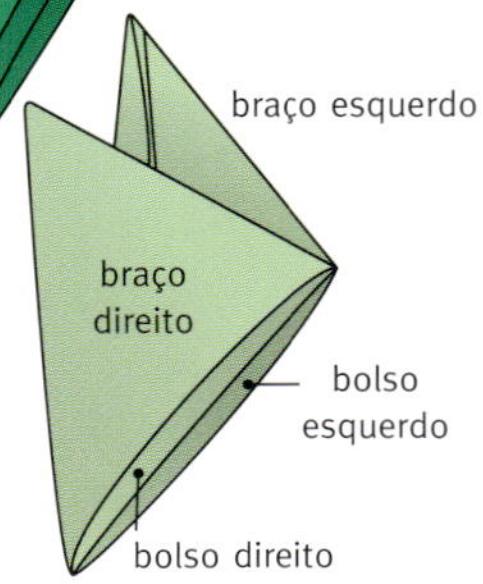

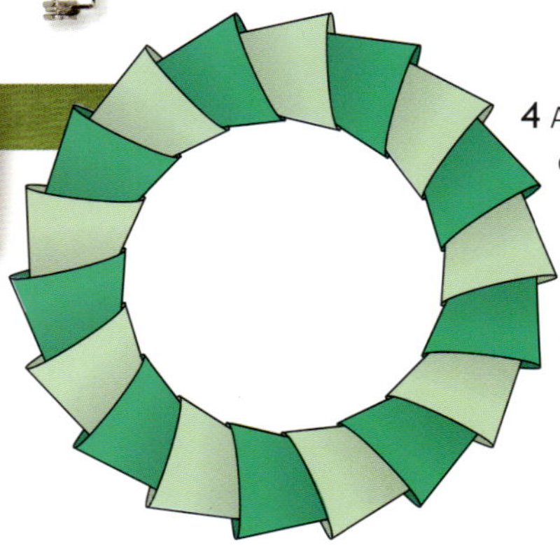

5 Para fazer o laço, dobre os quatro retângulos vermelhos ao meio, no sentido do comprimento. Desdobre e passe cola em bastão em toda a parte de dentro; depois dobre ao meio novamente.

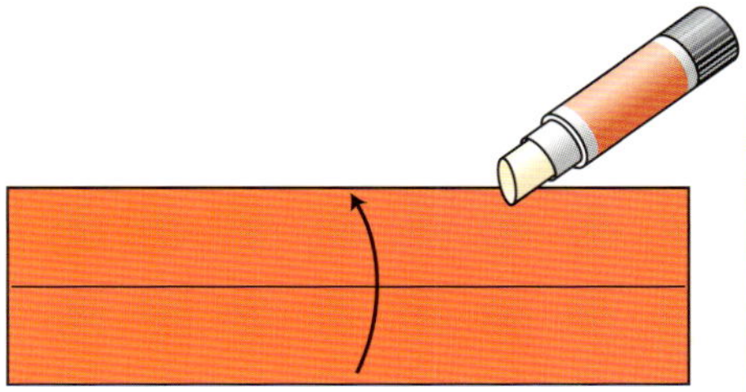

6 Faça um círculo com a fita mais longa. Passe a fita mais curta duas vezes em volta do meio do laço. Cole as pontas da fita mais curta juntas na parte de trás.

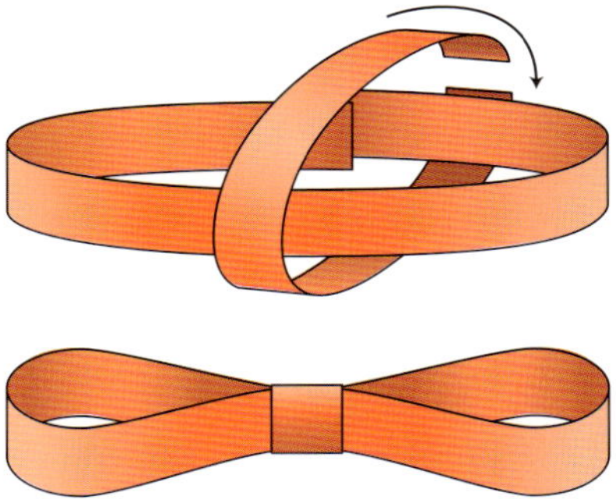

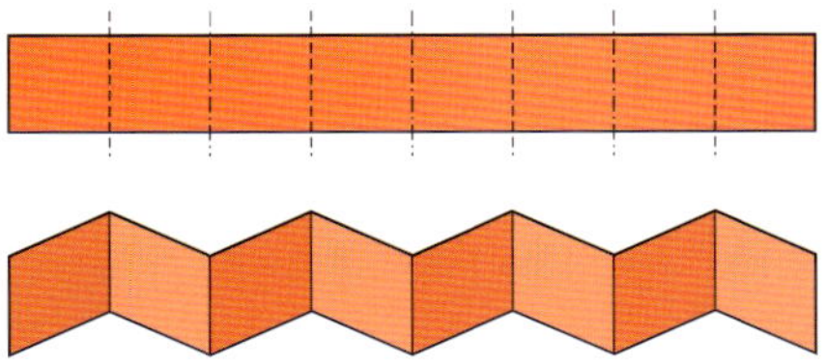

7 Faça pregas nas duas fitas restantes. Cubra todas as peças com revestimento, incluindo todas as vermelhas e a guirlanda. Deixe secar por completo.

A estrela no centro da guirlanda é a mesma mostrada nos brincos e no broche da página 96.

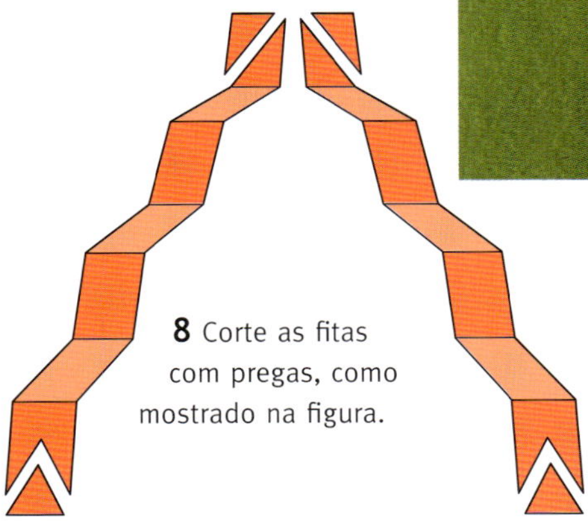

8 Corte as fitas com pregas, como mostrado na figura.

9 Usando cola epóxi, cole as fitas com pregas e o laço na parte de cima da guirlanda.

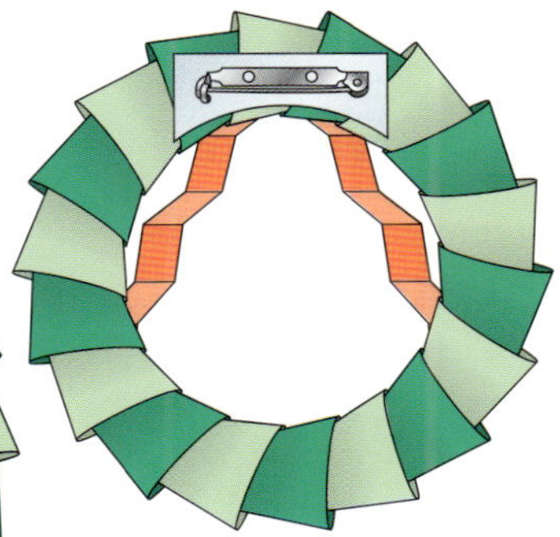

10 Cole um pedaço da folha de plástico no alto da parte de trás da guirlanda. Depois, cole uma base para broche no plástico. O broche está pronto.

Alfinete e brincos de anjinho

Nível de dificuldade:
alfinete ❖❖
brincos ❖❖

Usando estes adoráveis brincos e alfinete, você nunca ficará sem seu anjo da guarda! Aqui, mostramos anjinhos dourados e reluzentes, mas você pode experimentar um branco angelical ou prata cintilante para criar a sua própria versão.

Estes anjinhos reluzentes com as asas graciosamente abertas serão um adorável acréscimo à sua coleção de bijuterias.

MATERIAL NECESSÁRIO

Alfinete

- papel *yuzen washi*
  1 quadrado de 7,5 cm
  1 retângulo de 4 x 7,5 cm
- 1 conta redonda de 15 mm
- 1 conta de 3 mm
- 1 alfinete contrapino de 4 cm
- 1 argola de fecho T
- folha de plástico com aproximadamente 2,5 x 4 cm
- 1 alfinete para gravata de 7,5 cm com ponta de 8 mm

Brincos

- papel *yuzen washi*
  2 quadrados de 4 cm
  2 retângulos de 2 x 4 cm
- 2 contas redondas de 1 cm
- 2 alfinetes contrapinos de 4 cm
- 2 argolas do tipo usado em chaveiro de 5 mm
- 2 anzóis para brincos

- cola em bastão
- cola epóxi
- material de revestimento e pincel
- palito de dente para aplicar cola
- sovela
- alicate meia-cana
- alicate de corte
- tesoura

COMO DOBRAR O ANJINHO

1 Para fazer o corpo do anjinho, siga os passos 1 e 2 da pinha (ver p. 32), usando o papel quadrado.

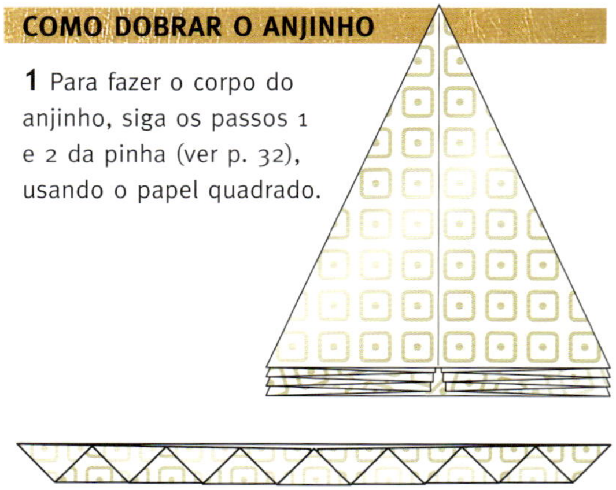

2 Para fazer as asas, siga os passos 1 a 6 da folha (ver p. 82), usando o papel retangular.

COMO MONTAR O BROCHE

1 Perfure o alto do corpo do anjinho de dentro para fora, usando uma sovela ou agulha. Passe uma quantidade generosa de cola epóxi no aro do alfinete contrapino, insira o alfinete através do furo e puxe o aro até o alto do corpo do anjinho.

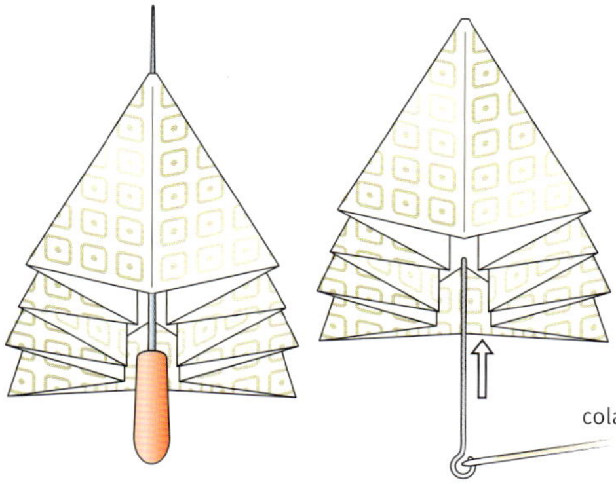

2 Usando a ponta do palito de dente, passe cola epóxi nas aberturas e pressione-as juntas até a cola secar.

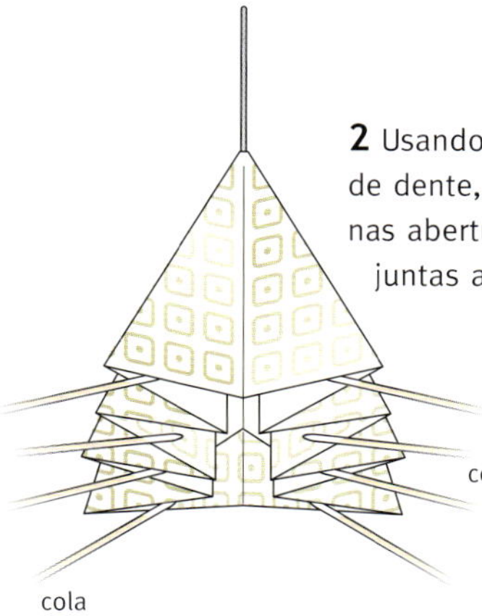

3 Perfure o centro da asa usando a sovela.

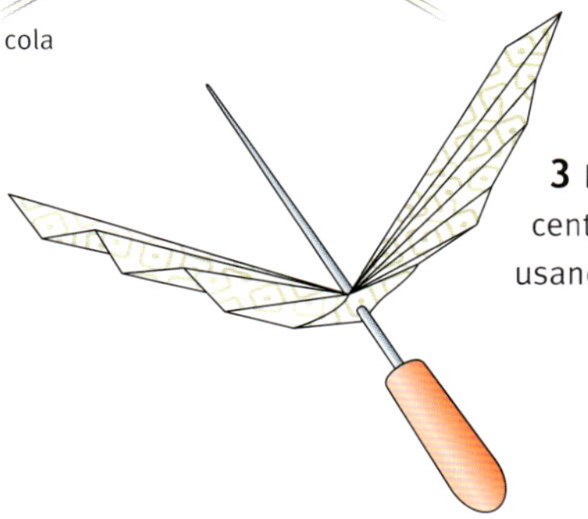

4 Insira o alfinete contrapino no furo da asa. Use a ponta do palito de dente para aplicar um pouco de cola epóxi entre o corpo e a asa do anjinho, e depois abra as asas. Cubra com revestimento e deixe secar por completo.

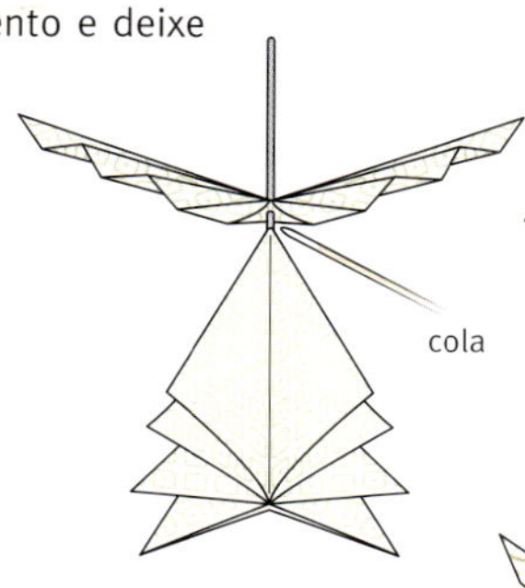

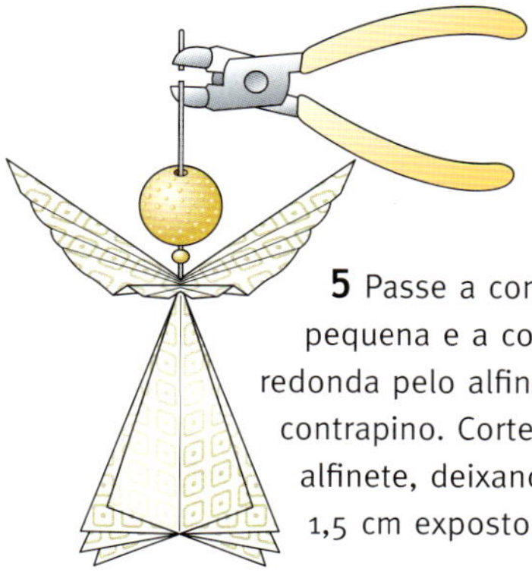

5 Passe a conta pequena e a conta redonda pelo alfinete contrapino. Corte o alfinete, deixando 1,5 cm exposto.

6 Usando o alicate meia-cana, dobre a parte exposta do alfinete na direção das costas do anjinho e faça um aro na extremidade. Prenda esse aro ao anel da argola do fecho T.

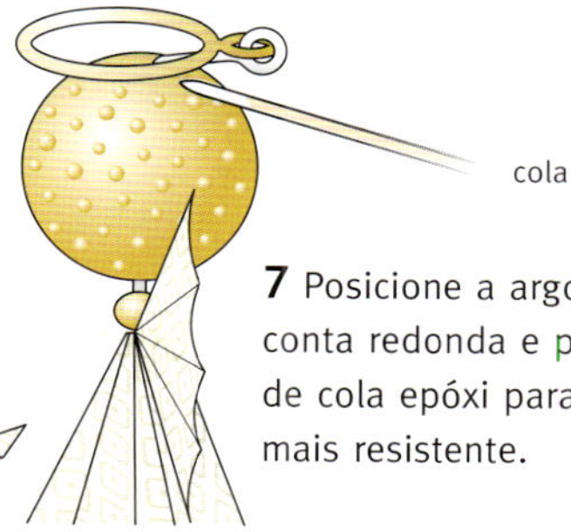

7 Posicione a argola sobre a conta redonda e passe um pouco de cola epóxi para que fique mais resistente.

8 Corte um pedaço triangular da folha de plástico, de modo que fique um pouco menor que o anjinho. Use cola epóxi para prendê-lo nas costas do anjinho, e depois cole o alfinete no plástico.

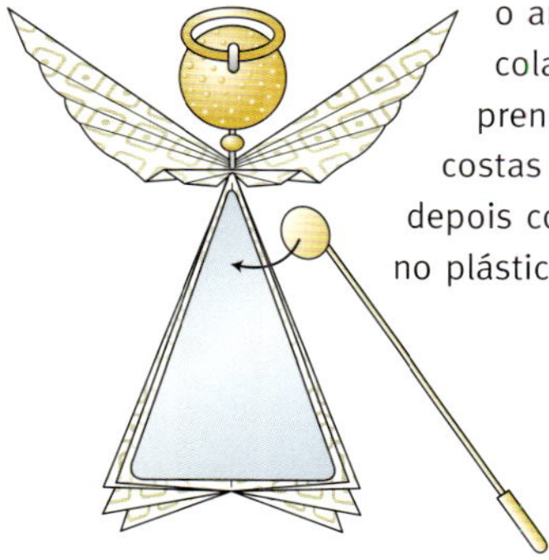

COMO MONTAR OS BRINCOS

1 Siga os passos 1 a 4 para o alfinete. Faça duas peças. Passe uma conta redonda, depois cole a argola no alto da conta.

2 Corte o alfinete contrapino, deixando 1 cm exposto. Use alicate meia-cana para dobrá-lo em um ângulo reto, e depois enrole-o para formar um aro. Prenda o anzol para brincos.

Brincos de coração

Nível de dificuldade: ❖ ❖

A base preliminar é aprimorada, para criar um coração tridimensional. Você pode enfeitá-lo com suas contas favoritas e torná-lo um lindo acessório para o Dia dos Namorados.

MATERIAL NECESSÁRIO

- 2 quadrados de papel *yuzen washi* de 3 cm
- 6 miçangas
- 2 contas com formato de coração
- 2 alfinetes de 4 cm com cabeça
- 2 anzóis para brincos

- cola em bastão
- cola epóxi
- material de revestimento e pincel
- palito de dente para aplicar cola
- tesoura
- alicate de corte
- sovela
- alicate meia-cana

COMO DOBRAR O CORAÇÃO

1 Comece com uma base preliminar (ver p. 20). Desdobre a peça.

2 Dobre todas as quatro pontas para o centro, e depois desdobre.

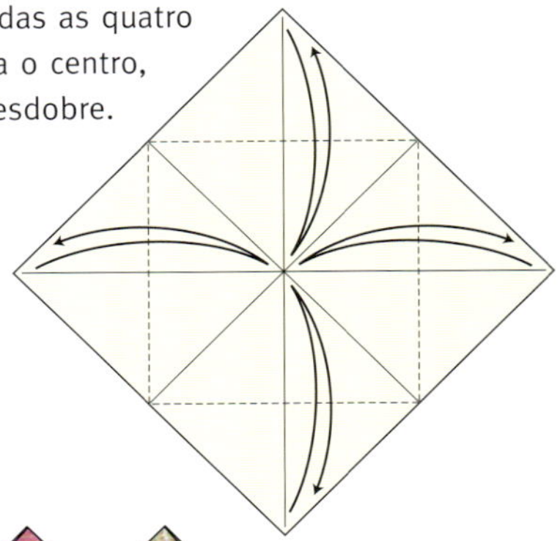

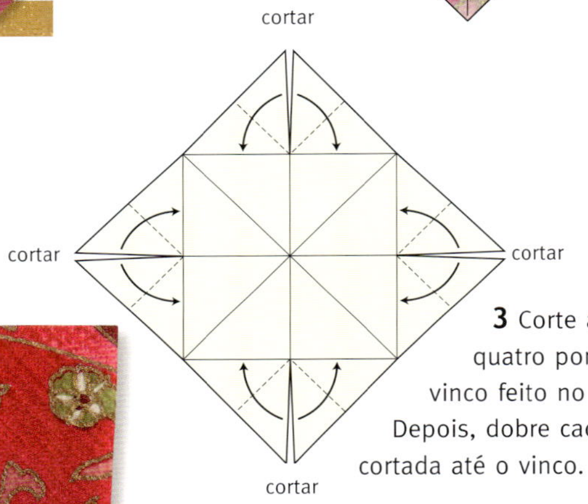

3 Corte as quatro pontas até o vinco feito no passo 2. Depois, dobre cada ponta cortada até o vinco.

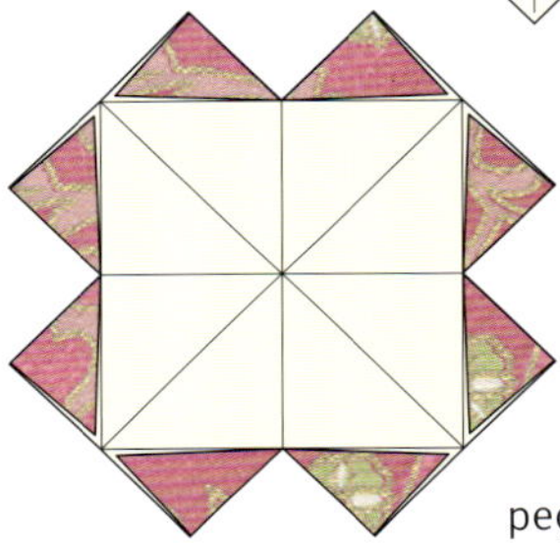

4 Dobre novamente a peça na forma da base preliminar.

5 Faça um vinco conforme mostrado na figura e empurre o canto para dentro, entre as camadas, para obter uma aparência mais arredondada. Repita esse passo nos três cantos restantes.

6 O coração está pronto para ser transformado em brinco.

Variações de cores
Um tom vivo de vermelho é outra opção encantadora para estes brincos de coração.

COMO MONTAR OS BRINCOS

1 Faça duas peças. Complete até o fim do passo 3 da dobradura e então desdobre o origami e passe cola em bastão nas áreas mostradas na figura. Conclua a dobradura.

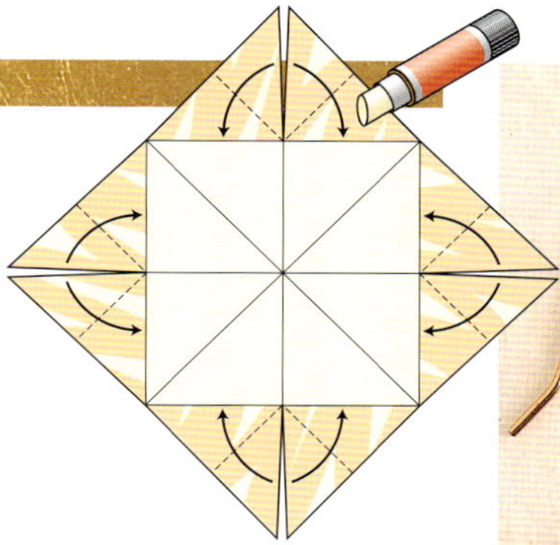

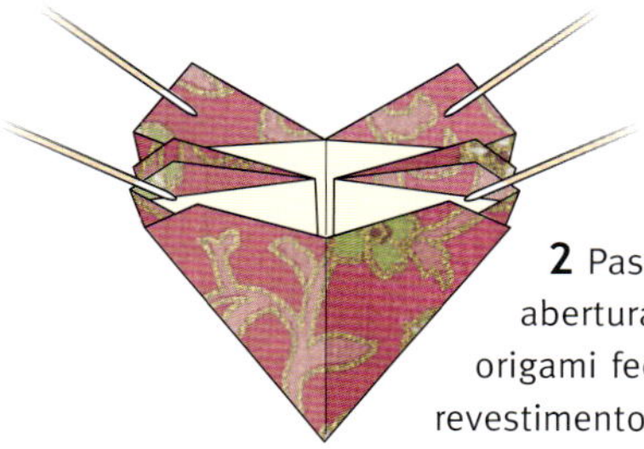

2 Passe cola epóxi para fechar as aberturas no alto do coração. Segure o origami fechado até a cola secar. Cubra com revestimento e deixe secar por completo.

3 Perfure o centro do coração com a sovela pela parte de baixo. Passe uma miçanga no alfinete com cabeça e insira-o no coração por baixo. Passe uma miçanga, uma conta no formato de coração e outra miçanga no alfinete. Corte-o, deixando 1 cm exposto.

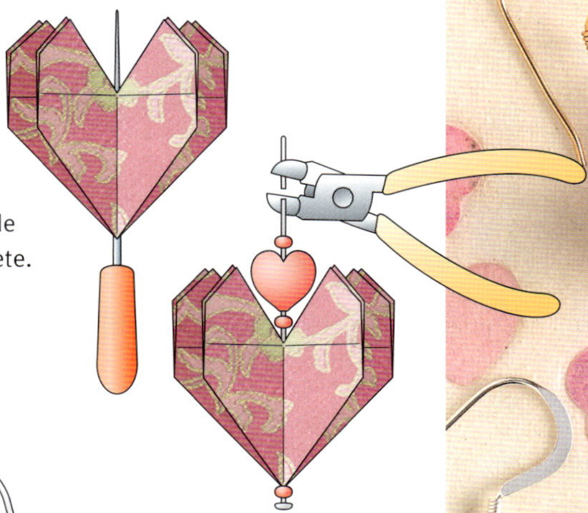

4 Use alicate meia-cana para dobrar a parte exposta do alfinete em um ângulo reto, depois curve-a para formar um aro. Prenda os anzóis para brincos.

Varie o papel, as cores e as contas para criar o seu próprio e exclusivo coração de Dia dos Namorados.

Broche, *pin* bóton e brincos de *tsuru*

Nível de dificuldade:

broche ❖ ❖

pin bóton ❖ ❖

brincos ❖ ❖ ❖

Tradicionalmente um símbolo de felicidade, longevidade, saúde, boa sorte e fortuna, nos últimos anos o *tsuru* também se tornou um símbolo da paz mundial. Uma antiga tradição diz que se você fizer mil *tsurus* terá seu desejo realizado.

MATERIAL NECESSÁRIO

Broche

- 1 quadrado de papel *yuzen washi* de 8,25 cm
- palito de dente
- 1 folha de plástico de 4 x 2 cm
- 1 base de broche de 2,5 cm

***Pin* bóton**

- 1 quadrado de papel *yuzen washi* de 5 cm
- palito de dente
- 1 folha de plástico de 2,5 x 2 cm
- 1 base para *pin* bóton com tarraxa

Brincos

- 2 quadrados de papel *yuzen washi* de 4 cm
- 2 cristais Swarovski
- 4 miçangas
- 2 alfinetes contrapinos de 2,5 cm
- 2 anzóis para brincos

- cola em bastão
- cola epóxi
- material de revestimento e pincel
- palito de dente para aplicar cola
- tesoura
- sovela
- alicate meia-cana
- alicate de corte

COMO DOBRAR O *TSURU*

1 Comece com a base do pássaro (ver p. 24).

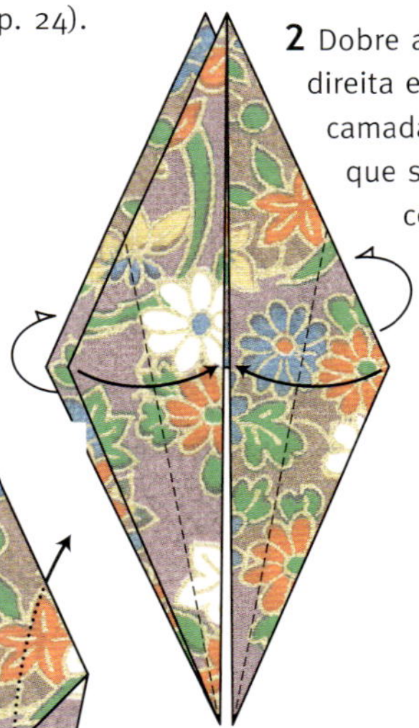

2 Dobre as laterais inferiores direita e esquerda da camada de cima de modo que se encontrem no centro. Vire e repita este passo no outro lado.

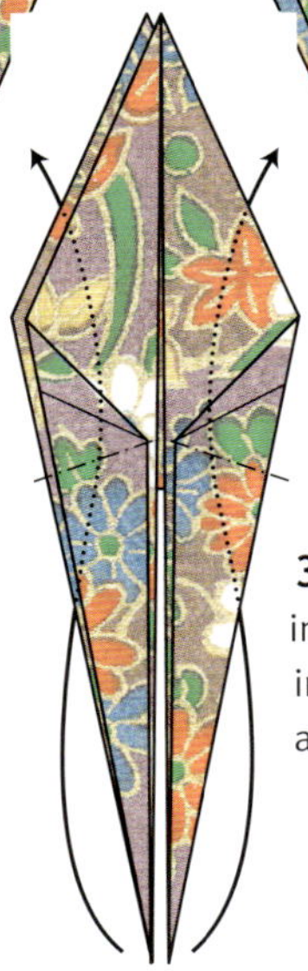

3 Faça dobras invertidas internas em ambos os lados.

4 Para fazer o bico do *tsuru*, faça uma dobra invertida interna em uma das pontas. Puxe as asas para baixo para concluir o *tsuru*.

CONTINUA NA PÁGINA 110 ▶

O *tsuru* é talvez o origami que as pessoas mais conhecem e fazem. Aprenda primeiro a dobrar este clássico e depois libere a criatividade!

COMO MONTAR O BROCHE

1 Depois de fazer a base do pássaro, abra a parte superior (que será a asa) e, usando cola em bastão, passe cola dentro e então feche novamente. Vire e faça o mesmo no outro lado. Faça a dobradura até o passo 3.

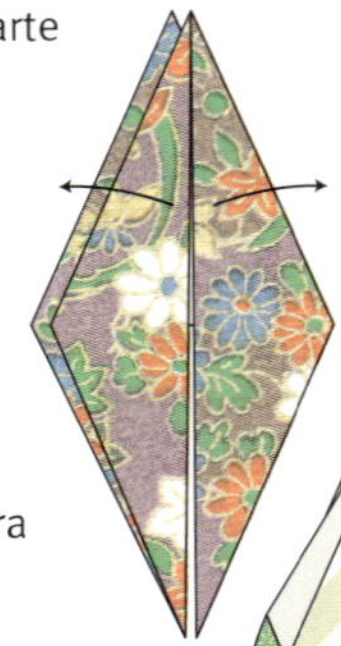

2 Dobre uma das asas na diagonal para baixo. Faça uma dobra invertida interna para formar o bico.

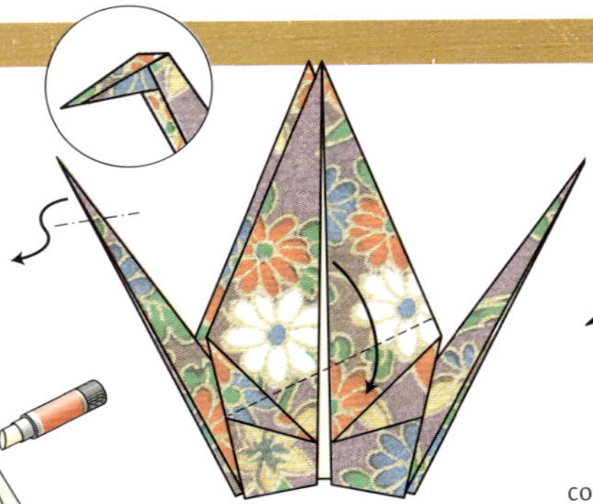

3 Corte 1,25 cm do palito de dente. Levante a asa, passe um pouco de cola epóxi em volta do vinco da dobra, coloque o palito de dente sob o vinco e dobre novamente a asa para baixo. Isso evita que a asa se levante e a mantém no lugar. Cubra com material de revestimento e deixe secar por completo.

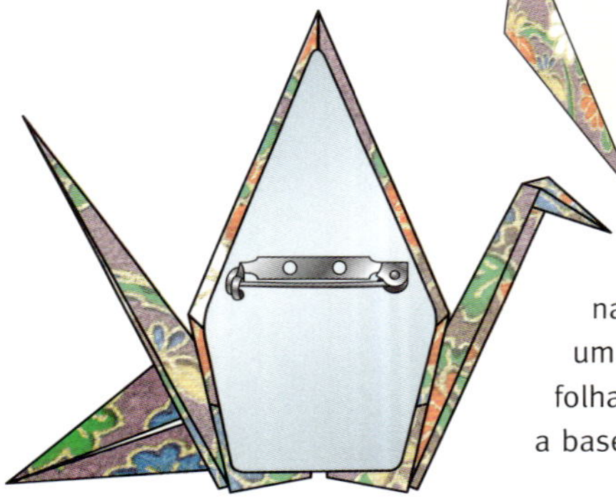

4 Corte um pedaço da folha de plástico na forma da parte de trás do *tsuru*, mas um pouco menor. Cole com cola epóxi a folha de plástico atrás do *tsuru*, e então cole a base de broche sobre o plástico.

COMO MONTAR O *PIN* BÓTON

1 Siga os passos 1 a 3 da montagem do broche. Afaste do corpo do *tsuru* a asa sem o palito; com a sovela, faça nessa asa um furo que fique atrás do corpo do *tsuru*.

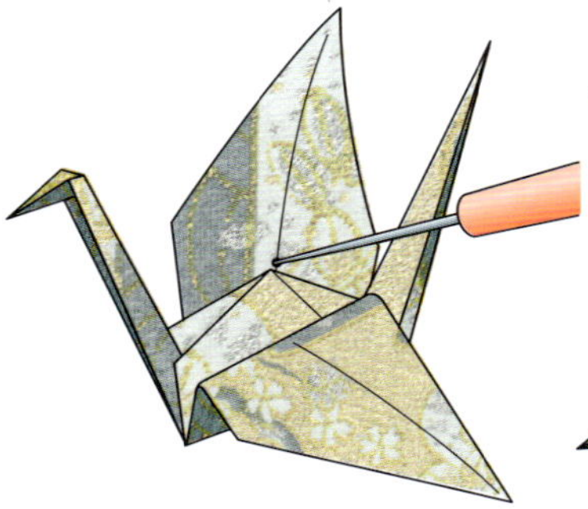

2 Corte um pedaço da folha de plástico na forma da parte de trás do *tsuru* (como mostrado), mas um pouco menor. Perfure o plástico na mesma posição do furo da asa.

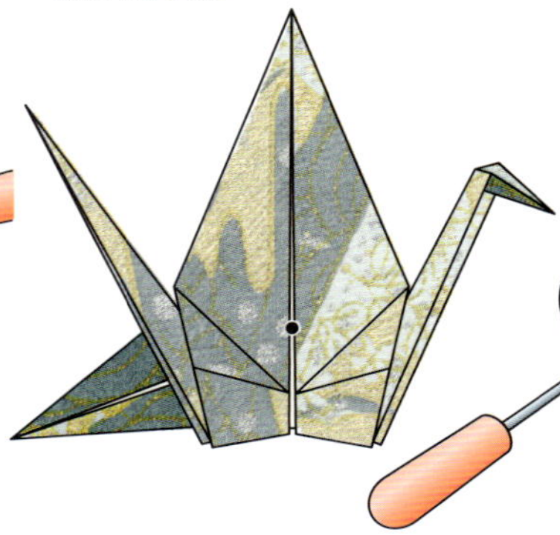

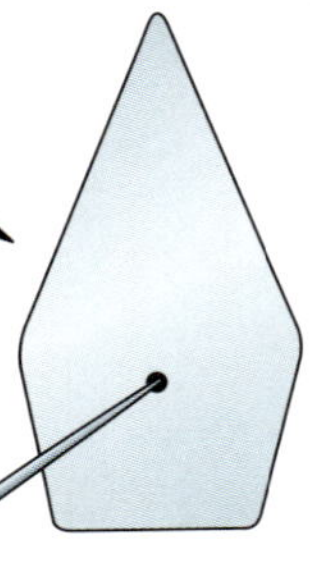

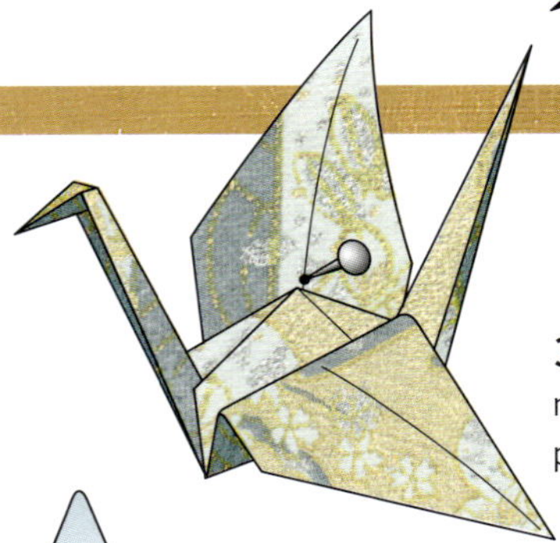

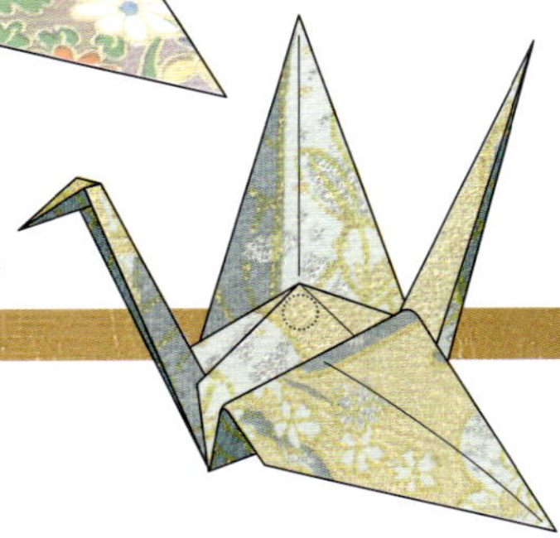

3 Insira a base para *pin* bóton no furo na asa. Passe cola epóxi para prender o pino, assegurando-se de que a cabeça deste fique escondida atrás da parte triangular do corpo do *tsuru*.

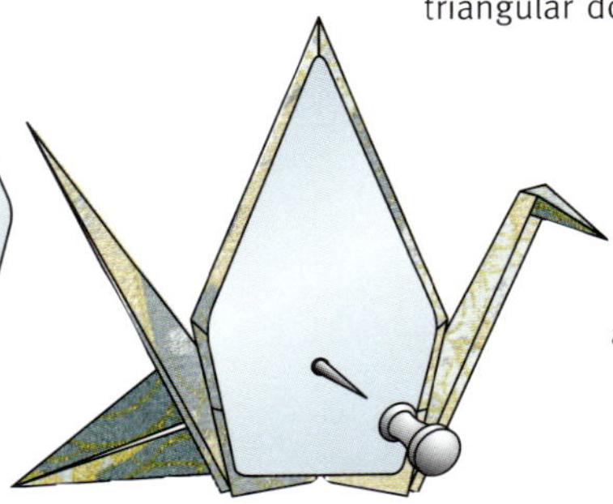

4 Com cola epóxi, cole o plástico na parte de trás do *tsuru*, fixando o pino através do furo.

COMO MONTAR OS BRINCOS

Faça dois *tsurus*, seguindo o passo 1 para o broche. Conclua a dobradura, cubra com material de revestimento e deixe secar por completo.

1 Perfure o centro do *tsuru* com uma sovela, a partir do pequeno orifício de baixo até a ponta no centro do corpo.

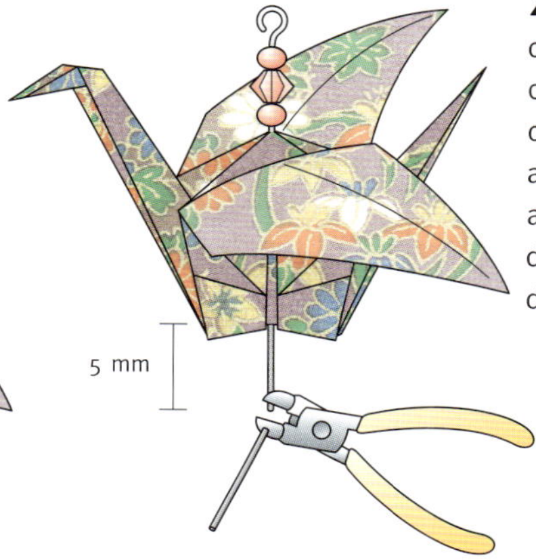

2 Passe uma miçanga, um cristal Swarovski e depois outra miçanga no alfinete contrapino. Insira este através do furo a partir do alto. Corte a parte de baixo do pino, deixando cerca de 5 mm expostos.

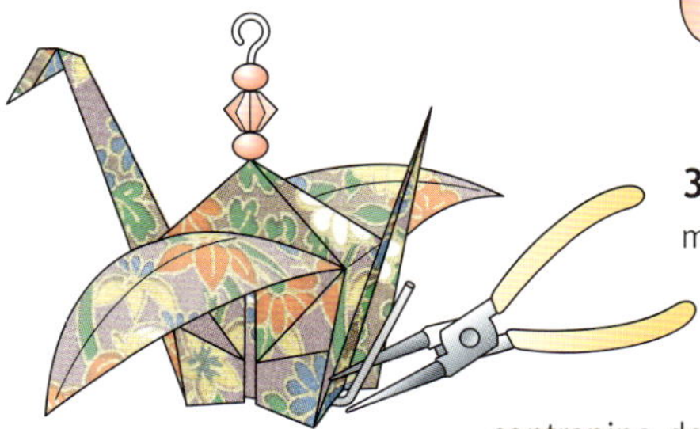

3 Use um alicate meia-cana para curvar a parte de baixo do alfinete contrapino dentro da cauda do *tsuru*. Usando a ponta de um palito de dente, passe um pouco de cola epóxi na cauda.

4 Aperte a cauda fechada do *tsuru* entre os dedos (ou use um clipe) e fixe o alfinete. Segure até a cola secar.

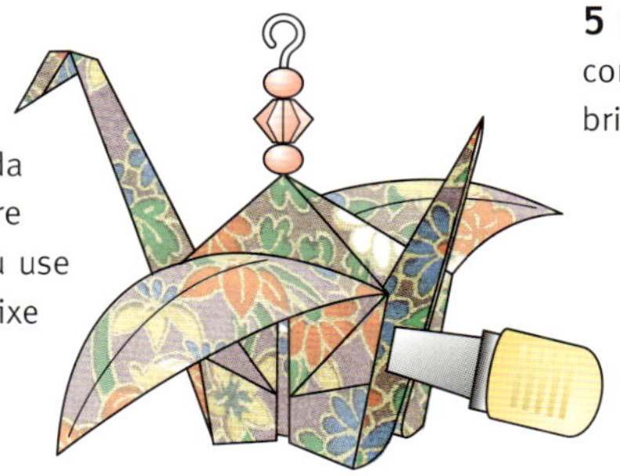

5 Prenda o anzol para concluir. Faça o segundo brinco da mesma forma.

Variações de cores
As paletas de cores deslumbrantes disponíveis para papel de origami permitem criar belas variações coloridas.

Broche e brincos de quimono

Nível de dificuldade: ❖ ❖

O quimono, uma peça tradicional do vestuário japonês, é um robe reto e longo com mangas muito compridas. Ele é amarrado bem justo no corpo pelo *obi* (faixa) e mantido firme pelo *obijime* (cordão de seda). Pode não ser a roupa mais prática, mas certamente é uma das mais bonitas. Quando usamos um quimono, o lado esquerdo sempre tem de ficar sobre o direito. Escolha o papel para o quimono e para o *obi* como você escolheria para um vestido de boneca!

Inspirado nas estampas dos quimonos, o papel ***yuzen washi*** torna as peças mais tradicionais. O ***Fuji-musubi*** (um tipo de nó) usado aqui é um dos modos mais comuns de amarrar o ***obijime***.

MATERIAL NECESSÁRIO

Broche

- 1 retângulo de papel *yuzen washi* de 4,5 x 17,75 cm para o quimono
- 1 retângulo de papel *yuzen washi* de 4 x 2,5 cm para o *obi*
- fio de cordonê com cerca de 15 cm de comprimento para o *obijime*
- fibra de poliéster
- 1 quadrado de folha de plástico de 4 cm
- 1 base de broche de 2,5 cm

Brincos

- 2 retângulos de papel *yuzen washi* de 2,5 x 10 cm para o quimono
- 2 retângulos de papel *yuzen washi* de 2,5 x 1,25 cm para o *obi*
- 2 fios de cordonê com cerca de 7,5 cm de comprimento cada
- 2 contas de madeira
- 2 anzóis para brincos

- cola em bastão
- cola epóxi
- material de revestimento e pincel
- palito de dente para aplicar cola
- tesoura

COMO DOBRAR O QUIMONO

1 Dobre o papel para o quimono ao meio, no sentido do comprimento. Dobre para baixo a parte de cima da primeira camada em cerca de 1,25 cm para o broche ou cerca de 5 mm para os brincos.

2 Dobre um pouco da parte de cima para trás.

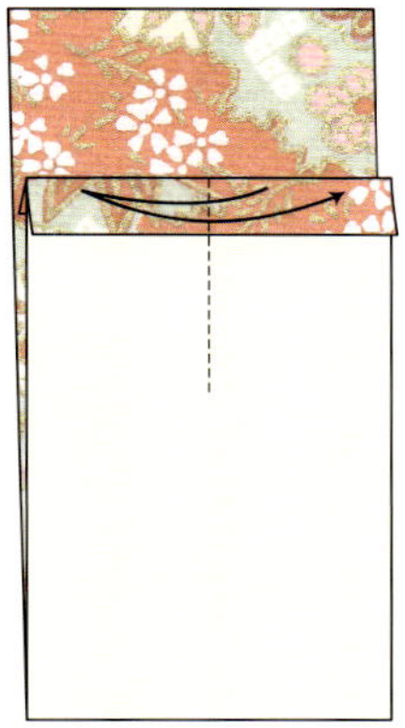

4 Dobre a ponta esquerda em um ângulo em que a dobra fique um pouco antes da linha central e que a ponta ultrapasse um pouco a linha. Faça o mesmo com a ponta direita.

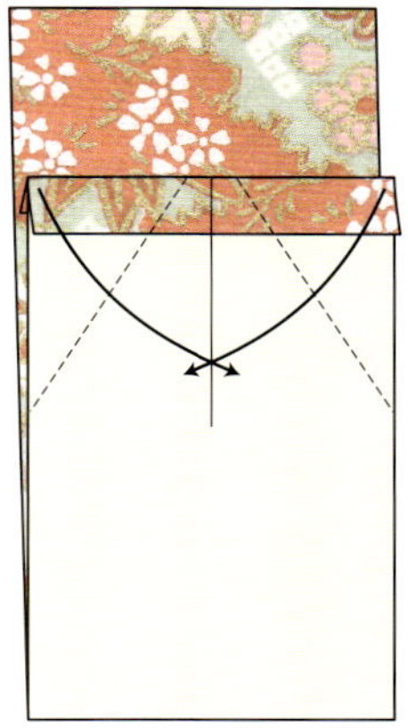

▲ **3** Dobre a camada de cima ao meio, no sentido da largura, para marcar o centro, e depois desdobre – não é necessário dobrar até embaixo.

5 Dobre cerca de dois terços do lado esquerdo da camada de cima, e então abaixe a parte inferior que ficou levantada para formar um triângulo.

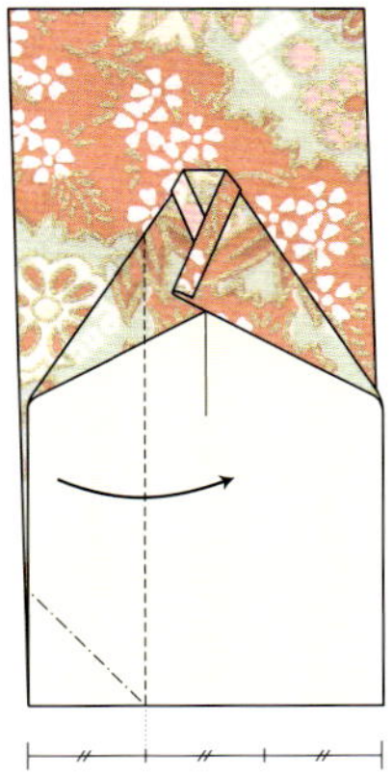

6 Repita o passo anterior no lado direito.

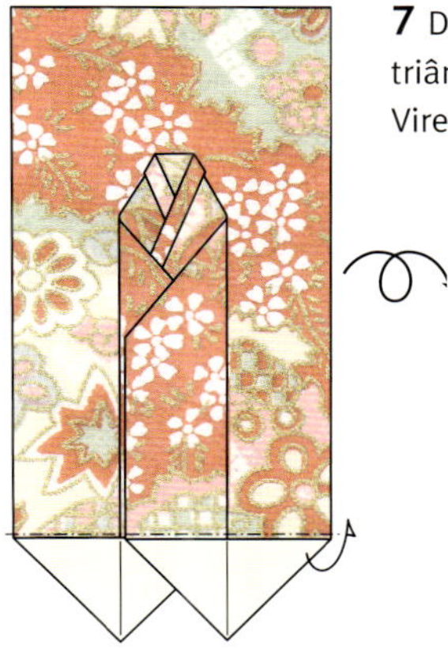

7 Dobre os triângulos para trás. Vire o origami.

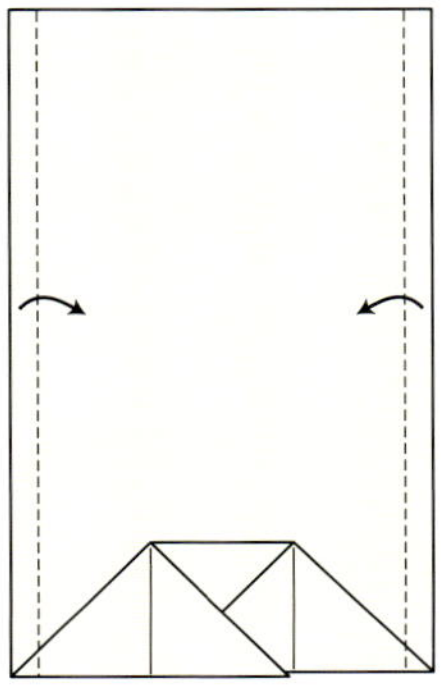

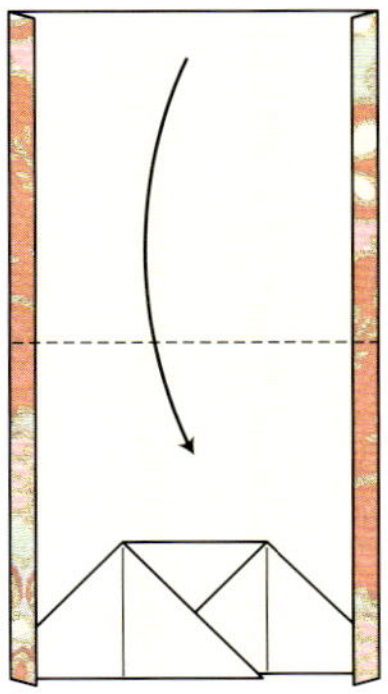

8 Faça uma dobra estreita em ambos os lados e então dobre a camada de cima ao meio, no sentido do comprimento.

9 Vire o origami.

10 Alinhe os ombros com a parte de cima das mangas. Achate a parte de baixo do quimono que ficou arredondada. O quimono está pronto.

CONTINUA NA PRÓXIMA PÁGINA ▶

COMO MONTAR O BROCHE

1 Siga as instruções para a dobradura do quimono até o passo 8, cole as dobras laterais com cola em bastão. Continue dobrando o quimono até o passo 10.

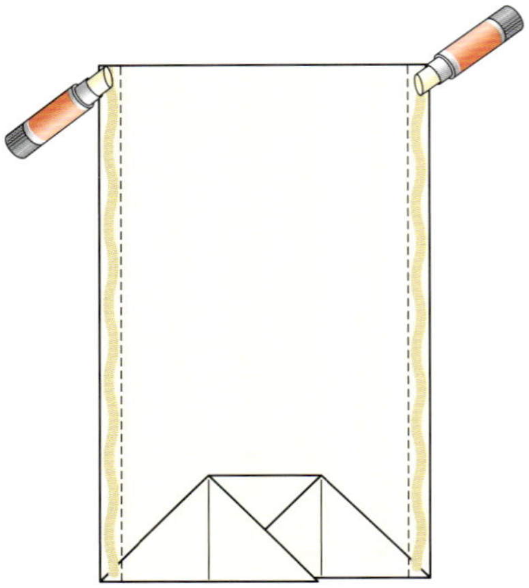

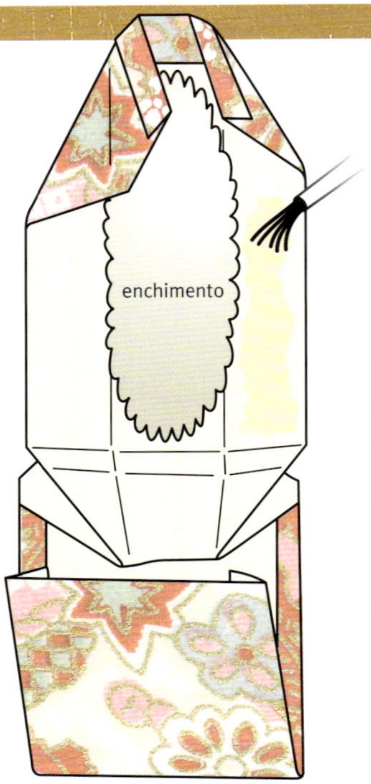

◀ **2** Abra o quimono e coloque fibra de poliéster. Passe cola epóxi na parte de dentro, como mostrado, e feche-o.

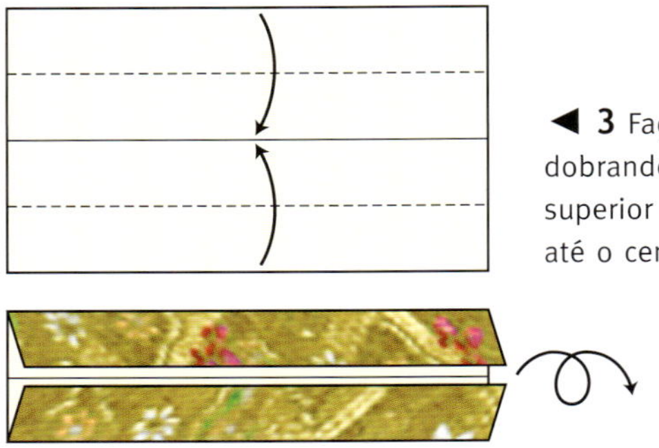

◀ **3** Faça o *obi* dobrando as laterais superior e inferior até o centro.

▼ **4** Faça o *obijime* (ver página ao lado). Fixe o *obi* em torno do quimono com cola epóxi. Passe o *obijime* em torno do *obi*, e cole as pontas atrás do quimono. Depois, cole a parte de trás do quimono nas mangas.

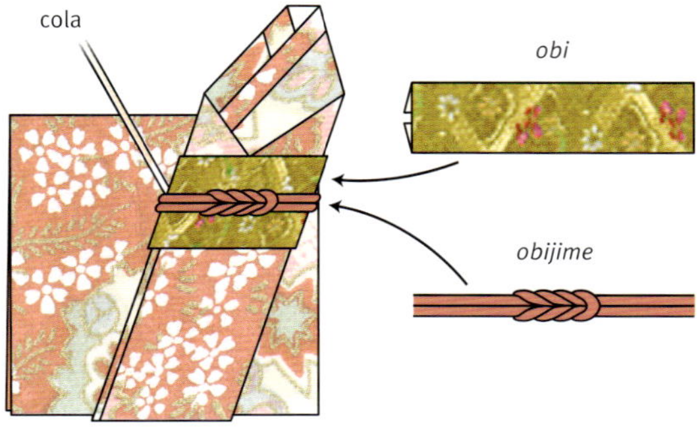

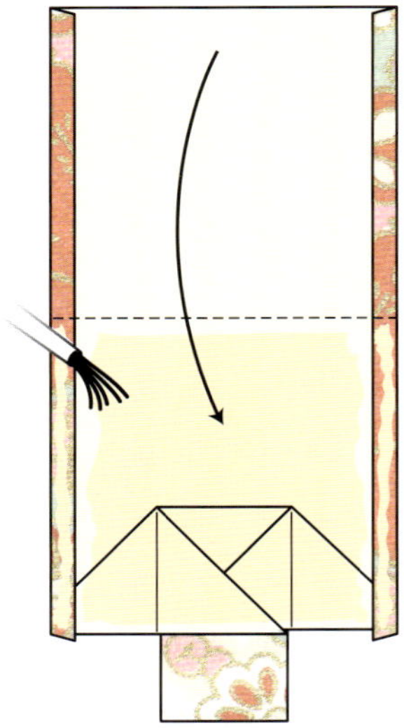

▲ **5** Vire o quimono. Passe cola epóxi na parte de dentro das mangas e cole-as juntas. Cubra com material de revestimento e deixe secar por completo.

◀ **6** Para concluir o broche, corte um pedaço de folha de plástico um pouco menor que o quimono. Cole-o na parte de trás do quimono com cola epóxi e depois cole a base de broche no plástico.

COMO FAZER O NÓ DO *OBIJIME*

1 Corte o cordão em dois pedaços iguais: cordão A e cordão B. Cruze os cordões A e B, com A sobre o B. Passe o A em torno do B duas vezes.

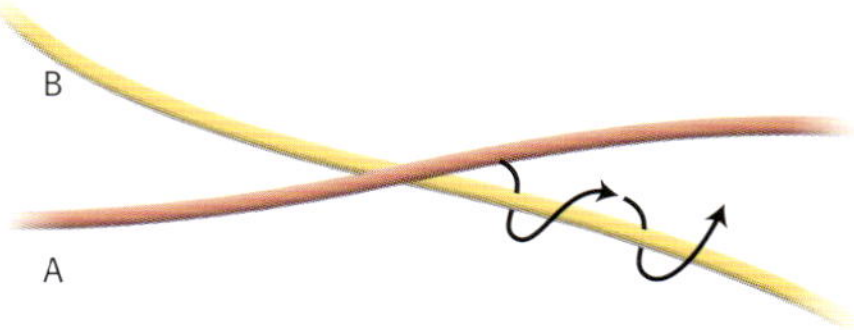

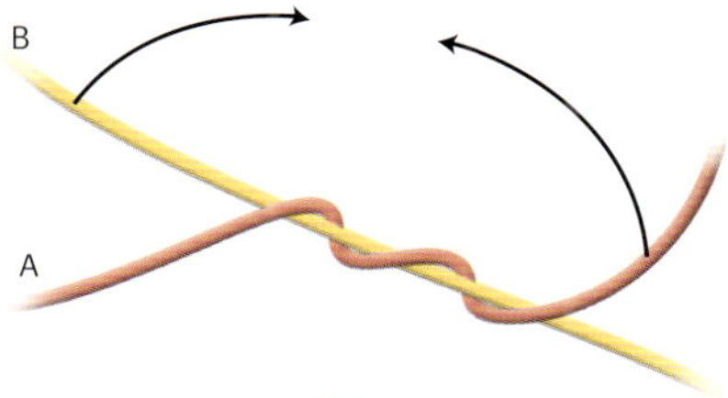

2 Junte a ponta direita do cordão A com a esquerda do B, deixando o cordão A sobre o B.

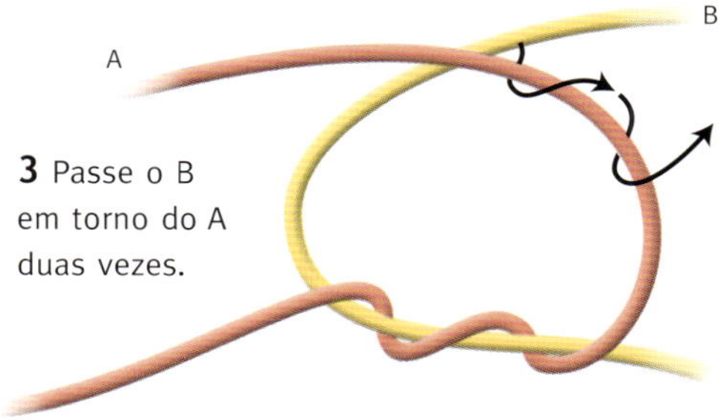

3 Passe o B em torno do A duas vezes.

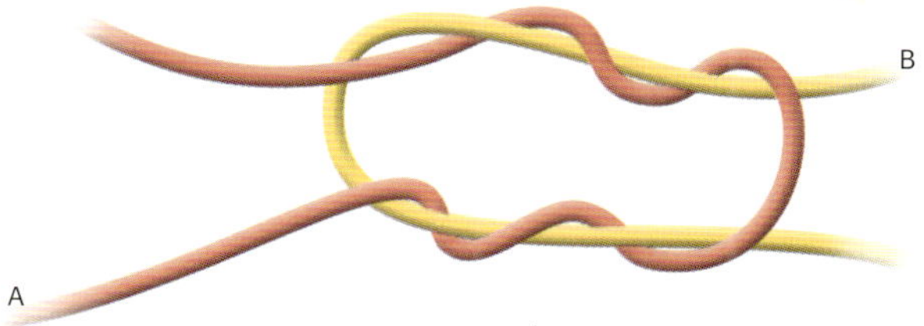

4 Segure as duas pontas do A juntas e as duas pontas do B juntas. Puxe-as suavemente para atar o nó.

COMO MONTAR OS BRINCOS

Faça dois quimonos, seguindo os passos 1 e 3 para o broche (pule o passo 2).

1 Cole o *obi* em torno do quimono com cola epóxi e então fixe as costas do quimono nas mangas. Cubra com revestimento e deixe secar por completo.

2 Insira o cordão na argola do anzol para brincos. Faça um nó simples. Passe as duas pontas do cordão na conta de madeira e faça outro nó simples.

3 Corte as duas pontas do cordão, deixando 2,5 cm expostos. Cole as pontas do cordão dentro das mangas, deixando cerca de 2 cm da conta às mangas. Cole as mangas fechadas com cola epóxi.

4 Faça dois brincos.

Variações destes brincos

Um alfinete contrapino com contas é usado para prender o quimono aos anzóis para brincos. Você pode usar uma miríade de diferentes papéis e cores para criar a sua versão dos brincos.

Broche e brincos de leque

Nível de dificuldade: ❖

O leque japonês *sensu* é inspirado na forma da asa de um pássaro. Um objeto do cotidiano em climas quentes, o *sensu* também é parte essencial das artes performativas tradicionais japonesas, como o teatro *noh*, o teatro de máscaras e o *buyo* (dança clássica japonesa). Muitas vezes estampado ou pintado com belos desenhos, o leque traz uma brisa fresca a um dia quente e sufocante; em outro contexto, ele pode ser usado para representar a passagem das décadas nas mãos de um talentoso ator de teatro *noh*.

MATERIAL NECESSÁRIO

Broche

- 1 retângulo de papel *yuzen washi* de 10 x 7,5 cm
- cordonê
  - 1 de 7,5 cm de comprimento
  - 1 de 12,5 cm de comprimento
- fio de náilon ou linha de costura
- 1 folha de plástico de 6,5 x 2,5 cm
- 1 base de broche de 4 cm

Brincos

- 2 retângulos de papel *yuzen washi* de 7,5 x 5,5 cm
- cordonê
  - 2 de 2,5 cm de comprimento
  - 2 de 9 cm de comprimento
- fio de náilon ou linha de costura
- 2 folhas de plástico de 4 x 2,5 cm
- 2 bases para brincos de 8 mm
- 2 tarraxas para brincos
- cola em bastão
- cola epóxi
- material de revestimento e pincel
- palito de dente para aplicar cola
- tesoura
- sovela

COMO DOBRAR O LEQUE

1 Dobre ao meio no sentido do comprimento para fazer um vinco central, e depois desdobre.

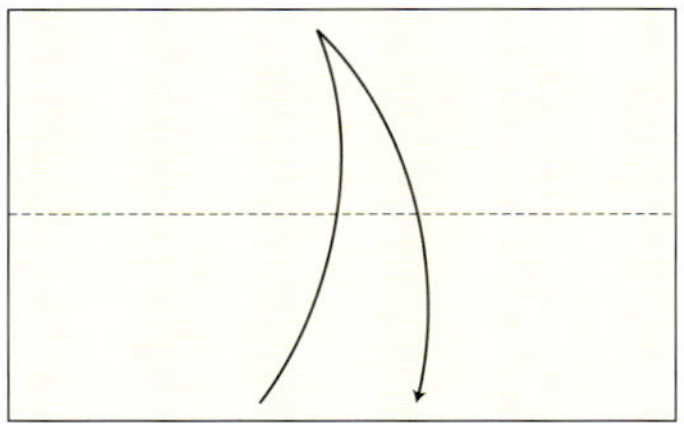

2 Dobre a borda superior até o vinco central e dobre para trás a borda inferior até o vinco central.

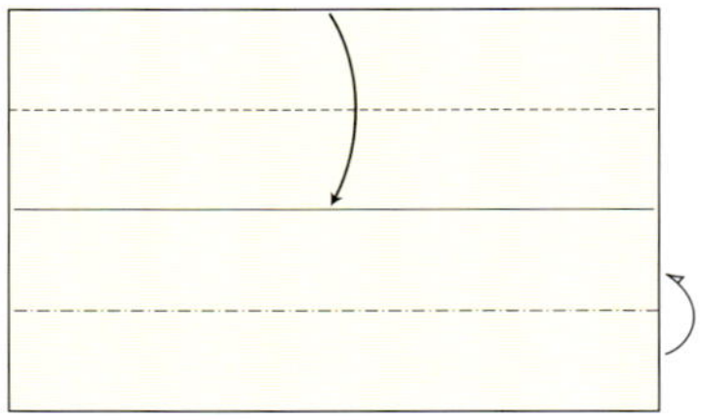

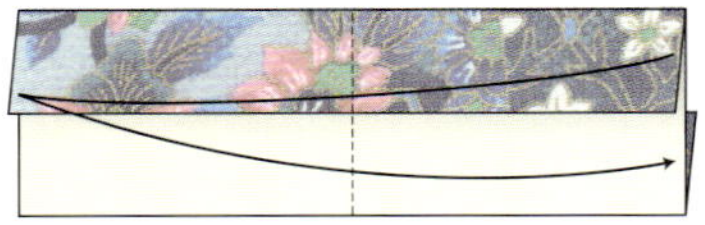

3 Dobre ao meio no sentido da largura para fazer um vinco central, e depois desdobre.

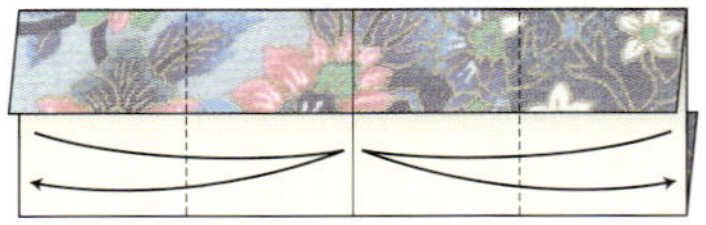

4 Dobre ambos os lados até o vinco central, e depois desdobre.

5 Dobre A-A1 para encontrar B-B1 e desdobre, depois para D-D1 e desdobre. Dobre E-E1 para encontrar D-D1 e desdobre, depois para B-B1 e desdobre.

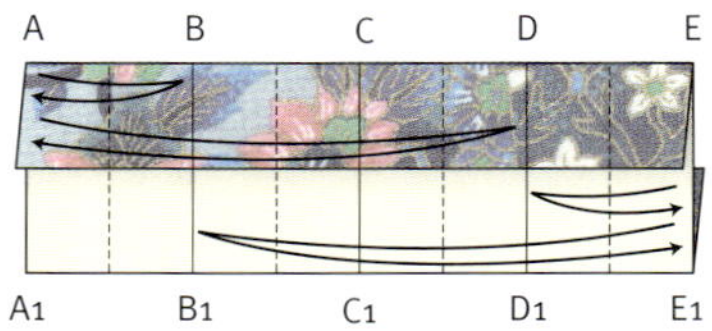

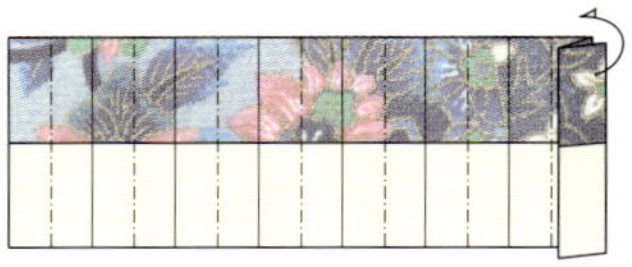

6 A partir de uma lateral, faça pregas, dobrando ao meio os vincos feitos nos passos 3, 4 e 5.

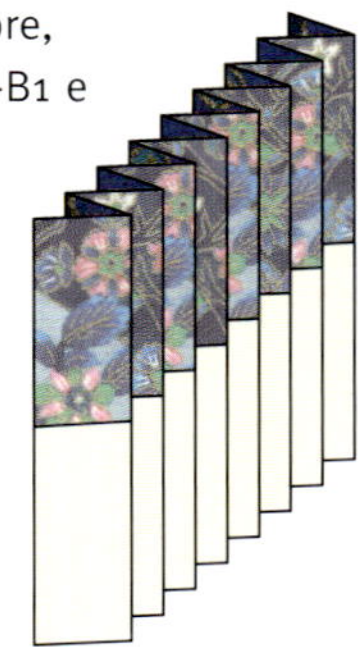

7 Alise a peça e amarre o centro da parte inferior com fio de náilon.

8 Abra as pregas para dar forma ao leque.

COMO MONTAR O BROCHE

1 Siga os passos para dobrar o leque e, no passo 2, passe cola em bastão nas dobras das bordas inferior e superior. Deixe a cola secar antes de concluir a dobradura. Cubra com revestimento e deixe secar por completo.

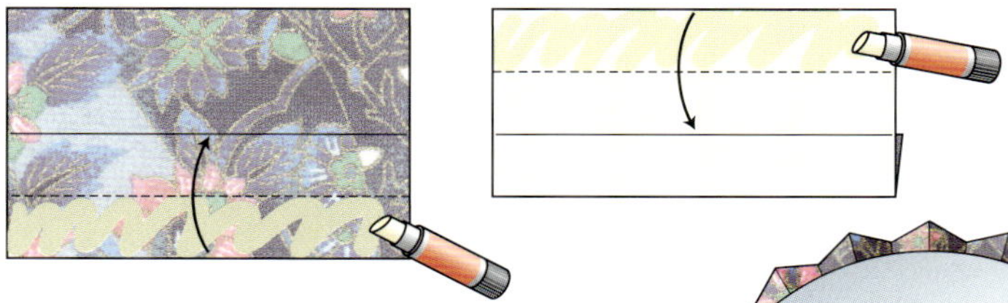

2 Faça um laço com o pedaço maior do cordonê e reserve. Passe o cordonê duas vezes em torno do ponto onde o leque está atado, depois use cola epóxi para fixar as pontas do cordonê na parte de trás. Cole o laço na frente.

3 Corte um pedaço da folha de plástico no formato do leque, mas um pouco menor. Usando cola epóxi, cole a folha de plástico atrás do leque e, depois, a base de broche sobre o plástico. O broche de leque pronto é simples e elegante.

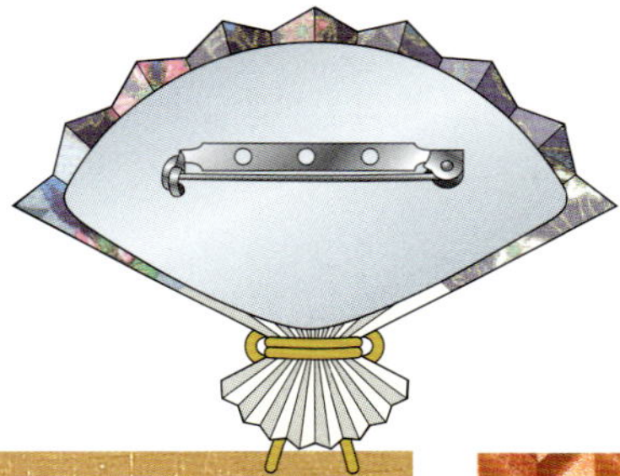

COMO MONTAR OS BRINCOS

Faça dois leques, seguindo os passos 1 e 2 do broche.

1 Corte um pedaço da folha de plástico no formato do leque, mas um pouco menor. Usando cola epóxi, cole a base para brincos atrás do leque, logo acima do cordonê.

2 Faça um furo no plástico com a sovela na mesma direção do pino do brinco.

3 Insira o pino do brinco no furo e cole o plástico na parte de trás do leque. Prenda a tarraxa para terminar.

O *yuzen washi* adiciona um toque tradicional, assim como sofisticação e beleza ao *sensu* (leque).

Broche e brincos de capacete de samurai

Nível de dificuldade: ❖

Na Idade Média, o Japão era uma nação de guerreiros. O *kabuto* era o capacete usado pelos samurais, a classe de guerreiros japoneses, enquanto marchavam para a batalha protegendo seus mestres, ou *tono*. Cada *kabuto* traz a insígnia distintiva do clã de guerreiros do samurai. No Japão moderno, o *kabuto* é usado como decoração durante o Festival dos Meninos (em 5 de maio), para desejar que cada menino da família cresça forte e saudável.

MATERIAL NECESSÁRIO

Broche

- 1 quadrado de papel *yuzen washi* de 7,5 cm
- 1 quadrado de papel dourado de 7,5 cm
- fio de cordonê com cerca de 25 cm
- 1 disco de plástico de 4 cm ou 1 folha de plástico de 4,5 x 2,5 cm
- 1 base de broche de 4 cm

Brincos

- 2 quadrados de papel *yuzen washi* de 4 cm
- 2 quadrados de papel dourado de 4 cm
- 4 miçangas
- 2 contas de estanho
- 2 alfinetes contrapinos de 2,5 cm
- 2 anzóis para brincos

- cola em bastão
- cola epóxi
- material de revestimento e pincel
- palito de dente para aplicar cola
- tesoura
- esmalte de unhas transparente
- sovela ou agulha
- alicate meia-cana

Embora o estilo do *kabuto* seja um tanto masculino, você pode se surpreender com o quanto ele cairá bem com roupas femininas.

COMO DOBRAR O CAPACETE

Use a cola em bastão para colar o verso do *yuzen washi* com o verso do papel dourado. Deixe a cola secar por completo antes de dobrar. (Dica: use folhas um pouco maiores e, após colar as duas folhas, apare até o tamanho certo; assim as laterais ficarão exatas.)

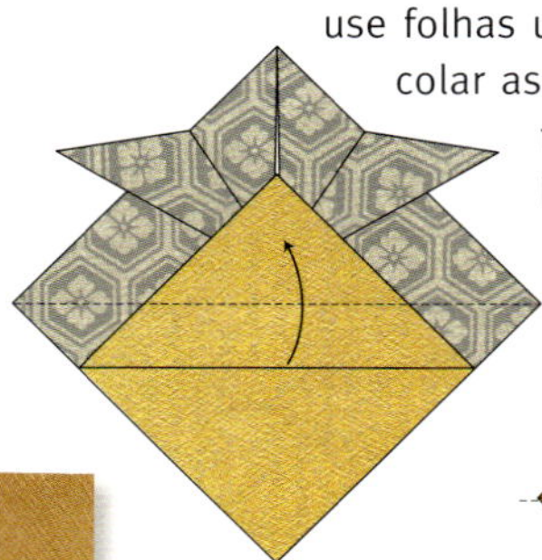

1 Siga os passos 1 a 6 do broche de peixinho (ver p. 62).

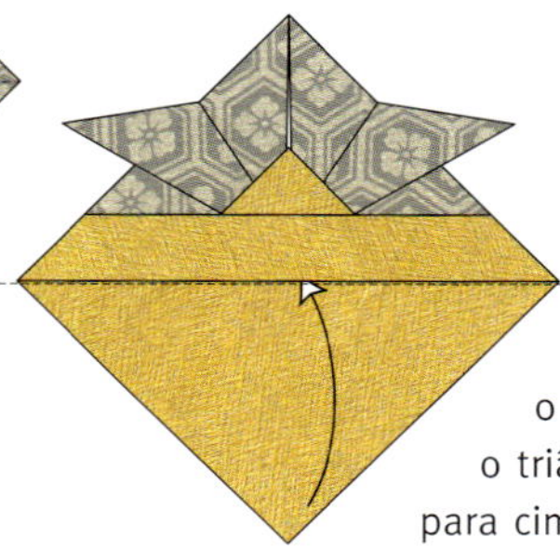

2 Para concluir o capacete, dobre o triângulo de baixo para cima e insira-o dentro do capacete.

3 O capacete agora está pronto para virar um broche ou brincos.

COMO MONTAR O BROCHE

1 Após terminar o passo 1 da dobradura do capacete, passe cola epóxi na região indicada na figura, e depois conclua a dobradura. Cubra com revestimento e deixe secar por completo.

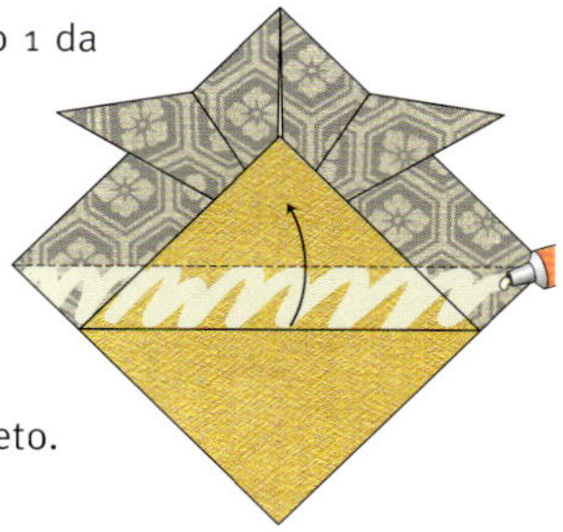

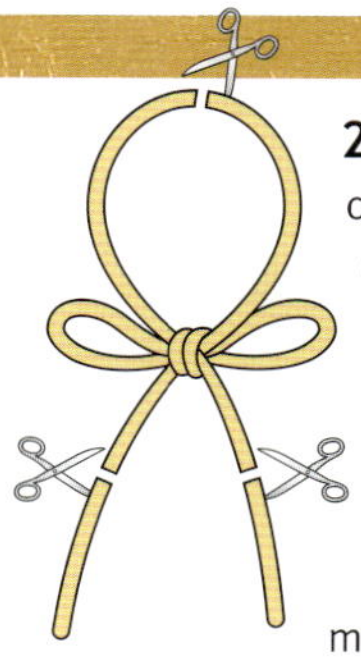

2 Faça um laço com um pedaço de cordonê e apare as pontas, deixando cerca de 2 cm em cada ponta. Corte o laço na metade, conforme mostra a figura.

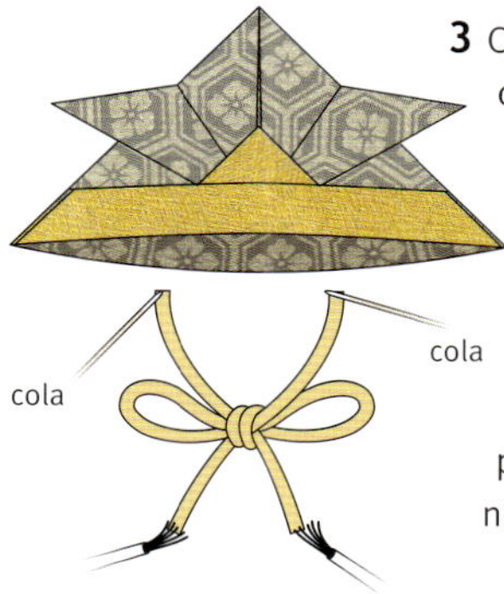

3 Com cola epóxi, cole dentro do capacete as pontas cortadas do laço. Passe esmalte de unhas transparente às duas outras pontas para que não se soltem.

4 Corte um pedaço do plástico no mesmo formato do capacete, mas um pouco menor. Fixe o plástico na parte de trás do capacete com cola epóxi, e depois cole a base de broche no plástico.

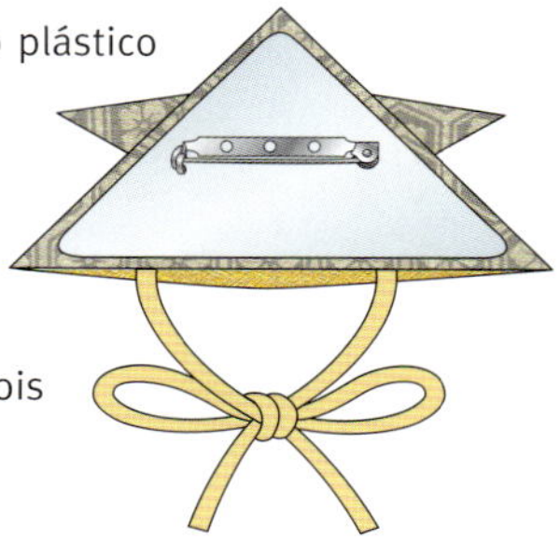

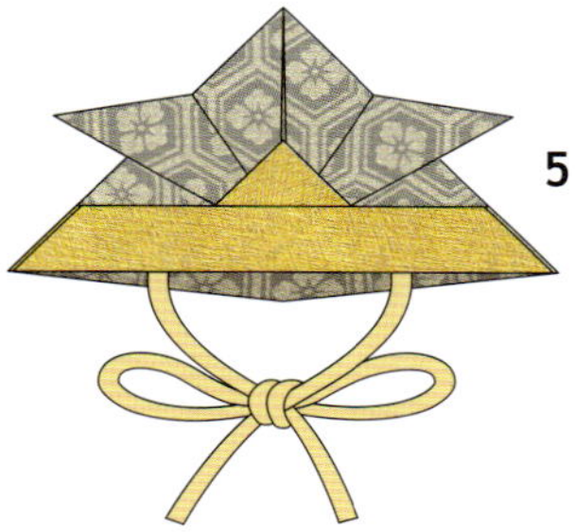

5 O laço deve ficar pendurado no capacete.

COMO MONTAR OS BRINCOS

Faça dois capacetes e siga o passo 1 para o broche.

1 Perfure o topo do capacete com uma sovela ou agulha, a partir da parte de dentro.

2 Insira um alfinete contrapino a partir de baixo, passe um pouco de cola epóxi no aro do alfinete e puxe-o para fora pelo topo do capacete. Deixe a cola secar.

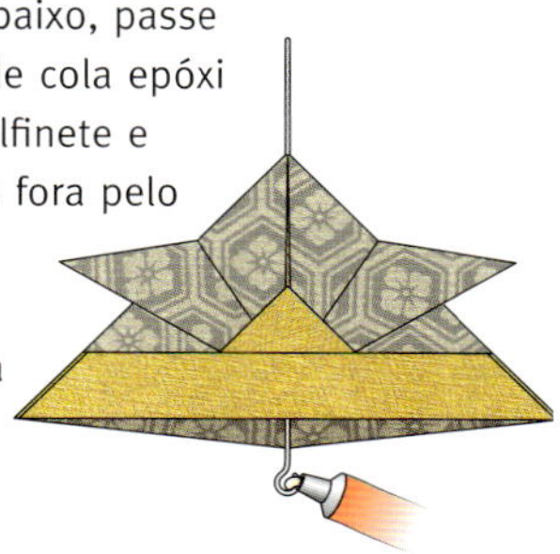

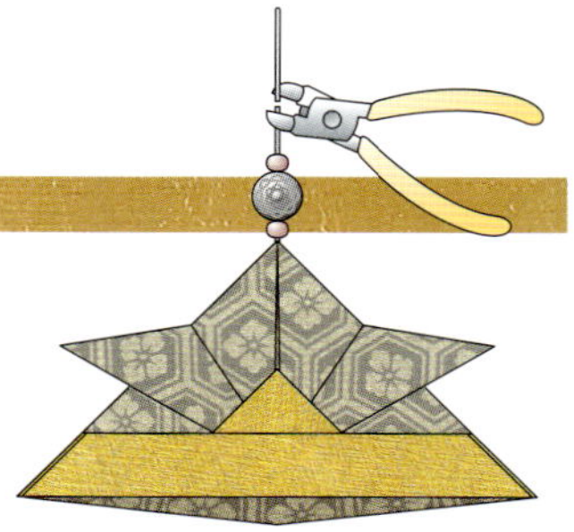

3 Passe uma miçanga, uma conta de estanho, e depois mais uma miçanga no alfinete contrapino. Corte-o, deixando 1 cm exposto.

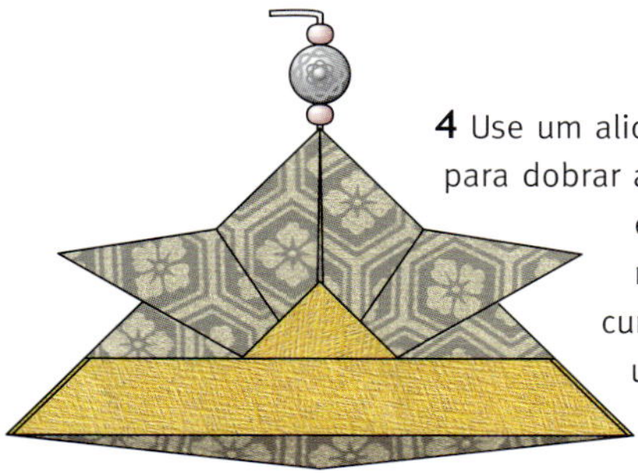

4 Use um alicate meia-cana para dobrar a ponta exposta em um ângulo reto, e depois curve-o para formar um aro.

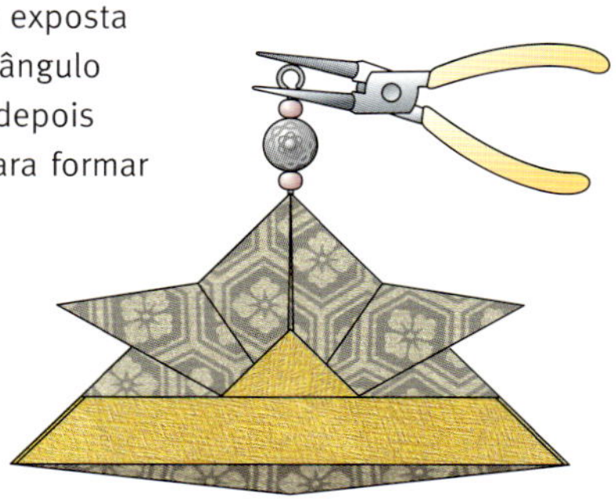

5 Para concluir, prenda um anzol para brincos; depois faça o outro brinco.

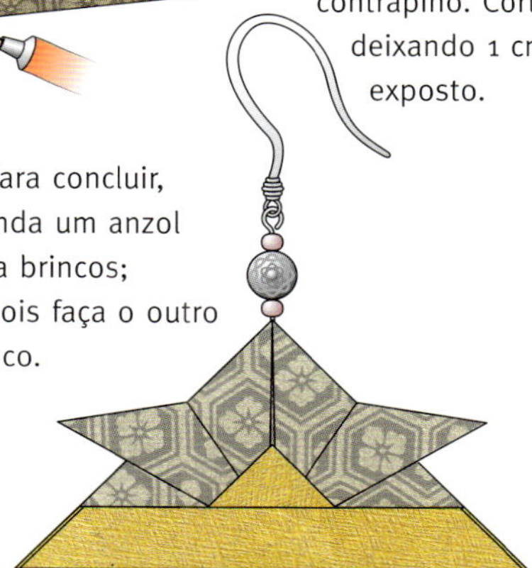

Broche e brincos de sapinho

Nível de dificuldade: ❖❖❖

Em japonês, *kaeru* ("sapo") tem o mesmo som da palavra que significa "retornar". O sapo representa o retorno da boa sorte, saúde, dinheiro, daqueles que amamos, etc. Assim como nos contos de fada ocidentais em que o sapo se transforma em um belo príncipe ao ser beijado pela princesa, o sapo japonês também é associado a encantamentos e magias. Lance o seu feitiço com esses encantadores sapinhos de origami.

MATERIAL NECESSÁRIO

Broche

- ✦ 1 quadrado de papel *yuzen washi* de 9 cm
- ✦ 1 folha de plástico de 2,5 x 2 cm
- ✦ 1 base de broche de 2,5 cm
- ✦ fibra de poliéster

Brincos

- ✦ 2 quadrados de papel *yuzen washi* de 5 cm
- ✦ 4 miçangas na cor A
- ✦ 4 miçangas na cor B
- ✦ 2 alfinetes contrapinos de 4 cm
- ✦ 2 anzóis para brincos
- ✦ fibra de poliéster

- ✦ cola em bastão
- ✦ cola epóxi
- ✦ material de revestimento e pincel
- ✦ palito de dente para aplicar cola
- ✦ tesoura
- ✦ sovela
- ✦ alicate meia-cana
- ✦ alicate de corte

COMO DOBRAR O SAPINHO

1 Siga os passos 1 a 9 do broche de caranguejo (ver p. 74). Faça dobras invertidas internas em ambos os lados para levar as patas totalmente para cima.

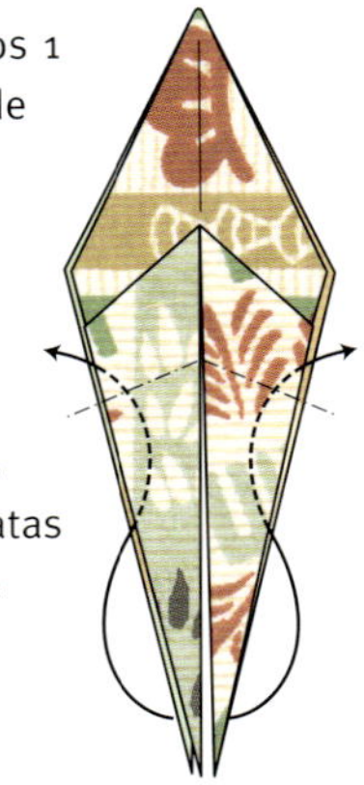

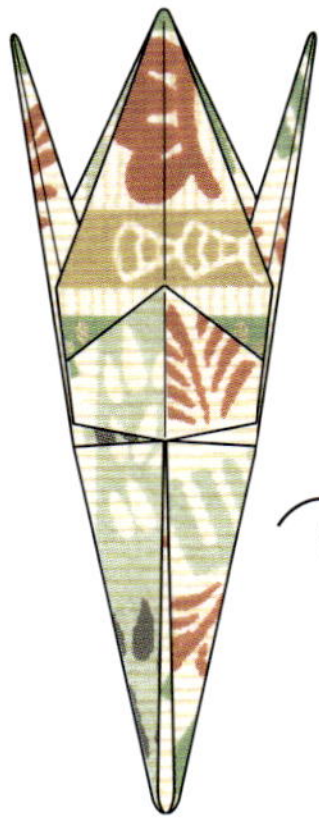

2 Vire o origami.

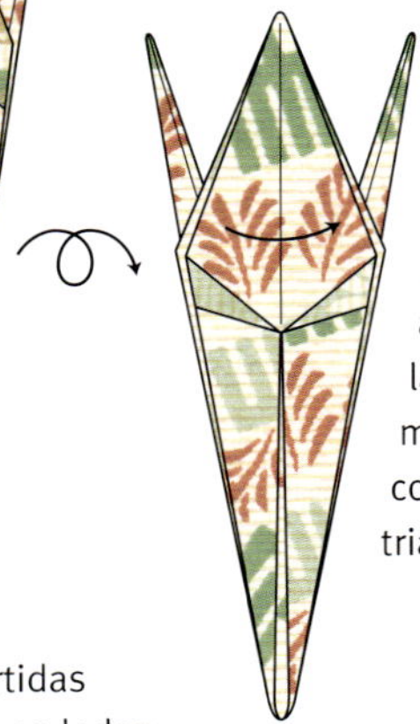

3 Dobre uma aba para o lado, para mostrar a face com a aba triangular.

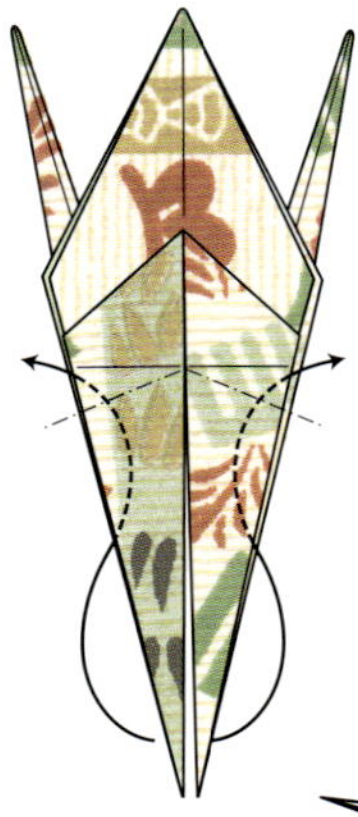

4 Faça dobras invertidas internas em ambos os lados, levando as patas na horizontal.

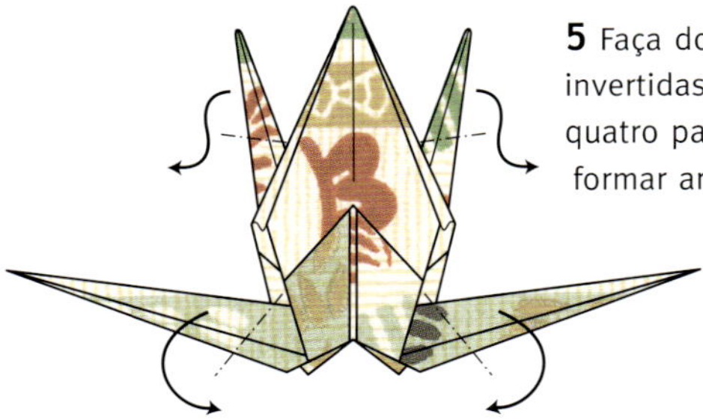

5 Faça dobras invertidas internas nas quatro patas, para formar articulações.

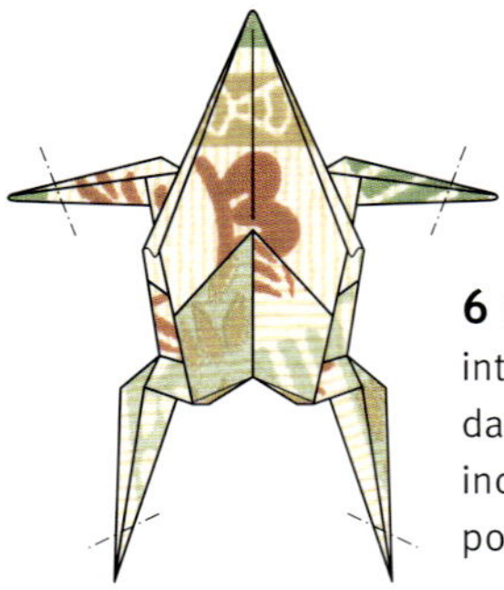

6 Faça dobras invertidas internas nas pontas das quatro patas, como indicado pelas linhas pontilhadas.

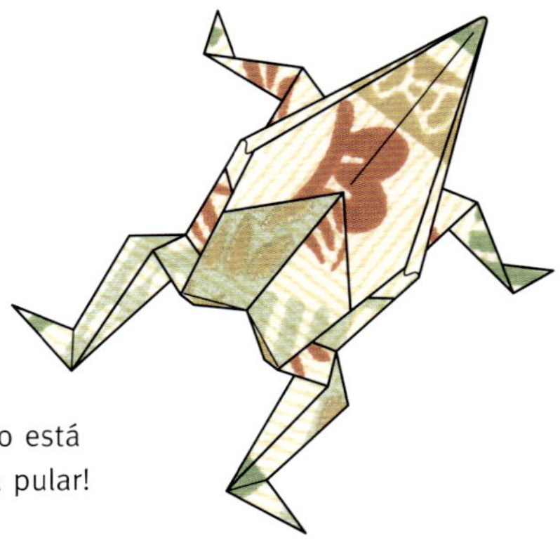

7 O sapinho está pronto para pular!

Papel com estampas em verde atingem o equilíbrio entre o realismo e a fantasia.

COMO MONTAR O BROCHE

1 Siga as instruções para a dobradura do caranguejo até o passo 5, depois abra as abas triangulares e cole a parte de dentro com cola em bastão. Conclua a dobradura do sapinho.

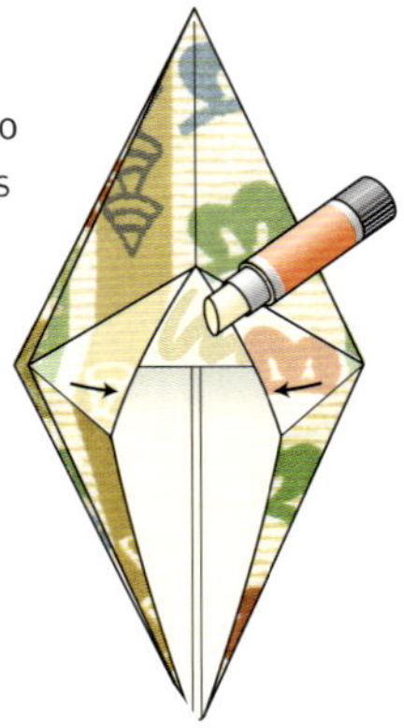

2 Coloque fibras de poliéster dentro do sapinho através do pequeno furo na parte de baixo, usando um palito de dente sem ponta (um palito de dente com ponta atravessará as fibras e dificultará a tarefa).

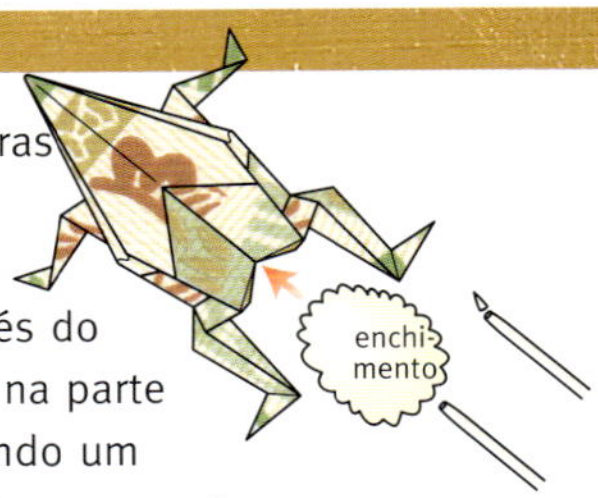

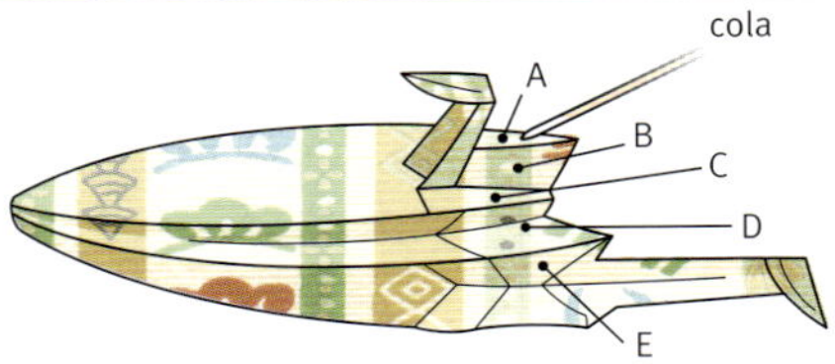

3 Passe pequenas quantidades de cola epóxi entre as camadas A a E, como mostrado na figura, nos lados direito e esquerdo do sapinho. Com os dedos ou uma pinça, pressione as partes coladas juntas até a cola secar. Cubra com revestimento e deixe secar por completo.

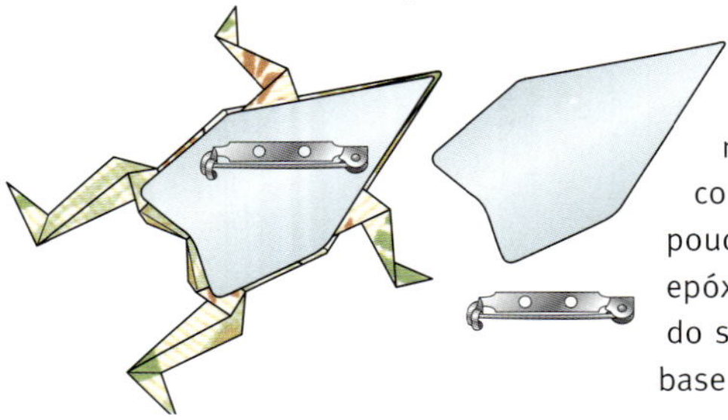

4 Corte um pedaço da folha de plástico no mesmo formato do corpo do sapinho, mas um pouco menor. Usando cola epóxi, fixe-o na parte de trás do sapinho e depois cole uma base de broche no plástico.

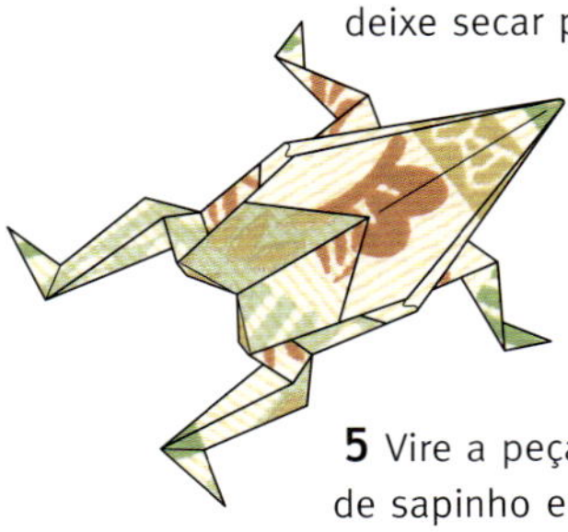

5 Vire a peça. O broche de sapinho está pronto.

COMO MONTAR OS BRINCOS

Faça dois sapinhos e siga os passos 1 e 2 para o broche.

1 Passe um pouco de cola epóxi entre as camadas, como mostrado no passo 3 do broche, deixando a área D de um lado sem cola. Com os dedos ou uma pinça, pressione as partes coladas juntas até a cola secar. Cubra com revestimento e deixe secar por completo.

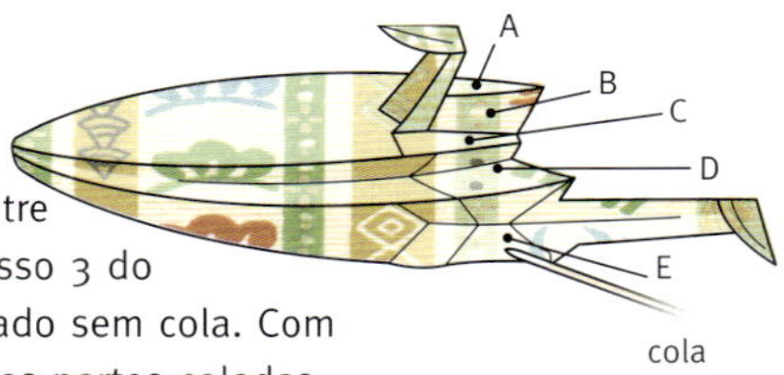

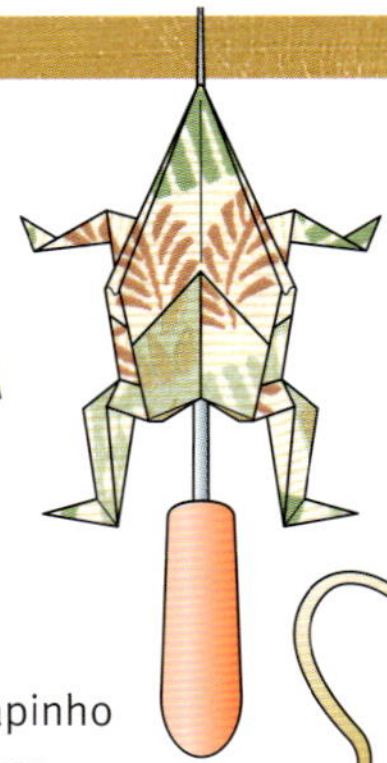

2 Use uma sovela ou agulha para furar o sapinho no centro, pelo pequeno furo na parte de baixo até a parte de cima do corpo.

3 Passe no alfinete contrapino miçangas nas cores A, B, A e B. Insira o alfinete do topo para baixo através do furo feito no passo 2. Corte a parte de baixo do alfinete, deixando cerca de 5 mm expostos.

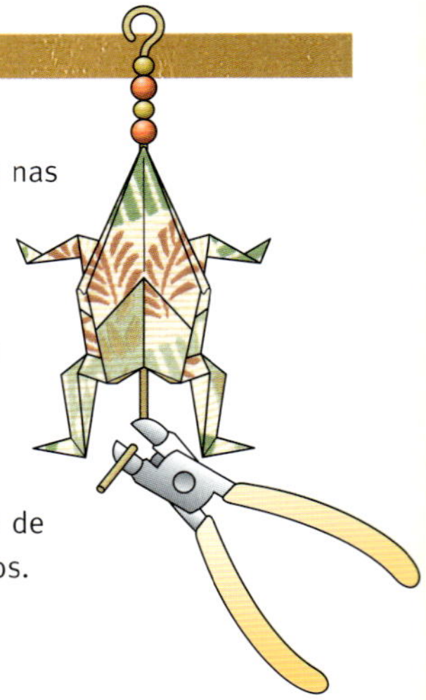

4 Use o alicate meia-cana para dobrar a parte inferior do alfinete e colocá-lo na parte D que ficou sem cola; passe cola e fixe o alfinete contrapino.

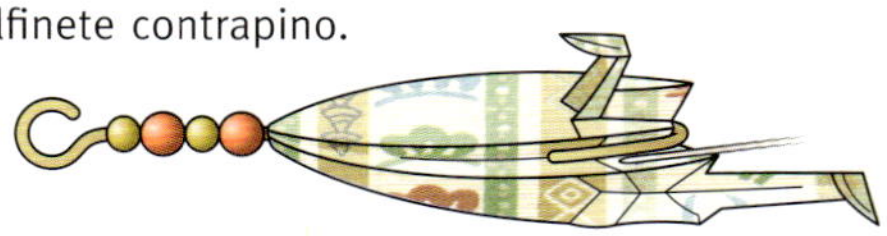

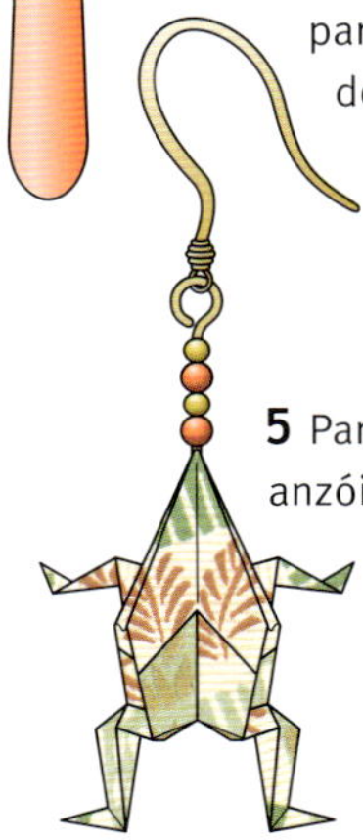

5 Para concluir, prenda os anzóis para brincos; depois faça o outro brinco.

Combine o sapinho com contas grandes em forma de folhas para obter um projeto ousado e marcante.

Escolha do papel: ver páginas 12-13

Fontes úteis de consulta

ASSOCIAÇÕES DE ORIGAMI

As associações a seguir oferecem informações diversas sobre a arte do origami, incluindo livros, papéis, diagramas, grupos locais e outras organizações ligadas ao origami no mundo inteiro.

Origami USA
www.origami-usa.org
15 West 77th Street
Nova York, NY 10024 EUA

British Origami Society
www.britishorigami.org.uk
2a The Chestnuts
Countesthorpe
Leicester, LE8 5TL
Inglaterra

Paperfolders Around the Lower Mainland (PALM)
www.origami.vancouver.bc.ca

Nippon Origami Association
www.origami-noa.com
2-064, Domir-Gobancho
12 Gobancho
Chiyoda-ku, Tóquio
102-0076 Japão

FORNECEDORES

Muitas lojas de artesanato fornecem peças para bijuterias, contas, colas, material de revestimento e diversos tipos de papel. Os papéis de origami e *washi* também estão disponíveis em lojas orientais e em papelarias.

www.OrigamiCraftSupply.com
Yuzen washi e outros materiais para origami.

Origami USA
www.origami-usa.org/thesource/agora.cgi
Papéis de origami, *washi* e laminado; livros de origami.
Pedidos por e-mail ou pelo *site*.

Livrarias Kinokuniya
www.kinokuniya.com
Papéis de origami, *yuzen washi*; livros.

Kate's Paperie
www.katespaperie.com
Papéis artesanais; produtos de papel
561 Broadway
Nova York, NY 10012, EUA

A.C. Moore
www.acmoore.com
Materiais para artesanato, incluindo peças para bijuterias e diversos tipos de papel.

Joann
www.joann.com
Materiais para artesanato, incluindo peças para bijuterias e diversos tipos de papel.

Michael's
www.michaels.com
Materiais para artesanato, incluindo peças para bijuterias e diversos tipos de papel.

www.JewelrySupply.com
Materiais para bijuterias, incluindo aviamentos, contas e ferramentas.
Pedidos por e-mail ou pelo *site*.

www.paper-source.com
Belíssimos papéis artesanais de diversas partes do mundo.

OUTROS SITES ÚTEIS

OriCraft
www.oricraft.com
Confira o trabalho da autora e obtenha informações sobre sua programação para cursos e eventos.

Joseph Wu Origami
www.origami.vancouver.bc.ca
Apresenta galeria de fotos, instruções, artigos e *links*.

Índice remissivo

Sobre a autora

A paixão de Ayako Brodek pela arte do origami começou ainda na infância. Nas longas viagens de balsa à casa de seus avós em Shikoku, Japão, sua mãe costumava fazer barquinhos e *tsurus* com papel de bala para passar o tempo. Após se mudar para os Estados Unidos, o fascínio de Ayako pelo origami continuou, e ela fundou o Oricraft para apresentar seu trabalho a um grande público. Seu desejo é criar peças de origami que encantem e possam ser usadas no dia a dia. O origami que pode ser usado é uma das suas maiores paixões. Ayako dedica um tempo considerável à busca de novas maneiras de transformar suas criações de origami em bijuterias que sejam ao mesmo tempo delicadas e resistentes. Em seu site, www.oricraft.com, é possível adquirir seus trabalhos. Ela também ensina origami a pessoas de todas as idades em bibliotecas e escolas. Vive e trabalha em New Jersey, EUA.

Agradecimentos

Primeiramente, gostaria de agradecer à editora Quarto por me proporcionar a oportunidade de escrever este livro e por garantir um resultado tão incrível. A criatividade e talento dos seus profissionais transformaram minhas palavras e projetos neste lindo livro. Sou grata aos meus clientes e alunos por tornarem possível ter o origami como minha profissão. Muitos me dizem o quanto adoram o meu trabalho; eles me dão a inspiração e a força para seguir em frente. Gostaria de agradecer também aos promotores das apresentações que faço do meu trabalho, que permitem mostrar minhas criações ao público. Muito obrigada, Pat e Joe da PJ's Promotions – sem o apoio de vocês desde o primeiro ano, eu não teria chegado tão longe. Por fim, mas principalmente, agradeço à minha família e aos meus amigos pelo constante apoio. Não há palavras para expressar minha gratidão ao meu marido, Paul, e aos meus filhos, Bryan e Keith. Seu apoio e incentivo carinhosos e constantes são o esteio do meu trabalho e da minha vida. Obrigada pela ajuda e paciência, colaborando para que eu tivesse tempo de trabalhar neste livro. Paul, seu vasto conhecimento e talentos fazem com que eu possa sempre contar com seus conselhos. Você me ajudou nisso, como em muitas outras jornadas em nossa vida juntos. Obrigada!

Este livro é dedicado à minha mãe, que inspirou o amor pelo origami em minha vida.